KB276117

1교시
NEW
일본어능력시험 답다!
이종권 저
N2 언어지식 (문자어휘·문법)

머리말

새롭게 개정된 NEW(신) 일본어능력시험의 개정 포인트를 이해하고 공부한다면, 수험생 여러분은 이미 합격고지의 절반은 오른 셈입니다. 개정된 주요한 포인트인 **[과제 수행을 위한 언어커뮤니케이션능력]**이란, 우리들이 생활 속에서 부딪히는 여러 과제에 대해 그 해결방법을 찾는 것이라고 해도 과언이 아닙니다. 과거의 암기 이해에 의존하는 그런 시험이 아님을 꼭 알아 두셔야 할 것입니다. 새로운 시험은 기존의 암기 이해는 물론이고, 어떤 일을 판단하고 수행하는데 필요한 일본어 실력을 측정하는 시험입니다.

NEW(신) 일본어능력시험에서는 언어지식(문자ㆍ어휘ㆍ문법)을 바탕으로 독해와 청해 과제를 수행하는 능력을 측정하는 시험이므로, **언어지식을 공부한 후에 독해, 청해 순**으로 공부를 해가는 것이 효율적이라 하겠습니다. 물론 청해의 기본인 귀가 열려 있는 단계가 아니라면, 청해 연습을 꾸준히 언어지식 공부와 병행해야 합니다.

NEW(신) 일본어능력시험에서는 합격을 위한 기준 점수가 제시되지 않았지만, 과거와 달리 **영역별 과락제도**가 도입되므로 전체적인 균형을 유지하는 학습방법이 요구됩니다. 어느 한 영역으로 치우치는 학습방법은 바람직하지 않습니다.

본서는 개정된 **NEW(신) 일본어능력시험에 맞추어 새롭게 집필**되었고, 새로운 유형을 최대한 이해하기 쉽게, 또한 많은 문제를 다루었습니다. **모의고사도 3회**로 다양한 문제를 수록했습니다. 본서에 수록된 많은 문제들을 풀어보고, 모르거나 자신이 틀린 문제들은 꼭 다시 공부해서 고득점으로 합격하시기를 기원합니다.

공부하다가 모르는 것이나 궁금한 사항이 있으시면 언제든지 제가 운영하는 다음 카페(http://cafe.daum.net/jlpt)나 http://www.ejujlpt.com 으로 문의 주세요. ^^ 시험에 대한 다양한 정보도 여기서 찾아볼 수 있습니다.

시험문제 출제와 자료 정리에 온 힘을 써준 이종권일본어학원 Japanese Test R&D Center 연구원들에게 감사를 표합니다. 또한 멋진 교재가 나올 수 있도록 모든 노력을 아끼지 않고 도와주신 사람in 박효상 사장님과 편집부 직원들에게도 많은 감사드립니다.

NEW(신) 일본어능력시험 N2 수험생들의 **고득점 합격**을 기원하면서

저자 이종권

목차

'일본어 능력시험'은 단순히 일본어 실력만을 묻는 시험이 아니라, 실제로 사용할 수 있는 일본어 실력을 갖추고 있는가를 중시하는 시험으로, 일본어의 문자·어휘·문법의 언어지식뿐만 아니라, 그 지식을 토대로 커뮤니케이션을 원활하게 할 수 있는가를 판가름하는 시험이다.

● 실질적인 일본어 사용에 중점을 둔 만큼 '독해'와 '청해'의 비중이 높다.

● 시험은 7월과 12월(연 2회)에 실시된다.

1. 급수별 차이 이해하기

'일본어 능력시험'은 1급에서 5급까지의 5단계로 이루어진다.

다음은 급수별로 일본어 능력시험에 합격했을 때 인정되는 사항으로, 학습자는 다음의 사항을 참고로 시험의 급수를 정해 시험에 응할 수 있다.

급수	급수 취득 시 인정되는 사항
N1	여러 방면에서 사용되는 일본어를 이해·사용할 수 있다.
N2	**일상적인 일본어 사용이 가능하고, 좀 더 넓은 방면에서 사용되는 일본어를 어느 정도 사용할 수 있다.**
N3	일상적인 일본어를 어느 정도 사용할 수 있다.
N4	기본적인 일본어를 사용할 수 있다.
N5	기본적인 일본어를 어느 정도 사용할 수 있다.

2. 각 급수별 과목과 시험 시간

급수	시험 과목 (시험 시간)		
N1	언어지식(문자 · 어휘 · 문법) · 독해 110분		청해 60분
N2	언어지식(문자 · 어휘 · 문법) · 독해 **105분**		청해 **50분**
N3	언어지식(문자 · 어휘) 30분	언어지식(문법) · 독해 70분	청해 40분
N4	언어지식(문자 · 어휘) 30분	언어지식(문법) · 독해 60분	청해 35분
N5	언어지식(문자 · 어휘) 25분	언어지식(문법) · 독해 50분	청해 30분

3. 시험 점수의 배점 구분 및 합격선

급수	배점 구분		만점
N1	언어지식(문자 · 어휘 · 문법)	60	180
	독해	60	
	청해	60	
N2	언어지식(문자 · 어휘 · 문법)	60	180
	독해	60	
	청해	60	
N3	언어지식(문자 · 어휘 · 문법)	60	180
	독해	60	
	청해	60	
N4	언어지식(문자 · 어휘 · 문법) · 독해	120	180
	청해	60	
N5	언어지식(문자 · 어휘 · 문법) · 독해	120	180
	청해	60	

합격은 전체 점수의 총점만으로 결정되는 것이 아니라, 각 과목당 설정된 기준점 이상을 획득했는가에 의해 결정된다. 모든 과목에서 기준점 이상을 획득해야 합격할 수 있으므로, 한 과목이라도 기준점에 미달되었을 시에는 불합격 처리된다.

일본어 능력시험 N2 문제 유형 총정리

시험 과목 (시험시간)		문제유형		유형 설명	문항수	문제 풀이 소요 시간
언어 지식 · 독해 (105분)	문자 · 어휘	問題1	한자읽기	문장에서 밑줄 친 부분의 한자의 読み方를 찾는 문제	5	110분 중 20분 내에 문제를 해결한다.
		問題2	한자표기	히라가나로 쓰여 있는 어휘의 한자를 찾는 문제	5	
		問題3	어형성	파생어나 복합어의 지식을 묻는 문제	5	
		問題4	문맥규정	문장의 문맥에 맞게 괄호 안에 들어갈 가장 알맞은 어휘를 찾는 문제	7	
		問題5	유의어 표현	문장에서 밑줄 친 어휘와 가장 가까운 표현을 찾는 문제	5	
		問題6	용법	주어진 어휘가 가장 알맞게 사용된 문장을 찾는 문제	5	
	문법	問題7	문법형식 판단	괄호 안에 들어갈 가장 알맞는 문법적 기능어를 찾아 문장을 완성하는 문제	12	110분 중 20분 내에 문제를 해결한다.
		問題8	문장 조합	선택지로 주어진 1~4의 어휘를 나열하여 문장을 완성한 후, ★ 표시가 된 부분에 들어갈 표현을 찾는 문제	5	
		問題9	문장 속 문법	글을 읽고 빈 칸에 들어갈 표현을 찾는 문제	5	
	독해	問題10	내용이해(단문)	단문을 읽고 푸는 문제	5	110분 중 65분 내에 문제를 해결한다.
		問題11	내용이해(중문)	중문을 읽고 푸는 문제	9	
		問題12	종합 이해	두 개 이상의 글을 읽고 비교 · 통합 후 푸는 문제	2	
		問題13	주장 이해	장문의 글을 읽고 저자의 주장이나 의견 등을 찾는 문제	3	
		問題14	정보 검색	공고, 팸플릿, 정보지 등의 글을 읽고 정보를 찾는 문제	2	
청해 (50분)		問題1	과제 이해	구체적인 과제 해결에 필요한 정보를 듣고, 다음에 일어날 사항을 묻는 문제	5	청해는 문제 유형별로 주어지는 시간에 차이가 있으므로, 먼저 문제 유형을 확실하게 파악한 후, 문제 유형에 익숙해지는 것이 중요하다.
		問題2	포인트 이해	대화 혹은 한 사람의 이야기를 듣고, 내용의 포인트를 파악하는 문제	6	
		問題3	개요 이해	내용의 전체를 듣고 화자의 의도 및 주장 등을 파악하는 문제	5	
		問題4	즉시 응답	짧은 글 또는 대화문을 듣고 적절한 응답을 찾는 문제	12	
		問題5	종합 이해	긴 내용을 듣고, 두 개 이상의 정보를 비교 · 통합하는 문제	4	

1교시

언어지식(문자·어휘·문법)

시험과목	배점	시험 시간
문자·어휘	**60점**	105분
문법		
독해	60점	

문제유형		유형 설명	문항수
問題 1	한자읽기	문장에서 밑줄 친 부분의 한자의 読み方를 찾는 문제	5
問題 2	한자표기	히라가나로 쓰여 있는 어휘의 한자를 찾는 문제	5
問題 3	어형성	파생어나 복합어의 지식을 묻는 문제	5
問題 4	문맥규정	문장의 문맥에 맞게 괄호 안에 들어갈 가장 알맞은 어휘를 찾는 문제	7
問題 5	유의어 표현	문장에서 밑줄 친 어휘와 가장 가까운 표현을 찾는 문제	5
問題 6	용법	주어진 어휘가 가장 알맞게 사용된 문장을 찾는 문제	5

문자
・
어휘

'문자·어휘'는 시험에서 차지하는 실제적인 비중은 낮은데 비해, 공부해야 하는 범위는 명사, 동사, 이형용사, な형용사, 동사, 복합동사, 부사 등 매우 광범위하다. 하지만, '문자·어휘'는 다른 분야(문법·독해·청해)를 풀기 위한 가장 기본이 되는 분야인 만큼, 학습에 소홀함이 없어야 한다. '문자·어휘'는 6가지 문제 유형에 총 32문제가 출제되는데, 학습한 만큼 그대로 성과가 나오는 분야인 만큼 만점을 목표로 해야 할 것이다.

그럼, '문자·어휘'의 6가지 유형을 하나씩 알아보도록 하자.

問題1 한자읽기

> 問題1 ________の言葉の読み方として最もよいものを、１・２・３・４から
> 一つ選びなさい。
>
> [1] これは瞳をケアする薬草として知られています。
>
> 1 ひとみ　　　　　2 め　　　　　　　3 まぶた　　　　　4 まゆ

정답은 1번 「ひとみ 눈동자」다.

'한자읽기' 문제는 위와 같이 하나의 문장에서 밑줄 쳐진 한자의 읽는 법(読み方)을 찾는 문제로, 5문제가 출제된다. 공부 방법은 다양하게 많은 문장을 접하면서, 한국인들이 틀리기 쉬운 장음과 탁음에 특히 신경을 써서 준비하는 것이다.

　Tip 한자의 한국어 발음의 받침에 'ㅇ'이 붙는 경우, 무조건 장음이 되는 것에 신경을 쓴다면 쉽게 문제를 풀 수 있다.

　　예 灯台 등대 → とうだい　常識 상식 → じょうしき
　　예외 登山 등산 → とざん

問題2 **한자표기**

問題2 ________ の言葉を漢字で書くとき、最もよいものを１・２・３・４から一つ選びなさい。

1 私は他人と<u>ひかく</u>されることが一番嫌いだ。

1 比較　　　　　2 此較　　　　　3 比軼　　　　　4 此軼

정답은 1번 「比較 ^{비교}」다.

'한자표기' 문제는 위와 같이 하나의 문장에서 밑줄 쳐진 히라가나에 해당하는 한자를 찾는 문제로, 5문제 출제된다. '한자표기' 문제는 특정 품사에 치우치지 않고, 모든 품사에서 골고루 출제될 것으로 예상되므로, 품사별로 꼼꼼하게 학습해야 한다.

학습할 때는 한자의 부수를 꼼꼼하게 체크하며 암기해야 하는데, 그 이유는 제시되는 보기의 한자들이 주로 부수만 다른 비슷한 한자들로 구성되기 때문이다. 그리고 두 자로 이루어진 한자어를 찾는 경우에는 어느 한 쪽의 한자만 틀리게 하는 함정을 만드는 경우가 많으니, 두 개의 한자 모두가 바르게 쓰여졌는지 확인해야 한다.

問題3 **어형성**

問題3 （　　　）に入れるのに最もよいものを、１・２・３・４から一つ選びなさい。

1 私の彼は記憶（　　　）がとてもよく、けんかをする度に昔の話をしてくる。

1 量　　　　　2 化　　　　　3 性　　　　　4 力

정답은 4번 「力」다.

'어형성' 문제는 복합어와 파생어의 지식을 묻는 문제로, 5문제 출제된다. 복합어를 묻는 문제의 경우에는 두 개의 어휘가 합쳐졌을 때, 일본에서 사용되는 어휘가 되어야 한다는 것에 주의해야 한다. 우리말로 말이 통한다고 답을 체크하는 오류를 범해서는 안 될 것이다. 하지만, 한자어로 구성된 복합어나 파생어의 경우에는 우리말로 번역했을 때 의미가 통하지 않으면 답이 될 수 없다는 점도 유념해야 한다.

'어형성' 문제에 대비하기 위해서는 어휘 학습 시 사전을 찾을 때, 복합어와 파생어까지 꼼꼼하게 체크하면서 학습하는 습관을 들여, 자연스럽게 어휘력을 늘려 가는 방법이 가장 좋다.

問題4 문맥규정

問題4 （　　　）に入れるのに最もよいものを、１・２・３・４から一つ選び なさい。

1 彼女は明るい子に育って欲しいという理由で明子と（　　　）られました。

1 色付け　　　　　2 取付け　　　　　3 根付け　　　　　4 名付け

정답은 4번 「名付(なづ)け 이름을 지음」다.
'문맥규정' 문제는 문맥에 맞게 들어갈 어휘를 찾는 문제로, 7문제 출제된다. 출제되는 문제의 정답으로는 한자어로 구성된 어휘가 품사별로 골고루 출제가 될 것으로 예상된다. 그리고 일반적인 명사나 동사 앞에 접두어가 붙어서 의미가 바뀌는 어휘들도 출제될 것으로 보인다. 공부 방법은 어휘는 문장으로 외우고, 관용구나 자주 쓰이는 어휘는 따로 정리해 외우는 것이다.

問題5 유의어 표현

問題5 ＿＿＿＿＿＿の言葉に意味が最も近いものを、１・２・３・４から一つ選び なさい。

1 この壺は有名な陶芸家が作ったものでとても<u>値打ち</u>があるらしい。

1 価値　　　　　2 評価　　　　　3 意味　　　　　4 意図

정답은 1번 「価値(かち) 가치」다.
'유의어 표현' 문제는 문장에서 밑줄 쳐진 부분과 비슷한 의미의 어휘를 찾는 문제로, 5문제가 출제된다. 문제를 풀 때 모르는 어휘가 출제 되었다면, 선택지 1, 2, 3, 4의 내용을 하나하나 대입해서 문장의 의미가 통하는지를 살펴보자. 공부 방법은 어휘를 사전에서 찾을 때 유의어에 신경을 쓰면서 찾는 것이다. '유의어 표현' 문제의 가장 확실한 대응법은 너무 당연할 수도 있는 방법이겠지만, 다양한 어휘를 많이 공부해두는 것이다.

問題6 **용법**

問題6　次の言葉の使い方として最もよいものを、1・2・3・4から一つ選び
なさい。

1　ニュアンス

　1　言葉のニュアンスは地方によって様々である。
　2　会場のニュアンスは熱気に包まれていた。
　3　この家には日本独特のニュアンスがある。
　4　牧場には丸々と太った牛がニュアンスの中で飼われていた。

정답은 1번이다.

'용법' 문제는 '문자·어휘'의 마지막 문제 유형으로, 주어진 어휘를 가장 잘 사용한 문장을 찾는 문제이며, 5문제 출제된다. 품사별로 골고루 출제될 것으로 예상되며, 풀이방법으로는 일단 문법적으로 접속이 맞는지 틀린지를 확인하는 것이 중요하다. 그리고 의미가 통하는지를 확인한다. 만약 선택지의 문장 중 주어진 어휘보다 다른 어휘가 더 적절하면 그것은 답이 안 된다. 공부 방법으로 가장 좋은 방법은 다양한 문장을 많이 접해서 자연스런 일본어를 구사할 수 있도록 하는 것이다. 또한 어휘량이 풍부한 것 또한 중요하기 때문에 어휘량을 늘리는 것이 중요하다. 그리고 많은 문제를 풀어보는 것이다.

그럼, 이제부터 본격적으로 '문자·어휘' 학습에 들어가도록 하자.

01 合図 신호

先生が来たら手を振って合図するね。

02 相手 상대

03 握手 악수

04 あくび 하품

05 朝寝坊 아침에 늦잠 잠

06 汗 땀

私は動くとすぐに汗が出る。

07 生き物 살아 있는 것 類 生物 생물

私は生き物を育てるのが好きだ。

08 意思 의사 類 意志 의지

皆さんの意思をできるだけ尊重したいと思います。

09 医師 의사 類 医者 의사

10 意識 의식

事故で意識を失った。

11 位置 위치

位置に着いて、用意どん！

12 市場 시장

13 一流 일류

14 一瞬 일순, 한순간

一瞬空が光ったように見えた。

15 一生 일생, 평생, 생애
類 生涯 생애　人生 인생

一生かけてあなたを守ります。

16 一斉(に) 일제(히)　類 同時(に) 동시(에)

友達に一斉にメールを送信した。

17 移動 이동

次は実験なので教室を移動してください。

18 居眠り 앉아서 졺

19 うがい 양치질

20 宇宙 우주

21 噂 소문 類 評判 평판, 세평

この芸能人にはあまりいい噂がない。

22 運賃 운임

バスの運賃が来月から上がる。

23 影響 영향

24	映像 （えいぞう） 영상

昔の映像がカメラに残っていた。

25	栄養 （えいよう） 영양

26	笑顔 （えがお） 웃음 띤 얼굴, 웃는 얼굴

27	明け方 （あけがた） 새벽녘

28	足元 （あしもと） 발밑, 발걸음, 처지

酔ったせいか、足元がふらつく。

29	宛名 （あてな） 수신인의 주소와 성명

この欄に宛名を書いてください。

30	あらすじ 대강의 줄거리, 개요

類 あらまし 줄거리, 개요

これからこのドラマのあらすじを
紹介します。

31	争い （あらそい） 다툼, 분쟁

32	泡 （あわ） 거품

このクリームを泡が立つまで混ぜ
てください。

社長が新たな提案をしたことで今
までの苦労が水の泡となってしま
った。

33	怒り （いかり） 화, 분노

34	行き違い （いきちがい） 엇갈림, 착오

35	生花 （いけばな） 꽃꽂이, 꽃꽂이한 꽃

36	意向 （いこう） 의향　類 思わく （おもわく） 생각, 의도

彼女の意向を尊重したい。

37	移住 （いじゅう） 이주

家族で外国に移住することにした。

38	依存 （いぞん） 의존

何かに依存しすぎるのはよくない。

39	一連 （いちれん） 일련

彼は確実に一連の事件に関わって
いる。

40	従兄弟・従姉妹 （いとこ・いとこ） 사촌, 종형제

41	稲 （いね） 벼

42	居間 （いま） 거실

43	移民 （いみん） 이민

44	意欲 （いよく） 의욕

彼の意欲が私にも伝わってきた。

45	医療 （いりょう） 의료

46	受け入れ / 受入れ （うけいれ） 받아들임, 인수, 들어줌

47	甥 （おい） 조카, 생질

48	落ち葉 （おちば） 낙엽

49 有り様 모양, 형편, 상태
事故の現場は散々な有り様だった。

50 委託 위탁
この仕事を他の会社に委託した。

51 緯度 위도

52 井戸 우물
おばあさんの家には大きな井戸が
ある。

53 打ち合わせ / 打合せ 미리 상의함, 협의

54 団扇 부채

55 運輸 운수

56 欧米 구미, 유럽과 미국

57 お代わり 같은 음식을 (한 그릇)더 먹음, 또는
그 음식
この店はご飯とみそ汁がお代わり
自由です。

58 屋外 옥외

59 送り仮名 한자의 읽기를 분명하게 하기 위하여
그 뒤에 다는 仮名(かな)

60 お供 수행함
あなたが行くなら私がお供します。

61 各々 각각, 각기, 각자
卿 それぞれ 저마다, 각각
各々の意見を出し合って決めましょ
う。

62 御中 귀중(편지에서 상대편의 관청·단체·회사명
뒤에 붙이는 말)

63 改修 개수
このビルの改修工事が来週から始
まります。

問題1 ＿＿＿＿の言葉の読み方として最もよいものを、1・2・3・4から一つ選びなさい。

1 私は<u>一流</u>の料理人になるまで日本には帰りません。

  1 はんりゅう   2 いちりゅう   3 いっかい   4 はんかい

2 僕の<u>意思</u>など関係なく旅行先は決められていた。

  1 いこう   2 いそう   3 いかん   4 いし

3 すみません、<u>居眠り</u>してて聞いてませんでした。

  1 うっとり   2 おととり   3 いねむり   4 いすとり

4 私が頭に手を置いたらそれが<u>合図</u>です。

  1 さしず   2 あいず   3 かいず   4 さいず

5 結婚するならもう少し<u>相手</u>のことを知ったほうがいいんじゃない？

  1 そうしゅ   2 あいて   3 あいしゅ   4 そうて

6 このまま歩いていけば、<u>明け方</u>には山頂に到着するだろう。

  1 あけかた   2 せんけぽう   3 あけほう   4 あけがた

7 彼はコンピューターに<u>依存</u>している。

  1 きぞん   2 ほぞん   3 いぞん   4 かぞん

8 来週から橋の<u>改修</u>作業が始まるらしい。

  1 かいしゅう   2 かんしゅう   3 みっしゅう   4 しゅうしゅう

問題2 ________の言葉を漢字で書くとき、最もよいものを１・２・３・４から
一つ選びなさい。

1 店内は暗いのであしもとに気をつけてください。

 1 兄本 　　　　2 促元 　　　　3 味下 　　　　4 足元

2 いっしょうに一度の結婚だから慎重に進めたい。

 1 一生 　　　　2 一升 　　　　3 市小 　　　　4 一笑

3 会社に郵便を出す時は、企業名の下におんちゅうと書く。

 1 喪中 　　　　2 御中 　　　　3 最中 　　　　4 制中

4 夕方になるといつも仕事のいよくが湧いてくる。

 1 意欲 　　　　2 魅力 　　　　3 迫力 　　　　4 食欲

5 夏になるとおくがいプールが開放される。

 1 損害 　　　　2 億街 　　　　3 屋外 　　　　4 置階

6 いちばで買った魚はやはり新鮮でおいしい。

 1 市湯 　　　　2 一場 　　　　3 市場 　　　　4 一羽

7 彼女のえがおはどんな綺麗な俳優よりも美しい。

 1 筆諺 　　　　2 竿瀬 　　　　3 朝顔 　　　　4 笑顔

8 えいようのあるごはんを食べて、はやく病気を治してね。

 1 堂食 　　　　2 栄職 　　　　3 宋容 　　　　4 栄養

問題3（　　　）に入れるのに最もよいものを、1・2・3・4から一つ選びなさい。

1　私の父は子どもの遊び（　　　）をするのが得意だ。

　1　相手　　　　　2　違い　　　　　3　行動　　　　　4　場所

2　彼は一生懸命勉強して良い大学に入り（　　　）企業に入社した。

　1　移動　　　　　2　無名　　　　　3　一流　　　　　4　田舎

3　私が作った資料を見て、課長が突然（　　　）出した。

　1　生き　　　　　2　食べ　　　　　3　塞ぎ　　　　　4　怒り

4　今日の（　　　）はとても緊張した。

　1　打ち合わせ　　2　詰め合わせ　　3　食べ合わせ　　4　かみ合わせ

5　犬や猫にあげる餌も（　　　）管理が必要だ。

　1　相談　　　　　2　栄養　　　　　3　休憩　　　　　4　海外

6　言葉の（　　　）で彼と喧嘩になり別れることになった。

　1　手違い　　　　2　互い違い　　　3　見間違い　　　4　行き違い

7　来月末は大好きな俳優の（　　　）会がある。

　1　体験　　　　　2　拍手　　　　　3　握手　　　　　4　回数

8　昨日は夜遅くまでテレビを見ていたので、授業中に（　　　）をしてしまった。

　1　着替え　　　　2　お代わり　　　3　朝寝坊　　　　4　居眠り

1 独り暮らしを始めた息子が（　　　）のある物を食べているのか不安だ。

1 栄養　　　　　2 栄喜　　　　　3 栄華　　　　　4 栄光

2 今日ってそんなに（　　　）をかくほど暑くないでしょう。

1 涙　　　　　2 汗　　　　　3 汁　　　　　4 息

3 先生の言葉には多くの人に（　　　）を与えるほどの力がある。

1 映画　　　　　2 環境　　　　　3 症状　　　　　4 影響

4 はい、じゃあみんな最初の（　　　）に戻ってください。

1 位置　　　　　2 意地　　　　　3 異議　　　　　4 以下

5 この風の強さは台風の（　　　）なんだって。

1 栄光　　　　　2 演奏　　　　　3 影響　　　　　4 衛星

6 この子は姉さんの息子だから、僕には（　　　）になるのかな。

1 鯉　　　　　2 甥　　　　　3 雄　　　　　4 雌

7 母が（　　　）を習い始めてから、家の中は花でいっぱいだ。

1 生花　　　　　2 咲花　　　　　3 開花　　　　　4 花見

8 私の会社は他の会社から業務を（　　　）されている。

1 威嚇　　　　　2 開拓　　　　　3 委託　　　　　4 在宅

問題5 ＿＿＿＿＿の言葉に意味が最も近いものを、１・２・３・４から一つ選びなさい。

1 これが今噂の甘いレモンなの？

1 評価　　　　　2 標示　　　　　3 標識　　　　　4 評判

2 よく聞いてください、バラバラにはならずに全員一斉にこの扉から出てください。

1 同等　　　　　2 同時　　　　　3 同化　　　　　4 同心

3 日本ではバスの料金を降りる時に払います。

1 家賃　　　　　2 駄賃　　　　　3 手間賃　　　　4 運賃

4 人間という生き物の脳は他の動物にくらべて大きい。

1 生物　　　　　2 生成　　　　　3 生徒　　　　　4 生産

5 私の将来の夢は医者になってたくさんの人を助けることです。

1 医院　　　　　2 医学　　　　　3 医師　　　　　4 医大

6 この本のあらましだけ見て読むのをやめた。

1 ぎゅうすじ　　2 あらすじ　　　3 みちすじ　　　4 たちすじ

7 すべてあなたの思わく通りに進むと思わないでください。

1 以降　　　　　2 移行　　　　　3 威光　　　　　4 意向

8 発表まで時間があるので、打ち合わせをすることとなった。

1 相談　　　　　2 相似　　　　　3 相愛　　　　　4 相性

 次の言葉の使い方として最もよいものを、1・2・3・4から一つ選び
なさい。

1 一生

1 先生の一言で<u>一生</u>された。

2 彼女は1時間で酒を<u>一生</u>飲み干した。

3 ありがとう、この時計は<u>一生</u>大切にするよ。

4 最近負けっぱなしだったが、今日やっと<u>一生</u>できた。

2 宛名

1 疑問文の場合は最後に<u>宛名</u>をつけましょう。

2 私は幼い頃、「あきぶー」と<u>宛名</u>で呼ばれていた。

3 子どもが迷子にならないように<u>宛名</u>を付けた。

4 <u>宛名</u>は誰あてになってるの？

3 団扇

1 明日のコンサートには手作りの<u>団扇</u>を持っていく。

2 ちゃんと<u>団扇</u>をかぶらないと風邪引くわよ。

3 弟は泳げないので、ずっと<u>団扇</u>を付けたまま浮かんでいた。

4 この応援団には<u>団扇</u>がいないと駄目なんです。

01 演劇 (えんげき) 연극

02 遠足 (えんそく) 소풍

03 延長 (えんちょう) 연장

試合(しあい)は0対(たい)0のまま延長(えんちょう)戦(せん)に入(はい)った。

04 往復 (おうふく) 왕복 **類** 行き帰り (いきかえり) 오감, 왕복

家(いえ)から学校(がっこう)まで往復(おうふく)1時間(じかん)かかる。

05 大通り (おおどお) (시내의)큰길

そこの大通(おおどお)りを過(す)ぎたところに私(わたし)の家(いえ)があります。

06 おかず 반찬

07 御辞儀 (おじぎ) 머리 숙여 절함, 절

08 おしゃべり (남과)잡담함, 잘 지껄임, 수다스러움, 수다쟁이

友達(ともだち)と2時間(じかん)も外(そと)でおしゃべりしてしまった。

絶対(ぜったい)言(い)わないでって言(い)ったのに、君(きみ)って本当(ほんとう)におしゃべりだな。

09 お互い (たが) 서로, 피차

仕事(しごと)、大変(たいへん)だとは思(おも)いますが、お互(たが)い頑張(がんば)りましょう。

10 落し物 (おともの) 분실물

11 思い出 (おもで) 추억

今回(こんかい)の旅(たび)は私(わたし)にとっていい思(おも)い出(で)となった。

12 おやつ (오후의)간식

母(はは)はおやつにいつもケーキを作(つく)ってくれる。

13 温泉 (おんせん) 온천

14 温度 (おんど) 온도

15 海外 (かいがい) 해외 **類** 外国 (がいこく) 외국

夏休(なつやす)みに海外(かいがい)に旅行(りょこう)することにした。

16 解決 (かいけつ) 해결

17 改札 (かいさつ) 개찰

18 開始 (かいし) 개시

19 外出 (がいしゅつ) 외출

娘(むすめ)は週末(しゅうまつ)になると必(かなら)ず外出(がいしゅつ)する。

20 回数 (かいすう) 횟수

21 回転 (かいてん) 회전

22 解答 (かいとう) 해답

テストの解答(かいとう)が配(くば)られた。

23 係り (かか) 담당, 계, 계원

私(わたし)今学期(こんがっき)、生(い)き物(もの)係(がか)りになったよ。

24 限り 끝, 한계, 한도, 한껏, (〜하는)한
   類 最後 최후, 마지막 あいだ 동안
   全部 전부

私が見た限りでは彼は元気そうだった。

限りある命を精一杯生きていきたい。

25 覚悟 각오

覚悟するのはまだ早い。

26 受け身 수동

27 腕前 솜씨, 수완, 재주 類 技量 기량

彼は素晴らしい料理の腕前を見せてくれた。

28 裏返し 뒤집기, 뒤집음, 반대

シャツを裏返しに着ていた。

彼に冷たくされるのは愛情の裏返しなのだろうか。

29 売れ行き / 売行き 팔리는 상태, 팔림새

30 浮気 변덕, 바람기

31 餌 먹이, 모이, 미끼

母はおこづかいを餌に家事を手伝わせようとした。

32 演出 연출

33 叔父・伯父 백부・숙부・외숙부・고모부・이모부의 총칭

34 汚染 오염

35 鬼 도깨비, 귀신

36 叔母 백모・숙모・외숙모・고모・이모의 총칭

37 お参り 참배하러 감

38 恩恵 은혜 類 恵み 은혜, 은총

自然は時に恩恵を与えてくれる。

39 温暖 온난

40 蚊 모기

41 会館 회관

42 回収 회수

43 解除 해제

他の会社との契約を解除した。

44 回数券 회수권

45 快晴 쾌청

46 改善 개선

47 開放 개방

48	**解剖** 해부

今日学校で解剖実験をした。

49	**格差** 격차

最近、経済的格差が拡大している。

50	**加速** 가속

51	**片道** 편도

61	**寄与** 기여　**類 貢献** 공헌

地域社会に寄与する。

62	**局限** 국한

地震が起こった時は被害を局限化
することが重要だ。

63	**禁物** 금물

64	**勤労** 근로

私の兄は勤労学生だ。

52	**会談** 회담

53	**書留** 등기 우편

54	**各種** 각종　**類 様々** 여러 가지, 가지가지

各種サービスに関するご連絡はこ
ちらにお願いします。

55	**河川** 하천

56	**為替** 환

57	**瓦** 기와

58	**関西** 간사이(교토와 오사카를 중심으로 한 관서지방)

59	**関税** 관세

60	**気味** 느낌, 기미, 기색

昨日から風邪気味だ。

問題1 ＿＿＿＿の言葉の読み方として最もよいものを、１・２・３・４から一つ選びなさい。

1 あいさつの時、日本では御辞儀をします。

　1 おじぎ　　　　　2 えしゃく　　　　　3 あいさつ　　　　　4 あくしゅ

2 図書館でしたら、この改札から出るのが一番近いですよ。

　1 いんさつ　　　　2 おさつ　　　　　　3 かんさつ　　　　　4 かいさつ

3 おばあちゃんは、来週の温泉旅行をとても楽しみにしている。

　1 おんだん　　　　2 おんせん　　　　　3 おんすい　　　　　4 おんわ

4 私は昔から回転ドアに上手く入れない。

　1 かいさい　　　　2 かいてん　　　　　3 てんかい　　　　　4 さいかい

5 ここからだと往復2時間はかかりますよ。

　1 ようふく　　　　2 ほうふく　　　　　3 おうふく　　　　　4 こうふく

6 昨日送った書留がそっちに届くから、家にいてね。

　1 かきとめ　　　　2 かきぞめ　　　　　3 かきかた　　　　　4 かきじゅん

7 昨日の夜、まぶたを蚊に刺された。

　1 き　　　　　　　2 は　　　　　　　　3 め　　　　　　　　4 か

8 僕の家は瓦屋根だ。

　1 やわら　　　　　2 あらわ　　　　　　3 わらわ　　　　　　4 かわら

問題2 ＿＿＿＿の言葉を漢字で書くとき、最もよいものを１・２・３・４から一つ選びなさい。

1 私の趣味はえんげき鑑賞です。

　1 寅劇　　　　2 観激　　　　3 演劇　　　　4 宴激

2 歌を歌うのが楽しくて、後1時間えんちょうした。

　1 廻帳　　　　2 延長　　　　3 誕張　　　　4 涎長

3 今日のかわせを見て両替を検討してみる。

　1 交賛　　　　2 河瀬　　　　3 偽替　　　　4 為替

4 かいとう用紙に名前を書くのを忘れていた。

　1 解答　　　　2 回答　　　　3 解容　　　　4 会当

5 かたみち航空券は往復航空券より高い。

　1 版導　　　　2 片首　　　　3 方遠　　　　4 片道

6 都心と田舎では教育や収入のかくさがある。

　1 各恙　　　　2 格差　　　　3 挌狭　　　　4 確嵯

7 彼女は結婚前のうわきをずっと隠している。

　1 上氣　　　　2 孚汽　　　　3 浮気　　　　4 妥気

8 おじさんは私に会うたびにお小遣いをくれる。

　1 徒火　　　　2 小父　　　　3 叔父　　　　4 叙交

問題3 （　　　　）に入れるのに最もよいものを、1・2・3・4から一つ選び
なさい。

1 地球の（　　　　）化で平均気温がどんどん高くなっている。

1　草原　　　　　　　2　温暖　　　　　　　3　貿易　　　　　　　4　改善

2 新しく出来た高級マンションの（　　　　）に驚きを隠せない。

1　売れ行き　　　　2　行き止まり　　　　3　思い出し　　　　4　行きつけ

3 やせた人より太り（　　　　）の人の方が長く生きられるというニュースを
見て喜んだ。

1　症　　　　　　　　2　人　　　　　　　　3　味　　　　　　　　4　気味

4 （　　　　）家の仕事は、才能がなければできないが、演劇好きには人気が
高い。

1　園芸　　　　　　　2　演出　　　　　　　3　評論　　　　　　　4　美食

5 海が見えるお風呂は（　　　　）感があってとても気持ちがいい。

1　違和　　　　　　　2　窮屈　　　　　　　3　開放　　　　　　　4　罪悪

6 （　　　　）弁のアクセントは標準語と少し違うが、聞くと面白い。

1　加速　　　　　　　2　関西　　　　　　　3　日本　　　　　　　4　片道

7 同僚の結婚式には行けないので、結婚のお祝いを現金（　　　　）で送った。

1　書留　　　　　　　2　思い出　　　　　　3　格差　　　　　　　4　袋

8 仕事量が多いため、課長に業務（　　　　）を提案した。

1　案内　　　　　　　2　改善　　　　　　　3　命令　　　　　　　4　妨害

問題4（　　　　）に入れるのに最もよいものを、１・２・３・４から一つ選びなさい。

1 学校の近くには（　　　　）があるので交通は便利だ。

　1 大通り　　　　　2 大賑わい　　　　　3 大繁盛　　　　　4 大予想

2 給料前の夕食は（　　　　）が少ない。

　1 こかつ　　　　　2 おかず　　　　　3 こたつ　　　　　4 あかす

3 授業中に隣の人と（　　　　）するのはやめなさい。

　1 おかしい　　　　2 あやしい　　　　3 おしゃべり　　　　4 おあいそ

4 この公園には小学生の時（　　　　）に来た覚えがある。

　1 遠足　　　　　　2 遠方　　　　　　3 沿線　　　　　　4 沿岸

5 黄色い傘なんですけど、（　　　　）で届いていませんか？

　1 落下物　　　　　2 落石物　　　　　3 落し物　　　　　4 落し主

6 彼の日本料理の（　　　　）はプロなみだ。

　1 駅前　　　　　　2 江戸前　　　　　3 男前　　　　　　4 腕前

7 普段は優しい母だが、怒る時には（　　　　）になる。

　1 兄　　　　　　　2 鬼　　　　　　　3 兇　　　　　　　4 免

8 彼女に年齢の話は（　　　　）だ。

　1 禁物　　　　　　2 禁煙　　　　　　3 禁酒　　　　　　4 禁圧

1 テレビの安売りは今日限りです。

1 が最低 　　　2 が最位 　　　3 が最日 　　　4 が最後

2 私が行ったことのある外国はアメリカだけです。

1 海外 　　　2 海峡 　　　3 海岸 　　　4 海抜

3 裁判員になるには、心の準備が必要だ。

1 感覚 　　　2 覚醒 　　　3 覚悟 　　　4 錯覚

4 試験が始まって５分で、問題を解く手が止まった。

1 開会して 　　　2 開始して 　　　3 開門して 　　　4 開閉して

5 喧嘩は両方に喧嘩となる原因があることが多い。

1 悪い 　　　2 硬い 　　　3 互い 　　　4 狭い

6 昨日会議で問題になった箇所を彼女はすでに綺麗に直していた。

1 改善 　　　2 最善 　　　3 依然 　　　4 整然

7 燃えないゴミは毎週水曜日に集めてますので、間違わないようにしてくだ
さい。

1 出荷し 　　　2 配送し 　　　3 配達し 　　　4 回収し

8 この実験の成功は彼女の寄与が大きい。

1 還元 　　　2 貢献 　　　3 関係 　　　4 努力

問題6　次の言葉の使い方として最もよいものを、1・2・3・4から一つ選び
　　　　なさい。

1　受け身

　1　今日の夕ご飯は受け身なので嬉しい。

　2　いつも受け身ではいけないと思った。

　3　昨日ぶつけたところが青く受け身になっている。

　4　受け身はまず受付してからになります。

2　おやつ

　1　おやつにおにぎりが出ると言ったら笑われた。

　2　夜になって急におやつが出て大変だった。

　3　頑固なおやつも母には勝てない。

　4　おやついてるうちに追い越された。

3　関西

　1　その件に関しては一切関西出来ません。

　2　生まれて3ヶ月で話し始めるなんて、この子は関西だ。

　3　成功と同時に関西がまき起こった。

　4　私は関西で生まれました。

01	拡大 확대

この図を拡大コピーしてください。

02 確認 확인

03 学力 학력

04 過去 과거 ㊤ 昔 옛날, 예전

過去には大変なことがたくさんあった。

05 家事 가사, 집안일

06 貸し出し / 貸出し 대출

07 数 수

08 風邪 감기

09 勝手 부엌, 형편, 사정, 상황
㊤ 台所 부엌　事情 사정

うちの家は勝手が広いので母が使いやすいと言っていた。
この鍋は使い勝手が悪い。

10 活躍 활약

11 雷 천둥, 벼락

12 殻 껍질, 껍데기

卵焼きを作ろうと卵の殻を割った。

13 柄 몸집, 체격, 품위, 무늬
㊤ 性格 성격　模様 무늬

友達に私は運転するといつも柄が悪くなると言われた。
デパートで花柄のスカートを買った。

14 環境 환경

15 観光 관광

16 観察 관찰

17 患者 환자

18 感情 감정 ㊤ 情 정

感情に流され過ぎてはいけない。

19 関心 관심

私は今、国際経済に関心がある。

20 感想 감상

21 乾燥 건조

冬は洗濯物が乾燥しにくい。

22 感動 감동

23 監督 감독

24 効き目 효과, 효력, 효험 ㊤ 効果 효과

薬を飲んですぐ頭痛が治った。
すごい効き目だ。

25 気温 기온

| 26 | 着替え（き が） 옷을 갈아입음, 또는 갈아입을 옷 |

お風呂（ふ ろ）、入ってきなさい。着替え（き が）は
用意（よう い）しておくから。

| 27 | 確信（かくしん） 확신 |

この歌（うた）を初（はじ）めて聞（き）いたときに売（う）れ
ると確信（かくしん）した。

| 28 | 確定（かくてい） 확정 |

| 29 | 確保（かく ほ） 확보 |

人数分（にんずうぶん）の食糧（しょくりょう）が確保（かく ほ）できました。

| 30 | 確立（かくりつ） 확립 |

| 31 | 火災（か さい） 화재 |

| 32 | 火山（か ざん） 화산 |

| 33 | 画期（かっ き） 획기 |

君（きみ）の考（かんが）えはとても画期（かっ き てき）的だ。

| 34 | かび 곰팡이 |

かびがはえる。

| 35 | 構え（かま） 구조, 꾸밈새, 태세, 준비 |
圀 心構え（こころがま） 마음의 준비, 각오

この門（もん）は独特（どくとく）な構（かま）えをしている。

| 36 | 勘（かん） 감, 직감력 |

私（わたし）の息子（むす こ）はとても勘（かん）が鋭（するど）い。

| 37 | 間隔（かんかく） 간격 |

| 38 | 歓迎（かんげい） 환영 |

| 39 | 元日（がんじつ） 설날 |

| 40 | 鑑賞（かんしょう） 감상 |

| 41 | 勘定（かんじょう） 셈, 계산, 대금 지불, 예산, 고려 |
圀 計算（けいさん） 계산　代金（だいきん） 대금　予測（よ そく） 예측

すみません、勘定（かんじょう）お願（ねが）いします。
用意（よう い）の時間（じ かん）を勘定（かんじょう）にいれて各自起（かくじ お）
きるようにしてください。

| 42 | 感染（かんせん） 감염 |

| 43 | 観測（かんそく） 관측 |

| 44 | 勘違い（かんちが） 착각, 잘못 생각함 |
圀 思い違い（おも ちが） 오해, 착각

約束（やくそく）の日（ひ）を一日勘違（いちにちかんちが）いしていた。

| 45 | 観点（かんてん） 관점 |

今日（きょう）は新（あたら）しい観点（かんてん）から問題（もんだい）を考（かんが）え
ていきたいと思（おも）います。

| 46 | 関与（かん よ） 관여 |

| 47 | 期限（き げん） 기한 |

| 48 | 期日（き じつ） 기일 |

| 49 | 起床（き しょう） 기상 |

50 基礎（きそ） 기초 〔類〕基本（きほん） 기본

何事（なにごと）も基礎（きそ）が大事（だいじ）だ。

51 帰宅（きたく） 귀가

52 技能（ぎのう） 기능 〔類〕腕前（うでまえ） 솜씨, 기량

何（なに）か一（ひと）つ技能（ぎのう）を身（み）に付（つ）けたいと思（おも）っている。

53 関東（かんとう） 간토(도쿄를 중심으로 한 관동지방)

54 飢饉（ききん） 기근

55 機構（きこう） 기구

56 寄贈（きぞう） 기증

学校（がっこう）にピアノが寄贈（きぞう）された。

57 規範（きはん） 규범

最近（さいきん）の若（わか）い人（ひと）の規範（きはん）意識（いしき）が低下（ていか）している。

58 蛍光灯（けいこうとう） 형광등

59 経度（けいど） 경도

60 現状（げんじょう） 현상

61 交渉（こうしょう） 교섭

62 功績（こうせき） 공적

彼（かれ）はオリンピック出場（しゅつじょう）という功績（こうせき）を残（のこ）した。

63 光線（こうせん） 광선

64 荒廃（こうはい） 황폐

酸性雨（さんせいう）のせいで森林（しんりん）が荒廃（こうはい）してしまった。

65 効率（こうりつ） 효율

効率（こうりつ）のいいやり方（かた）を考（かんが）えましょう。

問題1 _______ の言葉の読み方として最もよいものを、1・2・3・4から一つ選びなさい。

1 新しく来る<u>監督</u>は練習が厳しいことで有名らしい。

1 かんばつ　　　2 かんかつ　　　3 かんとく　　　4 かんそく

2 鳥の赤ちゃんは自分で<u>殻</u>を割って生まれてくる。

1 かい　　　2 がら　　　3 かさ　　　4 から

3 プロ野球であなたの<u>活躍</u>する姿を早く見てみたいな。

1 かつやく　　　2 ひやく　　　3 けいやく　　　4 かいやく

4 次の授業が体育なら早く<u>着替え</u>なきゃいけないんじゃない？

1 きがえ　　　2 さかえ　　　3 かなえ　　　4 ねがえ

5 冬になってから肌の<u>乾燥</u>がひどくなってきた。

1 かんそう　　　2 かんばつ　　　3 かんこん　　　4 かんたん

6 台所の<u>蛍光灯</u>が切れたから帰りに買ってきてくれない？

1 はくねつとう　　　2 こくとう　　　3 けいこうとう　　　4 かいとう

7 今日の<u>勘定</u>は私に払わせてください。

1 だいきん　　　2 けいさん　　　3 しはらい　　　4 かんじょう

8 娘は自分に都合の良い時だけ<u>勘</u>が働く。

1 ちえ　　　2 かん　　　3 あい　　　4 みみ

 ＿＿＿＿＿の言葉を漢字で書くとき、最もよいものを１・２・３・４から
一つ選びなさい。

1 車を運転する時は一定の<u>かんかく</u>をあけて運転する。

1 感覚　　　　　2 関融　　　　　3 間隔　　　　　4 三角

2 映画館で<u>かんどう</u>する映画を見て思いっきり泣いてしまった。

1 成衝　　　　　2 憾働　　　　　3 勘当　　　　　4 感動

3 彼女は毎朝６時に<u>きしょう</u>して、出かける用意した後に勉強をする。

1 苦笑　　　　　2 起床　　　　　3 化粧　　　　　4 越症

4 小さな町の商店街はすっかり<u>こうはい</u>してしまった。

1 後悔　　　　　2 流庵　　　　　3 慌発　　　　　4 荒廃

5 海水浴中に<u>かみなり</u>がなったら、すぐに安全なところに移動しましょう。

1 雷　　　　　　2 雲　　　　　　3 露　　　　　　4 電

6 <u>がんじつ</u>は何もせずに一日中ずっとテレビを見て過ごしたい。

1 元日　　　　　2 完実　　　　　3 元旦　　　　　4 院目

7 支払いの<u>きじつ</u>はとっくに過ぎてるわよ。

1 湖日　　　　　2 期日　　　　　3 機日　　　　　4 基日

8 新しい会社の企業方針を<u>かくりつ</u>する。

1 礁卒　　　　　2 確率　　　　　3 確実　　　　　4 確立

問題3（　　　）に入れるのに最もよいものを、1・2・3・4から一つ選び
なさい。

1 日本に留学したら東京の（　　　）名所をあちこち巡りたい。

  1 観光　　　　　2 乾燥　　　　　3 家事　　　　　4 観察

2 桜が咲く時期は日中と朝、夜の（　　　）差が激しい。

  1 高低　　　　　2 気温　　　　　3 年齢　　　　　4 時間

3 女性は喧嘩をすると（　　　）的になりやすいと言われている。

  1 総合　　　　　2 観戦　　　　　3 文化　　　　　4 感情

4 面接は誰でも緊張するので、きちんとした準備や（　　　）が必要だ。

  1 見納め　　　　2 心構え　　　　3 物覚え　　　　4 着替え

5 課長から（　　　）会の幹事をしてほしいと頼まれた。

  1 サイン　　　　2 学級　　　　　3 展示　　　　　4 歓迎

6 （　　　）時のうがいは風邪予防に効果的だ。

  1 帰宅　　　　　2 握手　　　　　3 行動　　　　　4 保管

7 風邪を引いたら空気（　　　）するので必ずマスクをしてください。

  1 環境　　　　　2 観測　　　　　3 感染　　　　　4 鑑賞

8 夏休みの宿題の中で読書（　　　）文が私は一番嫌いだ。

  1 活躍　　　　　2 感想　　　　　3 監督　　　　　4 学力

（　　　）に入れるのに最もよいものを、1・2・3・4から一つ選びなさい。

1 夏休みの宿題に花の（　　　）があったのをすっかり忘れていた。

1 観察　　　　2 観光　　　　3 観草　　　　4 観客

2 今日は母の日なので私達が母の代わりに（　　　）をすることにした。

1 家計　　　　2 家事　　　　3 家財　　　　4 家訓

3 この本、私が書いたんだけど、読んで（　　　）を聞かせてくれるかな。

1 観相　　　　2 完走　　　　3 間奏　　　　4 感想

4 先生、（　　　）さんがお待ちですので診察室に急いで来てください。

1 埠者　　　　2 串者　　　　3 患者　　　　4 阜者

5 この部分が見えにくいから（　　　）してくれるかな。

1 拡大　　　　2 巨大　　　　3 最大　　　　4 寛大

6 私の（　　　）で目的地とは全く違う駅にたどり着いてしまった。

1 お門違い　　2 人違い　　　3 勘違い　　　4 腹違い

7 今は違った（　　　）から物を見ることができる人材が求められている。

1 観閲　　　　2 監査　　　　3 監視　　　　4 観点

8 彼のおかげで（　　　）が成立し、会社に大きな利益をもたらした。

1 貢献　　　　2 交渉　　　　3 荒廃　　　　4 孝行

問題5 ＿＿＿＿＿の言葉に意味が最も近いものを、１・２・３・４から一つ選びなさい。

1 　一人ずつ同じ模様のパンツをもらった。

　1　柄　　　　　　　2　札　　　　　　　3　材　　　　　　　4　机

2 　全員に関係してくることなので、私の事情で予定を変えるわけいはいかない。

　1　勝気　　　　　　2　勝手　　　　　　3　勝利　　　　　　4　勝機

3 　車を動かす前には、周りの安全をよく確かめる必要がある。

　1　確言する　　　　2　確然する　　　　3　確認する　　　　4　確定する

4 　この川も昔は魚がいたそうだ。

　1　過程に　　　　　2　過信に　　　　　3　過失に　　　　　4　過去に

5 　息子は最近車に興味をもちはじめているようだ。

　1　関鎖　　　　　　2　関心　　　　　　3　関係　　　　　　4　関西

6 　日曜日に映画を見たが、期待したほどではなかった。

　1　宣伝した　　　　2　上映した　　　　3　鑑賞した　　　　4　放送した

7 　原稿の提出の期日は明日までなのに、まだ１行も書けていない。

　1　期首　　　　　　2　期間　　　　　　3　期待　　　　　　4　期限

8 　先輩が基準となる姿勢を後輩に見せなくてはいけないだろう。

　1　定規　　　　　　2　周囲　　　　　　3　範囲　　　　　　4　規範

 次の言葉の使い方として最もよいものを、1・2・3・4から一つ選び
なさい。

1 関東

1 姉は今関東に住んでいる。

2 残念ながら1等ではなく関東だった。

3 もしかしてあの人あなたと関東がある人じゃないの？

4 親から関東された。

2 基礎

1 昔の友人に基礎された。

2 待ち合わせはいつもの基礎でいいよね。

3 どんな運動でも基礎トレーニングは大切だ。

4 おじいちゃんは毎朝5時に基礎する。

3 効き目

1 今年この会社が出来て10年という効き目の年を迎えた。

2 私の効き目は右手です。

3 この木と木の効き目の所直しといてください。

4 僕が叱るよりも妻が叱ったほうが子ども達には効き目がある。

01 期間 기간

02 企業 기업

03 気候 기후 気象 기상

この地域は温暖な気候に恵まれている。

04 傷 상처, 흠집
汚点 오점　欠点 결점

昨日転んだ部分に傷ができていた。

05 きっかけ 계기
糸口 실마리, 단서　原因 원인

デビューのきっかけとなったのは一つの広告だった。

06 休暇 휴가

07 休憩 휴게, 휴식

08 吸収 흡수

09 給食 급식

10 給料 급료

11 教師 교사

12 教授 교수

13 協力 협력

14 距離 거리
隔り 간격, 거리　間隔 간격

家から駅までの距離は約5キロメートルだ。

15 金額 금액

16 緊張 긴장

17 くしゃみ 재채기

18 経営 경영

19 景気 경기, 기세가 좋음

ここ最近ずっと景気が悪い。
景気づけにお酒を飲んだ。

20 計算 계산, 예상
勘定 셈, 계산　予測 예측

簡単な計算を間違えてしまった。
この出来事は全くの計算外だった。

21 景色 경치　風景 풍경

屋上から見る景色はとても綺麗だった。

22 言語 언어

23 減少 감소

24 原料 원료

25 交換 교환　取り替え 바꿈, 교환

時計が止まったので電池を交換した。

| 26 | 講義 강의 |

| 27 | 寄付 기부 |

| 28 | 規模 규모 |

| 29 | 逆転 역전 |

応援しているチームが最後の最後
で逆転した。

| 30 | 客間 응접실 翔 客室 객실 |

引っ越した家には客間があった。

| 31 | 休講 휴강 |

| 32 | 救助 구조 |

| 33 | 給与 급여 |

| 34 | 協議 협의 |

| 35 | 行儀 예절, 예의 翔 作法 예의범절, 예절 |

小さい頃、行儀が悪いとよく怒られ
た。

| 36 | 行事 행사 |

翔 催し 행사　イベント 이벤트

ここで一年に一回、大きな行事があ
る。

| 37 | 強制 강제 |

仕事を強制でさせられた。

| 38 | 協調 협조 |

| 39 | 恐怖 공포 |

| 40 | 行列 행렬 |

| 41 | 禁煙 금연 |

| 42 | 金魚 금붕어 |

| 43 | 空腹 공복 |

| 44 | 口紅 립스틱 |

| 45 | 工夫 궁리, 고안 |

| 46 | 苦労 고생 |

| 47 | 敬意 경의 |

社員の熱心な働きに敬意を表した
い。

| 48 | 敬語 경어 |

| 49 | 傾向 경향 翔 傾き 경향, 경사 |

30代でも結婚していない人が増加
傾向にある。

| 50 | 系統 계통 |

| 51 | 外科 외과 |

52 混合 (こんごう) 혼합

53 根本 (こんぽん) 근본
(類) 大本 (おおもと) 근본, 근원　本質 (ほんしつ) 본질

私と彼女は性格が違いすぎて根本から違う。

54 催促 (さいそく) 재촉　(類) 督促 (とくそく) 독촉

大家に家賃を早く払えと催促された。

55 裁縫 (さいほう) 재봉

56 盛り (さか) 한창때

私の息子たちは今育ち盛りです。

57 一昨昨日 (さきおととい) 그끄저께, 그끄제

58 索引 (さくいん) 색인

59 匙 (さじ) 숟가락

鍋に醤油を大匙一杯入れてください。

この事件は弁護士も匙を投げてしまうほど厄介な事件だった。

60 差し支え / 差支え (さしつか) 지장, 장애
(類) 差し障り / 差障り (さしさわ) 지장, 장애

差し支えなければ連絡先を教えていただけないでしょうか。

61 錆 (さび) 녹, 나쁜 결과, 나쁜 응보

しばらく乗らない間に自転車に錆がついてしまった。

いつも嘘ばかりついてるから怒られるんでしょ。身から出た錆よ。

62 敷地 (しきち) 부지, 대지

63 時速 (じそく) 시속

64 下調べ (したしら) 예비 조사, 예습

遠足の下調べをしに行った。

問題1 ＿＿＿＿＿の言葉の読み方として最もよいものを、1・2・3・4から一つ選びなさい。

1　彼は<u>講義</u>時間中一回も目を覚まさなかった。

1　こうぎ　　　　2　じんぎ　　　　3　かいぎ　　　　4　しんぎ

2　胃の調子が良くないので、<u>吸収</u>の良い食べ物を食べるように医者に言われた。

1　こうしゅう　　　　　　　　　　2　たいしゅう

3　きゅうしゅう　　　　　　　　　4　かいしゅう

3　<u>休憩</u>時間にいつもお菓子を食べるので、痩せられない。

1　さんけい　　　　2　かんけい　　　　3　しゅうけい　　　　4　きゅうけい

4　違う国の違う<u>言語</u>を使う人であっても、心を通わすことはできるはずだ。

1　たんご　　　　2　げんご　　　　3　さんご　　　　4　かんご

5　彼の言葉は彼女の心に大きな<u>傷</u>を付けた。

1　きず　　　　2　むず　　　　3　くず　　　　4　すず

6　4月に入って桜の花は<u>盛</u>りの季節を迎えた。

1　あかり　　　　2　もり　　　　3　そり　　　　4　さかり

7　父と母が私を育てるのには、今まで数え切れないほどの<u>苦労</u>があったと思う。

1　くつう　　　　2　くふう　　　　3　くろう　　　　4　くげん

8　時間をかけて<u>協議</u>したが、結論を出すことはできなかった。

1　きょうぎ　　　　2　ぎょうぎ　　　　3　じょうぎ　　　　4　しょうぎ

問題2 ＿＿＿＿＿の言葉を漢字で書くとき、最もよいものを１・２・３・４から一つ選びなさい。

1 今日の午後の授業が<u>きゅうこう</u>になったので映画を観^みに行った。

1 休講　　　　2 体構　　　　3 急行　　　　4 休溝

2 醤油は大豆^{だいず}と小麦と塩を<u>げんりょう</u>としてつくられている。

1 減量　　　　2 源科　　　　3 願斗　　　　4 原料

3 夏休みに近くの広場で<u>きょうふ</u>の体験をした。

1 汎�√　　　　2 恐怖　　　　3 教父　　　　4 恕恨

4 新しい<u>くちべに</u>はとても艶やかだ。

1 口杠　　　　2 口釘　　　　3 口紅　　　　4 国江

5 あなたは私より年が下なんだから、きちんと<u>けいご</u>を使いなさい。

1 敨話　　　　2 敬語　　　　3 啓悟　　　　4 敬吾

6 人命<u>きゅうじょ</u>には心臓マッサージが有効的だ。

1 急鋤　　　　2 球序　　　　3 求助　　　　4 救助

7 会社から支給されている<u>きゅうよ</u>の計算方法が分からない。

1 佮世　　　　2 給与　　　　3 拾代　　　　4 絡余

8 <u>きゃくま</u>からは海が見えると聞いていたのに実際は池しか見えなかった。

1 荅関　　　　2 宮間　　　　3 客間　　　　4 溶聞

1 あと数年後に大（　　　）な地震が起きたらどうしよう。

1 逆転　　　　2 行列　　　　3 行事　　　　4 規模

2 彼女の（　　　）性の無さは会社でも問題になるぐらいでした。

1 即効　　　　2 安全　　　　3 交換　　　　4 協調

3 その研究は私一人では大変なので有能な（　　　）者が必要です。

1 観光　　　　2 協力　　　　3 怠け　　　　4 観測

4 この舞台が面白くなるかどうかは役者の微妙な（　　　）加減で決まるだろう。

1 さじ　　　　2 さび　　　　3 さむ　　　　4 さき

5 お昼の時間帯は全席（　　　）席となっております。

1 敬語　　　　2 協調　　　　3 禁煙　　　　4 緊張

6 人事の大木君は（　　　）とどけを出さずに海外旅行に行ってしまった。

1 平日　　　　2 休暇　　　　3 祝日　　　　4 休日

7 予約したお店の料理がまずかったのは、私の（　　　）不足が原因です。

1 下調べ　　　2 食事　　　　3 通勤　　　　4 仲良し

8 借金の（　　　）状が届いたが、払うお金が一円もない。

1 睡眠　　　　2 感謝　　　　3 催促　　　　4 苦労

問題4 （　　　）に入れるのに最もよいものを、１・２・３・４から一つ選び
なさい。

1 夏休みの（　　　）だけ学校のプールが一般にも開放される。

  1 規間　　　　　2 期間　　　　　3 紀間　　　　　4 季間

2 提出物には講義名と自分の名前と講義を行っている（　　　）名を必ず書い
てください。

  1 教授　　　　　2 教受　　　　　3 教儒　　　　　4 教樹

3 本番の１週間前からそんなに（　　　）してたら本番で倒れるんじゃない。

  1 謹張　　　　　2 禁張　　　　　3 緊張　　　　　4 筋張

4 後半に入って打った僕の球は空を高く飛び、僕らのチームは（　　　）優勝
した。

  1 逆転　　　　　2 逆説　　　　　3 逆上　　　　　4 逆位

5 僕は中学校で音楽の（　　　）をしているが、昔は野球選手になりたかった。

  1 教室　　　　　2 教師　　　　　3 教案　　　　　4 教養

6 店長から潰れかけた店の（　　　）の建て直しを頼まれた。

  1 経緯　　　　　2 経度　　　　　3 経石　　　　　4 経営

7 祖父から山２つ分の（　　　）を貰った。

  1 敷地　　　　　2 敷布　　　　　3 敷紙　　　　　4 座敷

8 田中さん、ここは内科ですよ。田中さんは骨折ですから（　　　）に行って
ください。

  1 歯科　　　　　2 耳鼻科　　　　　3 理科　　　　　4 外科

1 今までのデータから予想するとだいたい 30 万くらいですかね。

1 予感　　　　　2 予報　　　　　3 予約　　　　　4 予測

2 子どもの頃に入院したことが、私が医者になろうと思ったきっかけでした。

1 限界　　　　　2 原因　　　　　3 現場　　　　　4 厳格

3 少しずつトップとの距離を縮め、スタートの出遅れはほぼ取り戻した。

1 間鴨　　　　　2 間銀　　　　　3 間隔　　　　　4 間駒

4 お姉ちゃんのケーキの方が大きいよ、僕のと取り替えてよ。

1 交換し　　　　2 交差し　　　　3 交番し　　　　4 交通し

5 この町の風景は、私が生まれた町に似ている。

1 景清　　　　　2 景気　　　　　3 景況　　　　　4 景色

6 本日 1 階入り口にて特別安売りイベントを行います。

1 偽し　　　　　2 侯し　　　　　3 催し　　　　　4 任し

7 ゲームは勉強に差し障りがない程度にしなさいといつも言ってるでしょう。

1 差し鍛え　　　2 差し支え　　　3 差し甘え　　　4 差し違え

8 彼女は小さい頃から親に厳しくしつけられ行儀がいい。

1 技法　　　　　2 作法　　　　　3 方法　　　　　4 家法

問題6 次の言葉の使い方として最もよいものを、1・2・3・4から一つ選び
なさい。

1 行列

1 ここから学校まで行列に乗って行きます。

2 私の店は昼時になると、行列が出来る。

3 過去の問題を行列してみました。

4 食べ過ぎてお腹が行列しそうだ。

2 裁縫

1 勉強もできてスポーツもできるが、裁縫だけは苦手だ。

2 個人間での話し合いはもう駄目なようですので、裁縫で争いましょう。

3 今年の夏休みは裁縫に楽しかったです。

4 怪我をして傷を5針裁縫した。

3 金額

1 銀行で金額貯金を始めた。

2 大好きな人との写真を、私は金額に入れている。

3 親が金持ちだからなのだろうか、彼女には金額感覚がない。

4 この店は料理の注文表に金額が書かれていない。

01 交代 교대 (類) 入れ替わり 교대, 대체

父の看病を母と交代ですることにした。

02 交通機関 교통기관

03 行動 행동
(類) 行い 행위, 행동　行為 행위

私は考える前に行動するタイプだ。

04 後輩 후배

05 小遣い 용돈

06 作戦 작전

後ろから攻撃するというのが私の作戦だ。

07 作品 작품

この作品には作者の平和への願いが込められている。

08 作物 작물

祖母は畑で色々な作物を作っている。

09 算数 산수

10 時間割 시간표

11 事件 사건

12 実験 실험

私は授業の中で理科の実験が一番好きだ。

13 湿度 습도

梅雨になると湿度が高くなる。

14 脂肪 지방 (類) 脂 (동물의)지방

甘いものには脂肪が多く含まれる。

15 しゃっくり 딸꾹질

16 じゃんけん 가위 바위 보

17 週間 주간

一週間に３回ジムに通っている。

18 就職 취직

高校を卒業したら就職しようと思っている。

19 手術 수술

20 出勤 출근

21 主婦 주부

22 種類 종류

ここのカフェはケーキの種類も多くおいしいので人気がある。

23 状況 상황

事件の状況を警察官に説明した。

24 少女 소녀

25 状態（じょうたい） 상태
圞 有り様（ありさま） 상태, 형편　様子（ようす） 상황, 상태
最近、精神状態が不安定だ。

26 少年（しょうねん） 소년

27 下旬（げじゅん） 하순

28 下水（げすい） 하수

29 欠陥（けっかん） 결함
昨日買った商品に欠陥が見つかった。

30 気配（けはい） 낌새, 기미, 느낌
後ろから人の気配を感じた。

31 煙（けむり） 연기

32 限界（げんかい） 한계　圞 限度（げんど） 한도
選手としての限界を感じ、引退することにした。

33 権限（けんげん） 권한
あなたを裏切ってしまった私には、あなたに何も言う権限はありません。

34 現象（げんしょう） 현상

35 限定（げんてい） 한정
こちらはクリスマス限定商品です。

36 検討（けんとう） 검토
会社では育児休暇を増やす方向で検討されている。

37 講演（こうえん） 강연

38 攻撃（こうげき） 공격　圞 襲撃（しゅうげき） 습격　非難（ひなん） 비난
相手チームの速い攻撃に手も足も出なかった。

39 貢献（こうけん） 공헌

40 交互（こうご） (「～に」의 꼴로) 교호, 번갈아

41 向上（こうじょう） 향상
最近ますます自動車の性能が向上している。

42 降水（こうすい） 강수

43 構造（こうぞう） 구조　圞 造り（つくり） 만듦새, 구조
この家の構造はしっかりしている。

44 強盗（ごうとう） 강도

45 候補（こうほ） 후보

46 紅葉（こうよう） 단풍, 단풍이 듦

47 考慮（こうりょ） 고려
皆さんの意見を考慮して決めたいと思います。

| 48 | 心当たり (こころあ) 짐작이 감, 짐작 가는 데 | 60 | 商社 (しょうしゃ) 상사 |

48 心当たり 짐작이 감, 짐작 가는 데

この鍵に心当たりのある人はいま
せんか？

49 骨折 (こっせつ) 골절

50 小包 (こづつみ) 소포

60 商社 (しょうしゃ) 상사

61 情勢 (じょうせい) 정세, 형세

62 情緒 (じょうちょ) 정서

ここは異国情緒が溢れている。

63 商人 (しょうにん) 상인

51 下町 (したまち) 도시 저지대 상공업지역

52 私鉄 (してつ) 사철, 민간 회사가 경영하는 철도

53 社説 (しゃせつ) 사설

54 砂利 (じゃり) 자갈

55 洒落 (しゃれ) 익살, 재치 있는 농담

彼は酒に酔うといつも洒落を言う。

56 収支 (しゅうし) 수지

収支のバランスが悪いと経営が苦
しくなる可能性がある。

57 熟語 (じゅくご) 숙어

58 仕様 (しよう) (어떤 일을 하는)방법, 도리

これ以上は仕様がありません。

59 照合 (しょうごう) 조합, 대조하여 확인함

問題1 ＿＿＿＿の言葉の読み方として最もよいものを、1・2・3・4から一つ選びなさい。

1 朝の<u>出勤</u>時間に電車が故障するなんてついてない。

　1 しゅっきん　　2 しゅつどう　　3 しゅっか　　4 しゅつげん

2 ここの土地の<u>作物</u>はとても美味しいと都会から買いに来る人までいる。

　1 さくもの　　2 さくもつ　　3 くだもつ　　4 くだもの

3 先輩は1人もいないが、<u>後輩</u>は20人以上いる。

　1 ごぱい　　2 あとはい　　3 ごかい　　4 こうはい

4 今年も<u>就職</u>活動の厳しさが新聞に掲載されている。

　1 じゅうしょく　　2 しゅうしょく　　3 しょうしょく　　4 しょうしく

5 あなたの<u>作品</u>はどこに置いてあるの？

　1 さくぴん　　2 ざっか　　3 さっか　　4 さくひん

6 お父さんの<u>洒落</u>はいつも面白くない。

　1 しゃけ　　2 しゃい　　3 しゃれ　　4 しゃか

7 学級委員の<u>候補</u>に選ばれた。

　1 そうほう　　2 こうほ　　3 かんぽ　　4 さんぽ

8 社長にご<u>検討</u>頂けますよう宜しくお伝えください。

　1 けんしょう　　2 けんそう　　3 けんと　　4 けんとう

1 犬が突然走り出し、つまずいてこっせつした。

1 滑析　　　2 骨折　　　3 骼忻　　　4 過斤

2 次の試合は絶対勝ちたいので、みんなでさくせんを立てた。

1 昨戦　　　2 咋線　　　3 作戦　　　4 窄銭

3 勉強と休憩をこうごに行わないと体が疲れるよ。

1 絞誤　　　2 効伍　　　3 校五　　　4 交互

4 悪いことをしたら反省し、社会にこうけんしなさい。

1 貰犬　　　2 真南　　　3 貢献　　　4 項尤

5 韓国はしつどが低く空気が乾燥している。

1 湿度　　　2 温度　　　3 洫度　　　4 質度

6 自分には発言するけんげんもないが、会社を変えたいと思ったことがある。

1 歓言　　　2 勧根　　　3 権限　　　4 催退

7 もうおこづかいなくなったの、このあいだあげたばかりじゃない。

1 子使　　　2 小遣　　　3 少遺　　　4 仔貴

8 一流のしょうしゃに勤めるお金持ちの男性と結婚したかったが、縁がなかった。

1 商社　　　2 敵社　　　3 商者　　　4 商仕

問題3（　　　）に入れるのに最もよいものを、１・２・３・４から一つ選びなさい。

1 家の前の道が（　　　）道の工事をしていて毎日騒音がうるさい。

1 下水　　　　　2 安心　　　　　3 香水　　　　　4 少年

2 明日の（　　　）確率は90%ですから、傘を忘れないように。

1 限定　　　　　2 就職　　　　　3 降水　　　　　4 強盗

3 後輩のアパートは（　　　）現場のすぐ近くにあり、今はとても物騒だ。

1 少女　　　　　2 雑巾　　　　　3 算数　　　　　4 事件

4 今日は会員（　　　）販売の日だからゆっくりと買い物ができる。

1 種類　　　　　2 強盗　　　　　3 限定　　　　　4 限界

5 彼はアメリカで（　　　）時代を過ごし今は日本の貿易会社に務めている。

1 骨折　　　　　2 少年　　　　　3 梅雨　　　　　4 徒歩

6 何事にも（　　　）心を持って挑戦していく人が好きだ。

1 向上　　　　　2 無関　　　　　3 恐怖　　　　　4 依存

7 彼の（　　　）会はとても人気でいつも予約でいっぱいだ。

1 校長　　　　　2 割引　　　　　3 本物　　　　　4 講演

8 結婚したら専業（　　　）になりたいと考えている。

1 主婦　　　　　2 少年　　　　　3 主部　　　　　4 主人

問題4（　　　）に入れるのに最もよいものを、1・2・3・4から一つ選びなさい。

1 この商品は色や形など他に比べて（　　　）が豊富です。

　1 種類　　　　　　2 種族　　　　　　3 種子　　　　　　4 種差

2 さっきから（　　　）が止まらないんだけど、止め方知らない。

　1 びっくり　　　　2 そっくり　　　　3 ぼっくり　　　　4 しゃっくり

3 こんな大事な事を（　　　）で決めるのか？

　1 ぽつぽつ　　　　2 じゃんけん　　　3 がっくり　　　　4 ふわふわ

4 おばあちゃんの（　　　）時代の写真は私にそっくりだった。

　1 少年　　　　　　2 少子　　　　　　3 少女　　　　　　4 少々

5 昨日見た（　　　）天気予報では今週の日曜日は晴れだったよ。

　1 週間　　　　　　2 週刊　　　　　　3 習慣　　　　　　4 終刊

6 山田さん、（　　　）が届いてますよ。

　1 小江　　　　　　2 小川　　　　　　3 小包　　　　　　4 小島

7 秋になったら（　　　）を見に京都に行かない？

　1 紅葉　　　　　　2 紅白　　　　　　3 紅顔　　　　　　4 紅海

8 直ぐに今回のデータと前回のデータを（　　　）してください。

　1 照明　　　　　　2 残照　　　　　　3 照合　　　　　　4 返照

問題5 ＿＿＿＿の言葉に意味が最も近いものを、１・２・３・４から一つ選びなさい。

1 この薬はまだ<u>試験</u>段階である。

1 実験　　　　2 実話　　　　3 実施　　　　4 実物

2 今は話せる<u>状態</u>ではないので、落ち着いてから事情を聞きましょう。

1 洋洋　　　　2 様式　　　　3 様子　　　　4 様器

3 自分の<u>行為</u>には責任を持ちなさい。

1 行列　　　　2 行動　　　　3 行間　　　　4 行脚

4 後半10分、彼と<u>入れ替わり</u>に試合に出ることになった。

1 交換　　　　2 交互　　　　3 交差　　　　4 交代

5 季節の魚は<u>脂</u>がのっていて美味しい。

1 脂肪　　　　2 脂性　　　　3 脂汗　　　　4 脂粉

6 友達の家は、父親が建築家とだけあって変わった<u>造り</u>をしている。

1 改造　　　　2 造意　　　　3 造化　　　　4 構造

7 京都は日本の<u>情緒</u>を感じることのできる町だ。

1 活気　　　　2 雰囲気　　　　3 やる気　　　　4 換気

8 新しく出た意見も<u>考慮</u>したうえで結論を出したいと思います。

1 検定　　　　2 検査　　　　3 検討　　　　4 検圧

問題6 次の言葉の使い方として最もよいものを、1・2・3・4から一つ選び
なさい。

1 心当たり

1 どうか1等が心当たりますように。

2 心当たりがある所は全部探したんだけどな。

3 免許を取ったばかりの僕はさっそく車を壁に心当たりしてしまった。

4 弟がいきなり心当たりして行った。

2 手術

1 誕生日に貰った手術を帰って花瓶に入れ替えてやった。

2 春から手術大学の建築学科に入学する。

3 検査の結果では手術になるかもしれません。

4 あまりの寒さに水道が手術して水が出ない。

3 社説

1 駅は次の角を社説して真っ直ぐ行った所にあります。

2 母は私が小さい時にあげた財布を社説に持っている。

3 この街には社説が走っている。

4 私は毎朝新聞の社説を読む。

01	しょうひん **商品** 상품	

01 しょうひん **商品** 상품

02 しょくぎょう **職業** 직업 　圀 しごと **仕事** 일

私の職業は大学の教授です。

03 しょくひん **食品** 식품

04 しょくぶつ **植物** 식물　圀 くさき **草木** 초목

私の趣味は植物を育てることだ。

05 じょゆう **女優** 여우, 여배우

06 しらが **白髪** 백발, 흰머리

私の母は最近突然白髪が増えたと気にしていた。

07 しりょう **資料** 자료

08 しろうと **素人** 초보자, 비전문가

09 しんかんせん **新幹線** 신칸센(일본의 고속 장거리 철도)

10 しんさつ **診察** 진찰

11 じんせい **人生** 인생　圀 せいかつ **生活** 생활　しょうがい **生涯** 생애

人生は長いように見えてすぐ過ぎてしまうので、一生懸命生きたい。

12 すいみん **睡眠** 수면

私の平均睡眠時間は6時間だ。

13 すうじ **数字** 숫자

14 せいさく **制作** 제작

新しい映画の制作発表が行われた。

15 せいさく **製作** 제작

私が働いている工場ではビールの瓶が製作されている。

16 せいど **制度** 제도　圀 きまり **決まり** 규정, 규칙, 결정

この国は医療制度が整っている。

17 せいねんがっぴ **生年月日** 생년월일

18 せいぶつ **生物** 생물

19 せんしゅ **選手** 선수

20 そうさ **操作** 조작

21 そうぞう **想像** 상상　圀 すいそく **推測** 추측

自分の十年後を想像してみてください。

22 **それぞれ** 제각기, 각자　圀 おのおの **各々** 각각

会議でそれぞれの意見を出し合った。

23 そんけい **尊敬** 존경　圀 うやま **敬う** 존경하다

私は人から尊敬されるような人物になりたい。

24 たいかい **大会** 대회

25 たいじゅう **体重** 체중

26 たいそう **体操** 체조

27 諺（ことわざ） 속담

28 好み（この） 좋아함, 기호, 주문, 희망

29 御無沙汰（ごぶさた） 오랫동안 격조함

30 根拠（こんきょ） 근거

彼（かれ）はいつも根拠（こんきょ）のない話（はなし）ばかりする。

31 混雑（こんざつ） 혼잡

32 献立（こんだて） 식단, 메뉴, 차림표

今日（きょう）の夕食（ゆうしょく）の献立（こんだて）はカレーだ。

33 混乱（こんらん） 혼란

34 祭日（さいじつ） 신사에 제사가 있는 날, 국경일

35 境（さかい） 경계, 기로, 갈림길 　類　境界（きょうかい） 경계

36 座敷（ざしき） 다타미방, 특히 객실
　類　客間（きゃくま） 응접실

教授（きょうじゅ）の家（いえ）に行（い）くと座敷（ざしき）に通（とお）された。

37 差別（さべつ） 차별

38 作法（さほう） 예의범절, 규정, 작법
　類　礼儀（れいぎ） 예의　決（き）まり 규정

作法（さほう）は子供（こども）の頃（ころ）に身（み）に付（つ）けるとよい。

39 酸素（さんそ） 산소

40 資源（しげん） 자원

人（ひと）は地球（ちきゅう）の資源（しげん）を大事（だいじ）に使（つか）わなければならない。

41 下書（したがき） (문장의)초고, 연습으로 씀, 또는 그 쓴 것

42 芝居（しばい） 연극, (비유적으로)연극, 속임수

43 締（し）め切（き）り / 締切（しめき）り 마감

44 渋滞（じゅうたい） 정체, 일의 진행이 더딤

45 収入（しゅうにゅう） 수입

46 受験（じゅけん） 수험

47 取材（しゅざい） 취재

48 手段（しゅだん） 수단　類　方法（ほうほう） 방법

彼（かれ）は欲（ほ）しいものを手段（しゅだん）を選（えら）ばず手（て）にいれようとする。

49 出費（しゅっぴ） 출비, 지출

今月（こんげつ）は何（なに）かと出費（しゅっぴ）が多（おお）い。

50 需要（じゅよう） 수요

51 準急（じゅんきゅう） 준급행 열차

52 情（じょう） 정, 감정, 인정, 동정, 애정

私（わたし）の家族（かぞく）はみんな情（じょう）に弱（よわ）い。

64 政党〔せいとう〕 정당

65 赤道〔せきどう〕 적도

53 正味〔しょうみ〕 알맹이, 에누리 없는 값, 실제 수량

この店は正味の値段で売っているので他の店に比べて安い。

54 私立〔しりつ〕 사립

55 芯〔しん〕 심, 심지, 사물의 중심

類 真ん中〔まなか〕 한가운데　中央〔ちゅうおう〕 중앙

強く書きすぎて鉛筆の芯が折れた。

私の父はとても芯の強い人だ。

56 真空〔しんくう〕 진공

57 信仰〔しんこう〕 신앙

58 人事〔じんじ〕 인사, 사람이 할 수 있는 일

今年から人事の仕事をすることになった。

59 水素〔すいそ〕 수소

60 隙〔すき〕 틈, 빈틈, 여지, 겨를, 짬

彼女はいつ見ても隙がない。

61 住い〔すまい〕 사는 일, 주소, 사는 곳

62 寸法〔すんぽう〕 치수, 속셈, 의도

63 生存〔せいぞん〕 생존

問題1 ______の言葉の読み方として最もよいものを、1・2・3・4から一つ
選びなさい。

1 母が寝ている隙を狙って遊びに出かけた。

1 みき　　　　　2 すき　　　　　3 とき　　　　　4 くき

2 大阪から東京まで新幹線で2時間ほどで到着する。

1 しんかいそく　　　　　　　　2 しんとっきゅう
3 しんかんせん　　　　　　　　4 しんおおさか

3 僕の将来の夢は野球選手になることです。

1 せんて　　　2 せんしゅ　　　3 そんしゅ　　　4 そんて

4 最近周りの音がうるさくて睡眠をしっかりとれていない。

1 すいみん　　2 あんみん　　3 かいみん　　4 こくみん

5 一度の人生なのだから、やりたい事があるのなら一度は挑戦してみるべきだ。

1 じんとう　　2 じんち　　　3 じんめい　　4 じんせい

6 どうも御無沙汰しております。

1 ごけんしょう　2 ごせいしょう　3 ごぶさた　　4 ごかいにん

7 彼は何かと諺で返してくるので疲れる。

1 わるくち　　2 ことわざ　　3 ひにく　　　4 たとえ

8 服を作るから、あなたの寸法測らせてちょうだい。

1 かんぽう　　2 いっぽう　　3 かっぽう　　4 すんぽう

問題2 ＿＿＿＿＿の言葉を漢字で書くとき、最もよいものを１・２・３・４から一つ選びなさい。

1 サイン会はとても<u>こんざつ</u>していて先に進める気配がない。

　1 昆錐　　　　2 昆殺　　　　3 混雑　　　　4 渇誰

2 銀行に行きたいが<u>さいじつ</u>は閉まっている。

　1 祭日　　　　2 際日　　　　3 発日　　　　4 祭実

3 私立大学は<u>じゅけん</u>料も入学の費用も高くて親が困っている。

　1 受験　　　　2 授険　　　　3 綏検　　　　4 受倹

4 漫画を書くときはまず<u>したがき</u>をしてから書いた方がいい。

　1 下畫　　　　2 下曹　　　　3 丁書　　　　4 下書

5 自分の部屋で<u>しばい</u>の練習をしていると親にうるさいと怒られた。

　1 之古　　　　2 芝尿　　　　3 芝居　　　　4 笑居

6 先生から何か<u>しんこう</u>を持ったほうがいいと言われたが全く興味がない。

　1 心柳　　　　2 信仰　　　　3 言卵　　　　4 唱迎

7 <u>せきどう</u>の近くでも雪が降るところがある。

　1 赤銅　　　　2 赤導　　　　3 赤運　　　　4 赤道

8 親戚のおじさんは五月になるとこいのぼりの<u>せいさく</u>と販売で忙しい。

　1 勢作　　　　2 製作　　　　3 正作　　　　4 星乍

1 商店街の福引きで（　　　　）券が当たった。

1 座敷　　　　　2 選挙　　　　　3 診察　　　　　4 商品

2 久しぶりに（　　　　）計に乗ったら十キロも増えていた。

1 体操　　　　　2 新幹線　　　　　3 体重　　　　　4 渋滞

3 （　　　　）列車に乗ってお弁当を食べていたら前の人に変な顔で見られた。

1 歓迎　　　　　2 想像　　　　　3 植物　　　　　4 準急

4 来月から全然知らない人の家に仮（　　　　）することになった。

1 種類　　　　　2 住い　　　　　3 限定　　　　　4 限界

5 （　　　　）ねぎは体にもよくて風邪の予防にも効果的である。

1 白髪　　　　　2 白黒　　　　　3 白金　　　　　4 白茎

6 カメラは（　　　　）性を重視して買いたいと思う。

1 素人　　　　　2 通気　　　　　3 操作　　　　　4 柔軟

7 お父さんはいつもスーパーの（　　　　）売り場に来ると何か食べたがる。

1 女優　　　　　2 食品　　　　　3 食器　　　　　4 衣料

8 卒業研究の（　　　　）費用が想像以上に高かった。

1 精神　　　　　2 性格　　　　　3 妄想　　　　　4 制作

問題4 （　　　）に入れるのに最もよいものを、１・２・３・４から一つ選び
なさい。

1 今年の春から私は舞台（　　　）という道を歩みはじめる。

1 女系　　　　　2 女優　　　　　3 女子　　　　　4 女々

2 うちの冷蔵庫から製造日が私と同じ（　　　）の食べ物が出てきた。

1 改装日　　　　2 生年月日　　　　3 出身地　　　　4 排出日

3 私はピアノよりも体を動かす（　　　）を習いに行きたい。

1 体内　　　　　2 体験　　　　　3 体操　　　　　4 体系

4 アンケート、全部見終わったらまとめて（　　　）室に入れといてくれる
かな。

1 肥料　　　　　2 給料　　　　　3 資料　　　　　4 染料

5 彼は商品について詳しく説明し、その話し方はとても（　　　）とは思え
なかった。

1 玄人　　　　　2 プロ　　　　　3 ソロ　　　　　4 素人

6 最近通勤時間に（　　　）するようになり、困っている。

1 渋谷　　　　　2 渋滞　　　　　3 渋皮　　　　　4 渋柿

7 先週の（　　　）の発表で課長になった。

1 人事　　　　　2 人権　　　　　3 人間　　　　　4 人頭

8 地球の（　　　）は限られているのだから大切にしなくてはいけない。

1 資料　　　　　2 資金　　　　　3 資格　　　　　4 資源

 ________ の言葉に意味が最も近いものを、1・2・3・4から一つ選びなさい。

1 私の<u>推測</u>だが、彼は何か隠し事をしている。

　　1 相思　　　　　2 観想　　　　　3 想像　　　　　4 感想

2 僕の<u>職業</u>は絵描きです。

　　1 仕事　　　　　2 仕業　　　　　3 仕掛　　　　　4 仕方

3 水をあげる時に声をかけてあげると<u>植物</u>は元気に育つそうだ。

　　1 植林　　　　　2 草餅　　　　　3 植毛　　　　　4 草木

4 館内での煙草は館内の<u>制度</u>によりお断りしております。

　　1 収まり　　　　2 決まり　　　　3 始まり　　　　4 畏まり

5 他人を<u>敬う</u>心を忘れてはいけない。

　　1 敬語する　　　2 好きな　　　　3 尊敬する　　　4 嫌う

6 アルバイトの<u>給料</u>が入ったので、今日は飲みに行ける。

　　1 収入　　　　　2 収集　　　　　3 回収　　　　　4 収納

7 お風呂に入ると体の<u>芯</u>まで温まる。

　　1 種類　　　　　2 中心　　　　　3 部分　　　　　4 箇所

8 どんな<u>手段</u>を使ってでも彼には勝たなくてはいけない。

　　1 方言　　　　　2 方向　　　　　3 方案　　　　　4 方法

問題6　次の言葉の使い方として最もよいものを、１・２・３・４から一つ選び
なさい。

1 根拠

1　もう６時間も同じ姿勢を崩さないなんて、なんて根拠だろうか。

2　しばらく忘れていたせいで私の根拠は腐ってしまった。

3　彼はいつも自信をもって発言するが、彼の言うことには根拠がない。

4　いくら聞いても何も言わない、なんて根拠なやつなんだ。

2 診察

1　午後からの診察時間は３時からになります。

2　出来上がったら診察して皆に配ってください。

3　笑わないでください、私は診察に話してるんですから。

4　明日待ちに待った漫画の診察が出る。

3 私立

1　私の通う中学校は私立です。

2　今は会議中ですよ、私立はしないでください。

3　卒業生は全員私立してください。

4　この学校の私立は厳しいことで有名だ。

01 態度 태도

02 互い 서로, 상호

03 ただ 무료, 공짜 <類> 無料 무료

ただより怖いものは無い。

04 男子 남자

05 短所 단점

06 違い 차이, 상이

10歳以上離れている姉と話していると
いつも年齢の違いを感じる。

07 地球 지구

08 知識 지식 <類> 学識 학식

知識が豊富な人に共通していることは読書家ということだ。

09 昼食 중식, 점심

10 注文 주문, 요구

<類> 発注 발주　要望 요망

客の注文をとりに行った。

同僚が私の提案に注文をつけてきた。

11 調査 조사

12 調子 가락, 리듬, 어조, 상태, 컨디션

<類> 具合 상태, 형편　拍子 박자, 가락

私は調子のとりかたが下手だ。

今日は体の調子があまりよくない。

13 ちょうだい (윗사람이 주는 것을) 받음,
(여자와 어린이들이 하는 말로)
～해 주세요

14 直後 직후

15 直前 직전

16 著者 저자

17 通過 통과

18 通勤 통근

19 付き合い / 付合い 사귐, 교제

<類> 交際 교제

私と彼は20年の付き合いになる。

20 爪 손톱, 발톱

21 梅雨 / 梅雨 장마

22 釣り 거스름돈

間違ってお釣りを50円多く渡してしまった。

23 釣り 낚시질

父の趣味は釣りだ。

24 提出 제출

25 停留所 정류소, 정류장

26 出来上がり 완성됨, 완성된 결과, 됨됨이	**39** しわ (얼굴의)주름, 구김살

26 出来上がり 완성됨, 완성된 결과, 됨됨이
作品の素晴らしい出来上がりに満足した。

27 奨学金 장학금

28 上旬 상순

29 症状 증상
喉が痛かったり咳が出るのは風邪の症状だ。

30 上昇 상승

31 冗談 농담

32 食卓 식탁

33 職場 직장

34 食欲 식욕

35 書斎 서재

36 初旬 초순

37 尻 엉덩이, 맨 뒤, 꼴찌, 뒷마무리

38 印 표시, 증표, 증거, 신호, 표지
この写真が私がここに来た印だ。

39 しわ (얼굴의)주름, 구김살

40 親戚 친척 튄 親類 친척
親戚のおばさんがりんごを送ってくれた。

41 進歩 진보 튄 発達 발달　発展 발전
時代はどんどん進歩している。

42 針路 침로, (선박·항공기의)항로, 진로
強い風の影響で船が針路を外れてしまった。

43 巣 (새·벌레 등의)둥지, 보금자리, 소굴

44 推薦 추천

45 隙間 (빈)틈, (시간·일 사이의)짬
ドアの隙間から風が入ってくる。

46 頭痛 두통

47 世紀 세기
今は21世紀である。

48 製品 제품

49 世辞 남의 비위를 맞추기 위한 말, 아첨하는 말
この部下はお世辞がうまい。

50 専攻 전공

51 雑巾 걸레

52 世帯（せたい） 세대

53 扇子（せんす） 쥘부채

54 前途（ぜんと） 전도 〔類〕 将来（しょうらい） 장래

今回（こんかい）の選挙（せんきょ）は国（くに）の前途（ぜんと）を左右（さゆう）するものとなるだろう。

55 脱線（だっせん） 탈선

この先生（せんせい）はいつも授業（じゅぎょう）の内容（ないよう）から脱線（だっせん）して自分（じぶん）の話（はなし）をする。

56 谷（たに） 골짜기

57 試（ため）し 시험, 시도 〔類〕 試（こころ）み 시도, 시험

みんながいいという化粧品（けしょうひん）を試（ため）しに使（つか）ってみた。

58 畜生（ちくしょう） 동물, 짐승, (속된 말로)젠장, 빌어먹을

悔（くや）しさのあまり畜生（ちくしょう）と叫（さけ）んでしまった。

59 地質（ちしつ） 지질

60 中途（ちゅうと） 중도 〔類〕 途中（とちゅう） 도중

私（わたし）はこの会社（かいしゃ）に中途（ちゅうと）で入（はい）った。

61 重複（ちょうふく） 중복

62 塵紙（ちりがみ） 휴지, 화장지

63 追跡（ついせき） 추적

犯人（はんにん）の行方（ゆくえ）を追跡（ついせき）した。

64 痛感（つうかん） 통감

冬（ふゆ）になるといつも寒（さむ）さを痛感（つうかん）する。

問題1　______の言葉の読み方として最もよいものを、1・2・3・4から一つ
選びなさい。

1　日本は6月の梅雨時になると湿気が多くなる。

1　あきさめ　　　　2　みぞれ　　　　　3　つゆ　　　　　4　らいう

2　最近自分の頭の知識の無さに悲しくなる。

1　べんきょう　　　2　がくりょく　　　3　たのしみ　　　4　ちしき

3　君は全く反省の態度が見られないな。

1　かんど　　　　　2　ていど　　　　　3　たいど　　　　　4　そくど

4　今売れている小説の著者の名前と自分の名前が一緒だった。

1　ひっしゃ　　　　2　こうしゃ　　　　3　かんしゃ　　　　4　ちょしゃ

5　バスの停留所まで歩いて30分かかるなんて、なんて田舎に来てしまったの
だろう。

1　けいむしょ　　　2　こうりゅうしょ　3　ていりゅうじょ　4　かいしゅうしょ

6　ちゃんと雑巾は絞って使いなさい、濡れてるじゃないか。

1　ふきん　　　　　2　ぞうきん　　　　3　さっきん　　　　4　こうきん

7　くしゃみが出そう。ごめん、塵紙取って。

1　ちりがみ　　　　2　しかがみ　　　　3　みかがみ　　　　4　おかがみ

8　私はスポーツ推薦で大学に入学した。

1　すいしん　　　　2　すいえい　　　　3　すいたい　　　　4　すいせん

 ＿＿＿＿＿の言葉を漢字で書くとき、最もよいものを１・２・３・４から一つ選びなさい。

1 ちゅうしょくに私が作ったお弁当を食べて彼はとても驚いた。

  1 局飲　　　　2 届喰　　　　3 昼食　　　　4 尽飯

2 毎日、会社までのつうきん時間が片道二時間かかるので近くに引っ越しした。

  1 通勤　　　　2 道難　　　　3 桶近　　　　4 樋僅

3 パソコンを見ていると目が疲れたり、少しの光でもまぶしいと感じるといったしょうじょうが現れる。

  1 賞状　　　　2 症状　　　　3 病状　　　　4 疸状

4 家に帰ると豪華な料理がしょくたくの上に並べられていた。

  1 食卓　　　　2 倉早　　　　3 蝕遠　　　　4 喰阜

5 もう四月じょうじゅんだというのに雪が降る日がある。

  1 上旬　　　　2 上菊　　　　3 上句　　　　4 上旬

6 兄が怒られているのを弟はドアのすきまから覗いている。

  1 隙間　　　　2 隆関　　　　3 限門　　　　4 陳問

7 おせじを言って相手が喜んでくれるならそれでいいと思う。

  1 世事　　　　2 世話　　　　3 世辞　　　　4 世辟

8 日本の夏は暑いのでいつも鞄にせんすを入れている。

  1 涙子　　　　2 戻子　　　　3 扉子　　　　4 扇子

問題3（　　　）に入れるのに最もよいものを、1・2・3・4から一つ選びなさい。

1　彼女は（　　　）半端に仕事を残したまま休暇を取った。

　1　別途　　　　　2　中途　　　　　3　前途　　　　　4　調子

2　さっき、おばさんが（　　　）トイレに入っていくのを見てとても驚いた。

　1　男子　　　　　2　女子　　　　　3　子ども　　　　4　大人

3　就職するために教授に（　　　）状を書いてもらった。

　1　知識　　　　　2　推薦　　　　　3　感謝　　　　　4　塵紙

4　彼女の勘（　　　）のせいで今日もまた仕事が増えてしまった。

　1　痛い　　　　　2　互い　　　　　3　狂い　　　　　4　違い

5　（　　　）入りの季節は雨が良く降るので洗濯物が乾かない。

　1　日の　　　　　2　仲間　　　　　3　梅雨　　　　　4　箱

6　（　　　）書の数字を一桁間違えて書いてしまい予想外の量の商品が届いた。

　1　診断　　　　　2　報告　　　　　3　注文　　　　　4　鑑定

7　新商品を発表してから会社の株は（　　　）中だ。

　1　通勤　　　　　2　脱線　　　　　3　通過　　　　　4　上昇

8　頭が痛いからといって毎日（　　　）薬を飲んでるとそのうち効かなくなるよ。

　1　頭痛　　　　　2　胃腸　　　　　3　水虫　　　　　4　便秘

問題4（　　　）に入れるのに最もよいものを、１・２・３・４から一つ選びなさい。

1 彼の（　　　）は物事が長く続かないことである。

　1 勝気　　　　　2 短気　　　　　3 短所　　　　　4 勝算

2 お父さんは日曜日になると（　　　）に出かけるが、魚を持って帰って来たことはない。

　1 狩り　　　　　2 釣り　　　　　3 振り　　　　　4 凝り

3 もう少しで（　　　）ますので、あと５分待っていただけますか。

　1 湯上り　　　　2 出来上がり　　3 雨上がり　　　4 病み上がり

4 仕事でアメリカに市場（　　　）に来てもう１年になる。

　1 調査　　　　　2 調子　　　　　3 調律　　　　　4 口調

5 昨日の夜（　　　）を深く切りすぎて缶ジュースが開けられない。

　1 髪　　　　　　2 爪　　　　　　3 歯　　　　　　4 耳

6 彼女は（　　　）のように話してはいたが、顔は笑っていなかった。

　1 怪談　　　　　2 破談　　　　　3 奇談　　　　　4 冗談

7 この町には今どれだけの（　　　）が生活しているのだろう。

　1 世帯　　　　　2 世間　　　　　3 世論　　　　　4 世話

8 今年の夏休みは田舎にある（　　　）の家に泊まりに行った。

　1 休憩　　　　　2 親戚　　　　　3 休戚　　　　　4 親切

問題5 ＿＿＿＿の言葉に意味が最も近いものを、1・2・3・4から一つ選びなさい。

1 乗りたかった電車が目の前を通りすぎて行った。

　1 通過して　　　2 通信して　　　3 疎通して　　　4 開通して

2 彼と付き合いだして3年になり、ついに結婚することになった。

　1 交換　　　2 交代　　　3 交際　　　4 交易

3 最近商品を買うと無料でおまけが付いてくる場合が多い。

　1 ただ　　　2 まだ　　　3 あだ　　　4 かだ

4 顔色が悪いよ、どこか調子が悪いんじゃないの？

　1 相思　　　2 悪寒　　　3 風邪　　　4 具合

5 だいぶ前に料理を頼んだのにまだ出てこない、なんて店だ。

　1 注目した　　　2 注文した　　　3 注意した　　　4 注射した

6 技術の発達が必ずしも人々の役立つとは限らない。

　1 発見　　　2 配達　　　3 進歩　　　4 徒歩

7 先生は授業を脱線して色々な話を聞かせてくれる。

　1 外れて　　　2 暴れて　　　3 上れて　　　4 支えて

8 私の家は職場まであるいて1分の所にある。

　1 砂場　　　2 社交場　　　3 牧場　　　4 仕事場

1 畜生

1　今年初めて42.195キロを<u>畜生</u>できた。

2　<u>畜生</u>、あの時滑って倒れなければ人気のパンが買えたのに。

3　味が薄かったら<u>畜生</u>で調節してください。

4　この家は私が産まれる前に建てられて今年で<u>畜生</u>30年になります。

2 印

1　朝からお腹の調子が悪いんだけど、誰か<u>印</u>持ってないかな？

2　誰よ、冷蔵庫のケーキ勝手に食べたの、私のだってちゃんと<u>印</u>しておいた
のに。

3　最近運動してないせいか、少し動いただけでも<u>印</u>が出る。

4　甘いものの食べすぎだろうか、<u>印</u>が痛い。

3 直後

1　前から順番に<u>直後</u>に並んでください。

2　ごめん、線が引きたいんだけど<u>直後</u>持ってない？

3　試合が終った<u>直後</u>なのでまだ体が熱い。

4　私は３人兄弟の<u>直後</u>です。

명사 8

01 出来事 (できごと) 일어난 일, 사건

02 手続き (てつづき) 수속, 절차

03 徹夜 (てつや) 철야
徹夜でテストの勉強をした。

04 天候 (てんこう) 천후, 일기, 날씨 類 天気 (てんき) 날씨
天候が悪いせいで遠足が中止となった。

05 電池 (でんち) 전지

06 動作 (どうさ) 동작

07 同時 (どうじ) 동시
弟とほぼ同時に家に着いた。

08 登場 (とうじょう) 등장

09 到着 (とうちゃく) 도착 類 到達 (とうたつ) 도달
予定より早く空港に到着した。

10 同僚 (どうりょう) 동료

11 登録 (とうろく) 등록

12 読書 (どくしょ) 독서

13 特徴 (とくちょう) 특징 類 特長 (とくちょう) 특장, 특유의 장점, 특색
私の顔の特徴は大きな目です。

14 時計 (とけい) 시계

15 登山 (とざん) 등산

16 年寄り (としより) 노인

17 途端 (とたん) (「…た〜」의 꼴로) ~하자마자, ~한 순간
(「〜に」의 꼴로) 급히, 갑자기
家を出た途端に雨が降ってきた。

18 仲間 (なかま) 한패, 동료
類 同僚 (どうりょう) 동료　同類 (どうるい) 동류, 한패
僕たちは長い間、苦労を共にしてきた仲間だ。

19 仲良し (なかよし) 사이가 좋음, 좋은 사이

20 虹 (にじ) 무지개

21 人間 (にんげん) 인간 類 人 (ひと) 사람
言葉を話せるのは生物の中で人間だけだ。

22 年齢 (ねんれい) 연령 類 歳 (とし) 나이
彼女は年齢を重ねるごとに綺麗になっていく。

23 農家 (のうか) 농가

24 残り (のこり) 남은 것 나머지 類 余り (あまり) 나머지
ゴールまで残り1キロメートルを切りました。

25 俳優 (はいゆう) 배우

26 拍手 (はくしゅ) 박수

27	測定	측정

28 **素質** 소질

29 **尊重** 존중

30 **対策** 대책
圞 **手段** 수단
この家は防犯対策が徹底されている。

31 **対談** 대담

32 **逮捕** 체포

33 **代理** 대리

34 **田植え** 모내기, 이앙

35 **達成** 달성
一生懸命努力したかいがあり、目標を達成することができた。

36 **種** 씨앗, 종자, 씨

37 **溜息** 한숨

38 **便り** 알림, 편지, 소식
海外にいる息子から久しぶりに便りが届いた。

39 **たんす** 장롱, 옷장

40 **近頃** 요즘, 최근, 근래 圞 **最近** 최근
近頃彼女の様子がおかしい。

41 **中間** 중간 圞 **間** 사이, 중간
明日は中間テストの発表の日だ。

42 **中旬** 중순

43 **注目** 주목

44 **超過** 초과
荷物が多かったので、空港で超過料金を払った。

45 **調整** 조정

46 **突き当たり / 突き当り** 막다른 곳

47 **月日** 세월, 시일 圞 **時間** 시간
あれから多くの月日が流れた。

48 **勤め先** 근무처

49 **繋がり** 연결, 관계, 유대
圞 **結び付き** 연결 **絆** 유대
多くの人と繋がりを持つことは大事なことだ。

50 **艶** 윤기, 광택
宝石を磨くと艶が出る。

51 **手入れ** 손질, 손봄
いつも肌の手入れに1時間以上かかる。

52 相違（そうい） 상이, 서로 다름

雑誌（ざっし）の内容（ないよう）が事実（じじつ）と相違（そうい）しない。

53 算盤（そろばん） 주판

54 損得（そんとく） 손익, 손실과 이득

（類）損益（そんえき） 손익

損得（そんとく）勘定（かんじょう）で物事（ものごと）を考（かんが）える。

55 抱（だ）っこ 안음, 안김

56 楕円（だえん） 타원

57 手数（てすう） 쓸 수 있는 수단의 수, 수고, 애씀, 성가심

お手数（てすう）ですが、よろしくお願（ねが）いします。

58 床（とこ）の間（ま） 방 정면에 바닥을 한 층 높여 족자를 걸어 두거나 장식물을 놓아 두는 곳

59 特権（とっけん） 특권

時間（じかん）を自由（じゆう）に使（つか）えるのは学生（がくせい）の特権（とっけん）だ。

60 根回（ねまわ）し 뿌리돌리기(이식할 때 나무 뿌리의 일부를 잘라냄으로써 잔뿌리가 많이 나게 하는 일), 사전교섭

61 白状（はくじょう） 자백

そろそろ自分（じぶん）がやったと白状（はくじょう）したらどうだ。

62 歯車（はぐるま） 톱니바퀴

63 晩年（ばんねん） 만년, 늘그막

64 日陰（ひかげ） 응달, 그늘

65 膝（ひざ） 무릎

問題1 ＿＿＿＿の言葉の読み方として最もよいものを、1・2・3・4から一つ
選びなさい。

1 先生は私達には分からない彼の<u>素質</u>を見つけたようだ。

1 こしつ　　　　2 みっしつ　　　　3 そしつ　　　　4 かしつ

2 うちの子供は小学生なのに話し方が<u>年寄り</u>臭い。

1 としより　　　2 もちより　　　　3 むりやり　　　4 おざなり

3 東の空を見てみて、綺麗な<u>虹</u>が出てるよ。

1 きじ　　　　　2 にじ　　　　　　3 すじ　　　　　4 くじ

4 昨日もその前も<u>徹夜</u>したものだから、今日は目が開いていても眠った状態だ。

1 たつや　　　　2 かつや　　　　　3 てつや　　　　4 まつや

5 この漫画は<u>農家</u>の嫁になりたがる女の子の話である。

1 そうか　　　　2 みんか　　　　　3 さんか　　　　4 のうか

6 都会で若い男が<u>逮捕</u>される度に息子ではないかと心配する。

1 たいきょ　　　2 たいそう　　　　3 たいかい　　　4 たいほ

7 小さい時の習い事は<u>算盤</u>でした。

1 けいさん　　　2 そろばん　　　　3 さんすう　　　4 すうがく

8 そんなに<u>溜息</u>ばかりついてると幸せが逃げていくよ。

1 ためいき　　　2 といき　　　　　3 そのいき　　　4 むしのいき

問題2 ＿＿＿＿＿の言葉を漢字で書くとき、最もよいものを１・２・３・４から一つ選びなさい。

１ ドラマにとうじょうする人で誰が一番好きか話し合ったことがある。

1 橙上　　　　2 登場　　　　3 璒状　　　　4 澄湯

２ 彼女は目標をたっせいできるように毎日努力をしている。

1 遠盛　　　　2 達成　　　　3 燵制　　　　4 連生

３ 電車に乗ったとたんトイレに行きたくなったが、次の駅まで我慢した。

1 逢峝　　　　2 近遄　　　　3 遠踹　　　　4 途端

４ 映画の舞台挨拶ではいゆうが現れたので、観客全員は拍手で迎えた。

1 緋櫋　　　　2 排憂　　　　3 俳優　　　　4 悲擾

５ もうすぐ試験なのにたいさくがまだできていない。

1 対策　　　　2 攻索　　　　3 肘束　　　　4 耐束

６ 留学してからもう半年なんて、つきひが経つのも早いもんだ。

1 月火　　　　2 日目　　　　3 月日　　　　4 朋明

７ 犯人のとくちょうは背が高く、紫の帽子を深く被っていました。

1 特徴　　　　2 特微　　　　3 持長　　　　4 得徽

８ 彼のだいりでアルバイト募集の記事を書いた。

1 垈浬　　　　2 岱里　　　　3 袋裡　　　　4 代理

1　私は小学生の頃、友達から（　　　）はずれにされていた。

1 別途　　　　　2 季節　　　　　　3 期待　　　　　　4 仲間

2　私と彼の（　　　）差は四歳で私の方が年が上だ。

1 身長　　　　　2 年齢　　　　　　3 性別　　　　　　4 体重

3　飛行機の（　　　）時間が予定よりも随分遅れている。

1 到着　　　　　2 注目　　　　　　3 逃走　　　　　　4 歩行

4　短期で（　　　）制のアルバイトをしていたが、面白くなかったのですぐに
辞めた。

1 通信　　　　　2 登録　　　　　　3 年齢　　　　　　4 予約

5　高速道路を運転していたら速度（　　　）で捕まった。

1 徴収　　　　　2 達成　　　　　　3 特権　　　　　　4 超過

6　何か大きなことを決める前に部長や課長に（　　　）回ししておく必要が
ある。

1 肩　　　　　　2 皿　　　　　　　3 根　　　　　　　4 葉

7　マンションの契約が成立したが、不動産屋に払う（　　　）料が高かった。

1 手数　　　　　2 溜息　　　　　　3 受信　　　　　　4 診察

8　去年の身体（　　　）よりも5センチ身長が伸びていた。

1 測量　　　　　2 観測　　　　　　3 測定　　　　　　4 測長

1 私は昔飼っていた犬に噛まれた。その（　　　　）があってから犬が苦手で
ある。

　1 出来物　　　　　2 出来事　　　　　3 出来高　　　　　4 出来心

2 彼とは小学生からの付き合いで一番（　　　　）の友達である。

　1 仲良し　　　　　2 仲人　　　　　3 仲介　　　　　4 仲裁

3 今日は（　　　　）を忘れたので時間が分からない。

　1 鉛筆　　　　　2 鞄　　　　　3 時計　　　　　4 帽子

4 さっきは趣味は（　　　　）ですとだけ言ったが、読む本は小説ではなく
漫画である。

　1 運動　　　　　2 音楽　　　　　3 映画　　　　　4 読書

5 結婚の（　　　　）をとりたいのですが、受付はこちらでよろしいですか？

　1 挨拶　　　　　2 手続き　　　　　3 発表　　　　　4 決心

6 彼女の（　　　　）のある髪はとても美しい。

　1 鬱　　　　　2 絹　　　　　3 艶　　　　　4 蚕

7 彼女の話が本当だとすると、彼の話の（　　　　）が噛み合わない。

　1 歯車　　　　　2 荷車　　　　　3 轟　　　　　4 滑車

8 結果は1月（　　　　）にお送りします。

　1 中途　　　　　2 中旬　　　　　3 中心　　　　　4 中枢

1 うちのお祖父ちゃんは<u>年齢</u>を感じさせない歩き方をする。

1 歳 　　　 2 稔 　　　 3 際 　　　 4 再

2 おかずの<u>残り</u>を利用して、新しい料理を作った。

1 誇り 　　　 2 量り 　　　 3 灯かり 　　　 4 余り

3 朝からこの<u>天気</u>じゃ午後には雨が降りそうだ。

1 天災 　　　 2 天涯 　　　 3 天候 　　　 4 天満

4 山の頂上に<u>到達</u>する頃には既に夕日は沈んでいた。

1 到底 　　　 2 到着 　　　 3 到来 　　　 4 転倒

5 彼とはこの会社に入ってからの良い<u>仲間</u>だ。

1 同伴 　　　 2 同業 　　　 3 同僚 　　　 4 同道

6 今回の計画が駄目だった場合も考えて、別の<u>対策</u>も考えておこう。

1 手段 　　　 2 手交 　　　 3 手腕 　　　 4 手酌

7 家まで送っていただいて、<u>お手数</u>をおかけしました。

1 ご迷走 　　　 2 ご迷路 　　　 3 ご迷信 　　　 4 ご迷惑

8 先日まで赤ちゃんだと思っていた子がもう話している。<u>月日</u>が経つのはとても速い。

1 時間 　　　 2 時差 　　　 3 時事 　　　 4 時効

問題**6** 次の言葉の使い方として最もよいものを、1・2・3・4から一つ選び
なさい。

1 膝

1 彼が膝をついて謝ってきたので、許してあげることにした。

2 最近腕の膝が痛くて曲げられない。

3 私はあの人の膝なところが嫌いだ。

4 速くしてください、もう膝がありません。

2 調整

1 もう少し調整してから提出します。

2 料理はできないのに、調整器具は全てそろっている。

3 若者100名に調整したところ90人は「知っている」と答えた。

4 犬の調整はまずは犬との信頼関係が大切である。

3 動作

1 次の動作は右手を高く上げて同時に左足を高く上げます。

2 これ変わった形してるけど、何の動作なの？

3 全問間違ったのに彼の動作とした態度はすごいと思う。

4 高校の時の写真じゃない、こんなの動作から持ってきたの？

01 肌 (はだ) 피부, (사물의)거죽, 표면
類 皮膚 (ひふ) 피부　気質 (きしつ) 기질
冬になると肌が乾燥する。

02 花火 (はなび) 불꽃

03 花嫁 (はなよめ) 신부, 새색시　類 新婦 (しんぷ) 신부
娘の花嫁姿はとても綺麗だった。

04 歯磨き (はみがき) 이 닦기, 치약

05 犯罪 (はんざい) 범죄

06 犯人 (はんにん) 범인

07 比較 (ひかく) 비교

08 引っ越し (ひっこし) 이사

09 皮膚 (ひふ) 피부　類 肌 (はだ) 피부, 살갗
私は小さいときから皮膚が弱かった。

10 日焼け (ひやけ) 햇볕에 탐

11 表情 (ひょうじょう) 표정　類 顔つき (かお) 얼굴생김새, 용모
彼は朝から表情が暗い。

12 昼寝 (ひるね) 낮잠

13 夫婦 (ふうふ) 부부　類 夫妻 (ふさい) 부부
隣の家の夫婦はいつも仲が良い。

14 服装 (ふくそう) 복장　類 身なり (み) 옷차림
服装を大人っぽく変えた。

15 双子 (ふたご) 쌍둥이, 쌍생아

16 再び (ふたた) 다시, 재차

17 故郷 / 郷理 (ふるさと / ふるさと) 고향

18 雰囲気 (ふんいき) 분위기

19 部屋 (へや) 방

20 便 (べん) ～편
ここは交通の便がよくない。

21 返却 (へんきゃく) 반각, 반환
今日借りた本は一週間以内に返却
してください。

22 方角 (ほうがく) 방향, 방위　類 方位 (ほうい) 방위　方向 (ほうこう) 방향
この腕時計は方角も分かるように
なっている。

23 方向 (ほうこう) 방향　類 方角 (ほうがく) 방위, 방향
私は方向感覚が全くない。

24 埃 (ほこり) 먼지

25 募集 (ぼしゅう) 모집

26 本物 (ほんもの) (가짜가 아닌)진짜, 실물
このダイヤモンドは本物だ。

27 手遅れ 때늦음, 시기를 놓침

28 手拭い 수건

29 手間 (일하는데 드는)품, 시간, 노력

30 手前 자기 앞, 자기와 가까운 쪽, 체면, 면목

あなたの手前にあるノート取って。

私から誘った手前行けなくなったことを言い出しづらかった。

31 所々 여기저기, 군데군데

所々穴の空いた服が道に落ちていた。

32 徒歩 도보

33 取り扱い / 取扱い 취급, 처리, 대우

34 取り替え / 取替え 바꿈, 교환
⑳ 交換 교환

こちらの商品は取り替えができません。

35 取引 거래, 상품의 매매, 흥정 ⑳ 売買 매매

取引は慎重に行わなければならない。

36 流し 흐르게 함, 흐르게 하는 일, 싱크대

この町では毎年ろうそく流しが行われる。

37 仲直り 화해 ⑳ 和解 화해

喧嘩していた友達と仲直りできた。

38 名残 여운, 자취, 흔적

彼女との別れが名残惜しい。

39 謎 수수께끼

40 日中 주간, 대낮

41 女房 아내, 마누라

42 願い 소원, 바람, 기원함

私の願いは母の病気がよくなることです。

43 軒並 처마가 잇달아 늘어서 있음, 또는 늘어선 집, 집집마다, 모두, 다같이

ここはまだ古い軒並が残っている。

景気が悪くなったため商品の売上げが軒並落ちている。

44 糊 풀

45 乗り越し 내려야 할 곳에서 내리지 못하고 지나침

46 俳句 하이쿠, 5.7.5조의 일본 고유 단시

47 墓 묘, 무덤, 산소

48 吐気 구역질 ⑳ むかつき 메슥거림

朝から気持ち悪く吐気がする。

49 恥 （はじ） 부끄러움, 수치

会社の飲み会で酔ってしまい恥を
かいた。

50 ばつ ×, 가위표(틀림, 부정, 불가)

51 早口 （はやくち） 말이 빠름, 빠른 말씨

64 方言 （ほうげん） 방언, 사투리

52 滝 （たき） 폭포

53 肘 （ひじ） 팔꿈치

54 額 （ひたい） 이마

55 日向 （ひなた） 양지, 양달

56 日の入り （ひのいり） 일몰, 해가 짐

57 日の出 （ひので） 일출, 해돋이

58 評論 （ひょうろん） 평론

59 縁 （ふち） 가장자리, 둘레, 테두리

この帽子は縁が大きい。

60 風呂敷 （ふろしき） 보자기

61 文献 （ぶんけん） 문헌

62 分数 （ぶんすう） 분수

63 放棄 （ほうき） 포기

問題1 ＿＿＿＿＿の言葉の読み方として最もよいものを、１・２・３・４から一つ選びなさい。

1 彼女のような大人の<u>雰囲気</u>はどうやったら出せるのだろうか。

1 やるき　　　　2 かんき　　　　3 こんき　　　　4 ふんいき

2 腹が痛くなるにしたがって、普通の<u>表情</u>ではいられなくなってきた。

1 ひょうしょう　2 ひょうじょう　3 ひょうひょう　4 ひょうきん

3 祖母が亡くなってからこの家は誰も住んでいなかったので凄い<u>埃</u>だ。

1 ほこり　　　　2 ごみ　　　　　3 にもつ　　　　4 そしつ

4 せっかく楽しみにしていたのに今年の<u>花火</u>大会は雨で中止になってしまった。

1 かか　　　　　2 かび　　　　　3 はなび　　　　4 はなか

5 久しぶりに長い休みが取れたので、<u>故郷</u>に帰ることにした。

1 ふるさと　　　2 すいきょう　　3 こごう　　　　4 いなか

6 この山には有名な<u>滝</u>がありますので、ぜひ見てきてください。

1 かき　　　　　2 すき　　　　　3 たき　　　　　4 みき

7 写真は後ろに名前を書いてからしっかりと<u>糊</u>で貼り付けてください。

1 もみ　　　　　2 びょう　　　　3 くぎ　　　　　4 のり

8 年上の奥さんのことを姉さん<u>女房</u>と言います。

1 にょうぼう　　2 でんか　　　　3 しょうぐん　　4 かみさん

問題2 ________の言葉を漢字で書くとき、最もよいものを１・２・３・４から一つ選びなさい。

1 彼女の家は駅から<u>とほ</u>10分の所にある。

1 従肯　　　2 走歩　　　3 徒歩　　　4 徙頻

2 雑誌で日本語教師のアルバイト<u>ぼしゅう</u>の記事を見た。

1 募集　　　2 慕集　　　3 暮集　　　4 墓集

3 親が育児<u>ほうき</u>した動物の赤ちゃんを人工で育てることもある。

1 倣棄　　　2 放期　　　3 放棄　　　4 旅弃

4 家の近くまでタクシーで帰ったが降りたら家の<u>ほうこう</u>が分からなくなった。

1 放句　　　2 方向　　　3 方局　　　4 放舟

5 彼の資料は<u>ところどころ</u>間違っているので注意しなければならない。

1 所々　　　2 祈々　　　3 斫々　　　4 析々

6 運動神経が育つ時期を逃してしまい<u>ておくれ</u>になった。

1 手達　　　2 手運　　　3 手羼　　　4 手遅

7 一年に一回しか<u>はか</u>の掃除をしないので草があちこちに生えていた。

1 募　　　2 莫　　　3 暮　　　4 墓

8 一つの見方で<u>ひょうろん</u>したものなど信用できるか。

1 岼倫　　　2 評論　　　3 平侖　　　4 伻諭

問題**3** （　　　）に入れるのに最もよいものを、１・２・３・４から一つ選びなさい。

1 寝る前に私はいつも英語のCDの聞き（　　　）をしている。

　1 上手　　　　　2 流し　　　　　3 耳　　　　　4 鼻

2 彼はやっていない事で（　　　）者となってしまった。

　1 食わせ　　　　2 気楽　　　　　3 犯罪　　　　4 働き

3 他の利用者に迷惑をかけないために本の（　　　）日はきちんと守りしましょう。

　1 返却　　　　　2 受信　　　　　3 送信　　　　4 演奏

4 彼と別れたので部屋の鍵を（　　　）替えることにした。

　1 彫り　　　　　2 取り　　　　　3 着　　　　　4 植え

5 新幹線に乗って寝てしまい乗り（　　　）てしまった。

　1 掛け　　　　　2 足し　　　　　3 越し　　　　4 捨て

6 会社を辞める時には必ず退職（　　　）を提出する必要がある。

　1 願い　　　　　2 流し　　　　　3 遅れ　　　　4 直し

7 街を歩いていると黒（　　　）メガネをかけた若い人を良く見る。

　1 丸　　　　　　2 緑　　　　　　3 掛　　　　　4 縁

8 夏になると（　　　）止めを塗らないと真っ黒になるよ。

　1 保湿　　　　　2 酔い　　　　　3 車　　　　　4 日焼け

問題4 （　　　）に入れるのに最もよいものを、1・2・3・4から一つ選び
なさい。

1 病院で検査したところ、私のお腹の中には（　　　）がいると分かった。

　1 双子　　　　　　2 里子　　　　　　3 切子　　　　　　4 振子

2 私が（　　　）みたいな言い方しないでよ、証拠はあるの？

　1 犯罪　　　　　　2 犯人　　　　　　3 犯行　　　　　　4 干犯

3 息子は家に帰ってきてからずっと（　　　）に閉じこもったままだ。

　1 部活　　　　　　2 部分　　　　　　3 部下　　　　　　4 部屋

4 もう（　　　）しちゃったから、それは明日食べるよ。

　1 虫歯　　　　　　2 歯磨き　　　　　3 歯車　　　　　　4 入れ歯

5 ちょっと（　　　）するつもりだったが、起きたら夜だった。

　1 昼間　　　　　　2 寝返り　　　　　3 昼寝　　　　　　4 間隔

6 布団は（　　　）の日が出ているうちに干したほうがいいよ。

　1 日中　　　　　　2 日韓　　　　　　3 日米　　　　　　4 日仏

7 お土産のお菓子は綺麗な（　　　）に包まれていた。

　1 風呂釜　　　　　2 風呂場　　　　　3 風呂敷　　　　　4 風呂桶

8 祖父の趣味は（　　　）作りである。

　1 囲碁　　　　　　2 散歩　　　　　　3 俳句　　　　　　4 旅行

問題5 _______ の言葉に意味が最も近いものを、１・２・３・４から一つ選び
なさい。

1 山道を歩いていたら方向が分からなくなってしまった。

　1 方角　　　　　2 方針　　　　　3 方法　　　　　4 方言

2 娘が花嫁になるのを楽しみにしていたはずなのに、本当になるととても
　 辛い。

　1 新婚　　　　　2 親切　　　　　3 新婦　　　　　4 新進

3 私もいつか彼らのような夫婦になりたいと思った。

　1 夫妻　　　　　2 妊婦　　　　　3 農夫　　　　　4 妻帯

4 明日は発表会なんだから身なりはちゃんとしてきなさいよ。

　1 気持ち　　　　2 練習　　　　　3 姿勢　　　　　4 服装

5 祖母は今年80歳になるが10代のような皮膚をしている。

　1 肩　　　　　　2 肌　　　　　　3 袖　　　　　　4 爪

6 私の育てた馬は500万という高い値段で売買された。

　1 取引　　　　　2 股引　　　　　3 差引　　　　　4 綱引

7 沢山の書物の中から、今回の問題について重要なことが書かれたものを
　 見つけ出した。

　1 楷書　　　　　2 物資　　　　　3 貢献　　　　　4 文献

8 10年間喧嘩し続けていた友達とようやく和解することができた。

　1 居直り　　　　2 仲直り　　　　3 開き直り　　　　4 立ち直り

1　早口

1　私はいつもご飯を早口で食べるので消化が悪い。

2　彼女は早口すぎて何を言ったのか一回では分からない。

3　人の早口を言うのは良くないよ。

4　階段を下りた所に店の早口があります。

2　額

1　他に額事があるんだったら、遠慮なく言って良いんだよ。

2　気のせいだろうか朝から額されている気がする。

3　彼が真剣だということはその額の汗でよく分かる。

4　みんなが僕を額する中、彼女だけは僕の見方になってくれた。

3　引っ越し

1　運動会の引っ越しで赤組になった。

2　やめて、そんなに引っ越したら服が破けるでしょう。

3　引っ越ししてきたばかりなので、家にはまだ何も無い。

4　今年の夏海に行って肌が引っ越しした。

01 **迷子** まいご 미아

02 **孫** まご 손자

03 **間違い** まちがい 잘못, 틀림, 사고, 돌발사태
(類) **誤り** あやまり 실수, 잘못 **過ち** あやまち 실수, 잘못

間違いがないか書類をもう一度確認した。

あいつ、何か間違いをおこさなければいいんだが…。

04 **祭り** まつり 제사, 축제

05 **真似** まね 흉내, (좋지 않은)행동, 짓

彼はすぐに人の真似をする。

お願いだから馬鹿な真似はよしてくれ。

06 **見舞い** みまい 문안, 문병

07 **魅力** みりょく 매력

08 **息子** むすこ 아들

09 **無料** むりょう 무료 (類) **ただ** 공짜, 무료

今日だけ全商品が無料です。

10 **眼鏡** めがね 안경

11 **目標** もくひょう 목표 (類) **目的** もくてき 목적

何か目標を決めて勉強することにした。

12 **文字 / 文字** もじ / もんじ 문자

13 **物事** ものごと 사물, 세상사, 매사

14 **模様** もよう 무늬, 상황, 형편

15 **文句** もんく 문구, 어구, 불만, 트집

彼はいつも文句ばかり言っている。

16 **薬缶** やかん 주전자

17 **役割** やくわり 역할
(類) **役目** やくめ 임무, 역할

文化祭の役割を決めたいと思います。

18 **唯一** ゆいいつ 유일

私の唯一の趣味は料理です。

19 **遊園地** ゆうえんち 유원지

20 **勇気** ゆうき 용기

21 **優勝** ゆうしょう 우승

22 **様子** ようす 상황, 모습, 징조, 기색
(類) **有り様** ありさま 모양, 상태

あまりにも家が静かなので外から中の様子をうかがった。

彼は一向に謝る様子がない。

23 **幼稚園** ようちえん 유치원

24 **翌日** よくじつ 익일, 이튿날

25 **余所** よそ 딴 곳, 상관없는 일 또는 사람

| **26** 予想 예상 **類** 予期 예기, 예상 | **37** 響き 울리는 소리, 울림, 메아리 |

26 予想 예상 **類** 予期 예기, 예상
私の予想が外れてしまった。

27 日当たり 양지, 햇볕이 드는 곳

28 日帰り 당일치기 나들이

29 日射し / 陽射し 햇볕, 햇살
今日は日射しが強い。

30 日付 날짜

31 人込み 사람으로 붐빔, 북적거림, 또는 그런 곳
私は人込みが苦手だ。

32 一通り 대충, 한차례, 웬만함, 보통, 한 가지 방법
この事については一通り知っています。
この問題の答えは一通りしか考えられません。

33 人通り 사람의 왕래

34 一休み 잠깐 쉼

35 日取り 날짜를 정함, 정한 날짜

36 独り言 혼잣말

37 響き 울리는 소리, 울림, 메아리

38 便箋 편지지

39 沸騰 비등, 끓어오름, 폭등
お湯が沸騰した。

40 吹雪 눈보라

41 踏み切り 건널목, 결단

42 振仮名 한자 읽는 법을 그 한자 옆에 「仮名」로 단 것

43 塀 담, 울타리

44 誇り 자랑, 긍지, 자긍심
私はこの仕事に誇りを持っている。

45 盆 쟁반, 화분

46 回り道 멀리 돌아감, 또 그 길

47 見掛け 겉보기, 외관 **類** 外見 외견
何事も見掛けに騙されないでください。

48 見出し 표제, 표제어 **類** タイトル 표제
有名野球選手が引退するという見出しの新聞を買った。

49 見晴らし 전망, 조망
ここからの見晴らしは最高だ。

50 明後日 모레 **類** 明後日 모레
また明後日伺います。

51 向き 적합함, 적격, 방향, 경향	**62** 問答 문답

この雑誌の内容は主婦向きです。

私はいつも南向きで寝ている。

62 問答 문답

63 湯気 김, 수증기

64 溶岩 용암

52 盆地 분지

53 満月 만월, 보름달

54 三日月 초승달

55 見込み 전망, 예상, 가망, 장래성

週末はとても寒くなる見込みです。

彼女はなかなか見込みがある。

56 蜜 꿀

57 芽 싹

58 銘々 각자, 제각기

類 それぞれ 저마다, 각기　各々 각각

私たちは銘々好きな料理を注文した。

59 目上 손위, 윗사람

60 目下 아랫사람, 손아래

61 木綿 솜, 목면

母に木綿のハンカチをもらった。

問題1 ＿＿＿＿の言葉の読み方として最もよいものを、1・2・3・4から一つ選びなさい。

1 私も<u>孫</u>を持つ年になったのか。

1 そん 　　　2 まご 　　　3 ほご 　　　4 かん

2 みんなの<u>予想</u>に反して彼は1位でゴールインした。

1 よそう 　　　2 くうそう 　　　3 そうぞう 　　　4 かんそう

3 良いものを<u>真似</u>するということも勉強方法の一つだ。

1 こね 　　　2 もね 　　　3 まね 　　　4 すね

4 彼の<u>魅力</u>は優しいことだけではない。

1 しりょく 　　　2 みりょく 　　　3 いりょく 　　　4 きりょく

5 僕は父親の<u>役割</u>もしながら、僕をここまで育ててくれた母にとても感謝している。

1 きりわり 　　　2 おいわり 　　　3 やくわり 　　　4 ふしわり

6 知ってた？ この服は<u>木綿</u>で出来てるんだって。

1 くめん 　　　2 しめん 　　　3 かめん 　　　4 もめん

7 舞台の最後に桜<u>吹雪</u>が舞った。

1 ふぶき 　　　2 こなゆき 　　　3 はなびら 　　　4 せきせつ

8 自分の名前の上には片仮名で<u>振仮名</u>を振ってください。

1 かたかな 　　　2 ふりがな 　　　3 ひらがな 　　　4 おくりがな

問題2 ＿＿＿＿＿の言葉を漢字で書くとき、最もよいものを１・２・３・４から
一つ選びなさい。

1 もんくばっかり言っていないで少しは手伝ってよ。

  1 門九　　　　　2 文句　　　　　3 紋句　　　　　4 蚊狗

2 今度の日曜日は久しぶりにゆうえんちに行ってみない？

  1 逶国地　　　　2 遜薗地　　　　3 有園地　　　　4 遊園地

3 私の息子は今年、ようちえんに入ったばかりだ。

  1 仂曜園　　　　2 幼稚園　　　　3 幻雉園　　　　4 旅弃圓

4 作成した書類のひづけを間違えて提出した。

  1 目付　　　　　2 皃附　　　　　3 日付　　　　　4 見拊

5 湯を溜めた後のお風呂場は、ゆげでお風呂場の温度が上がっている。

  1 場汽　　　　　2 湯気　　　　　3 湜気　　　　　4 潟氨

6 私のもくひょうは、留学して日本の大学に入ることと日本語を学ぶことだ。

  1 目表　　　　　2 目票　　　　　3 目標　　　　　4 目評

7 やかんでご飯が炊けると信じている子どもがいる。

  1 薬勘　　　　　2 薬缶　　　　　3 楽缶　　　　　4 楽缸

8 みょうごにちは登山に行こうと思うが、その日の天気が気になる。

  1 明悛日　　　　2 明後日　　　　3 明狻目　　　　4 朋復日

問題3（　　　）に入れるのに最もよいものを、1・2・3・4から一つ選びなさい。

1　（　　　）帰りでアフリカなんてとても無理なのに課長は分かっていない。

　　1 日　　　　　　2 頭　　　　　　3 山　　　　　　4 海

2　私は（　　　）込みの中を歩くと頭が痛くなるので祭りには行かない。

　　1 森　　　　　　2 人　　　　　　3 山　　　　　　4 動物

3　自動車を運転していると（　　　）切りの音が聞こえにくくて危ない。

　　1 飛び　　　　　2 押し　　　　　3 走り　　　　　4 踏み

4　人生で少し回り（　　　）をしたが、今は自分にとってはとても満足している。

　　1 橋　　　　　　2 道　　　　　　3 角　　　　　　4 密

5　結婚式の日（　　　）が決まったら早めに連絡してね。

　　1 取り　　　　　2 持ち　　　　　3 向き　　　　　4 帰り

6　夏（　　　）に浴衣を着て彼とデートをするのが夢だった。

　　1 遅れ　　　　　2 違い　　　　　3 祭り　　　　　4 好み

7　歩き疲れたのでちょっと（　　　）休みしてから行きませんか。

　　1 夏　　　　　　2 一　　　　　　3 星　　　　　　4 ずる

8　試験の時はまず（　　　）解いてから最後にもう一度見直しましょう。

　　1 一通り　　　　2 予想通り　　　3 大通り　　　　4 街通り

問題4（　　　）に入れるのに最もよいものを、1・2・3・4から一つ選びなさい。

1 応募した中でここまで勝ち残ったのは女性では（　　　）私だけだった。

1 唯一　　　　　2 第一　　　　　3 一環　　　　　4 一等

2 一人周りと違う意見を言うことは（　　　）のいることだ。

1 勇者　　　　　2 勇敢　　　　　3 勇気　　　　　4 勇士

3 昨日どれだけ探しても見つからなかったのに（　　　）服のポケットから鍵は出てきた。

1 翌日　　　　　2 翌週　　　　　3 翌月　　　　　4 翌年

4 私は（　　　）を始める時はいつも形から入ってしまう。

1 物置　　　　　2 乾物　　　　　3 物事　　　　　4 動物

5 怪我をした友達を（　　　）に行ったら元気そうだったので安心した。

1 参拝　　　　　2 お礼　　　　　3 見舞い　　　　　4 振る舞い

6 あんなに高い（　　　）を何も使わずに乗り越えられるわけないでしょう。

1 池　　　　　2 塀　　　　　3 川　　　　　4 道

7 この（　　　）は花の模様が描いてあって紙も字が書きやすい。

1 便宜　　　　　2 便箋　　　　　3 便利　　　　　4 便器

8 今日はとても丸い綺麗な（　　　）が夜空に浮かんでいる。

1 臨月　　　　　2 三日月　　　　　3 満月　　　　　4 歳月

 ＿＿＿＿の言葉に意味が最も近いものを、１・２・３・４から一つ選びなさい。

1 参考書を見ていたら<u>間違い</u>を見つけた。

　1 誤り　　　　　2 続き　　　　　3 見出し　　　　　4 名作

2 私は兄に対して<u>不満</u>を言った。

　1 事情　　　　　2 文句　　　　　3 立場　　　　　4 感覚

3 来週までに大学へ高校の卒業<u>見込み</u>の書類を送らなくてはいけない。

　1 予定　　　　　2 予想　　　　　3 予感　　　　　4 予断

4 この試合で彼は遂に<u>頂点に立った</u>。

　1 上達した　　　2 成功した　　　3 優勝した　　　4 進歩した

5 <u>外見</u>で人を判断してはいけないが、彼の顔は怖すぎる。

　1 見通し　　　　2 外堀　　　　　3 見掛け　　　　4 外回り

6 今日はスーパーで豚肉を買うとりんごジュースが<u>無料</u>だった。

　1 たば　　　　　2 だま　　　　　3 だち　　　　　4 ただ

7 彼女は自分に<u>自信</u>を持っている。

　1 怒り　　　　　2 盛り　　　　　3 誇り　　　　　4 区切り

8 夫はいつも<u>余所</u>ではいい顔をする。

　1 外　　　　　　2 内　　　　　　3 横　　　　　　4 斜め

問題6 次の言葉の使い方として最もよいものを、１・２・３・４から一つ選び
なさい。

1 盆地

1 僕は小学生の頃盆地の５階に住んでいた。

2 彼女はかなりの方向盆地である。

3 私の家は盆地になると田舎のお祖母ちゃんの家へ遊びに行く。

4 京都は盆地なので夏は暑くて冬は寒い。

2 独り言

1 彼女は独り言に僕に文句を言ってくる。

2 一人で暮らし始めて７年、最近外でも思わず独り言を言ってしまう。

3 このゲームは独り言だから二人では遊べないんだよ。

4 またそんな独り言みたいに言って、あなたも自分のことだと思って考えて
みてよ。

3 眼鏡

1 最近今使っている眼鏡が合わなくなってきた。

2 目が赤いよ、そこの眼鏡でも差したほうがいいんじゃない。

3 日本から眼鏡を越えて私は韓国に来た。

4 悲しい話を聞くとすぐに眼鏡が熱くなってくる。

01 世の中 세상, 사회
麵 世間 세간, 세상　社会 사회
今の世の中は何が起こるか分からない。

02 余裕 여유
映画が始まるまでまだ余裕がある。

03 流行 유행　麵 流行り 유행　蔓延 만연
今年は派手な色のスカートが流行だ。

04 量 양　麵 多量 다량　大量 대량
息子は毎日ものすごい量のご飯を食べる。

05 寮 기숙사
去年から大学の寮に住んでいる。

06 臨時 임시
今日は臨時の休みです。

07 留守番 빈집을 지킴, 또는 그 사람
スーパーに行ってくるから留守番よろしくね。

08 連休 연휴
連休が終わり、会社に行くといつもたくさんの仕事が待っている。

09 連続 연속
二日連続で学校を休んだ。

10 録音 녹음
自分の声を録音した。

11 若者 젊은이, 청년
今の若者は何を考えているのか分からない。

12 話題 화제
彼はいつもおもしろい話題を持ってきてくれる。

13 割引 할인
靴下をたくさん買ったら店員が10％割引してくれた。

14 無地 무늬 없음

15 目覚まし 잠을 깸, 잠을 쫓음
目覚ましに明るい音楽を聞く。

16 めまい 현기증
夏に外にずっといたらめまいがした。

17 物語り 이야기, 전설, 설화
(類) 話 이야기　ストーリー 이야기, 줄거리

これは暖かい家族の物語りです。

18 催し 행사, 회합, 징조, 기미

19 役目 역할, 직무, 임무　(類) 役割 역할

私の役目は子供たちを守ることです。

20 家主 한 집의 주인, (셋집 등의)집주인
(類) 大家 셋집 주인, 집주인

家主に家賃を上げると言われたので慌てた。

21 夕立 소나기

突然夕立が降ってきた。

22 夕日 석양

23 夕焼け 저녁놀

24 湯飲み 찻잔, 찻종

25 夜明け 새벽, 새벽녘
(類) 明け方 새벽녘, 동틀녘

夜明けに電車に乗って祖母の家に行った。

26 余所見 한눈 팖, 옆을 봄, 곁눈질, 남의 눈
(類) わきみ 한눈팔기, 곁눈질

車を運転するとき、余所見をしてはダメだ。

27 四つ角 네거리, 네 모퉁이
(類) 十字路 십자로, 사거리

この四つ角を右に曲がると私が通っていた幼稚園がある。

28 酔払い 술 취한 사람, 술주정꾼

29 嫁 며느리, 색시, 새색시

30 来日 일본으로 옴

31 両替 환전

32 我々 우리들　(類) 我ら 우리들

我々が言いたいことはそういうことではありません。

33 要旨 요지

34 様相 양상
(類) 有り様 모양, 상황　姿 모양, 모습

この動物は不気味な様相をしている。

35 用途 용도

この商品には用途に合わせた様々な機能が揃っている。

36 養分 양분

 ＿＿＿＿の言葉の読み方として最もよいものを、１・２・３・４から一つ
選びなさい。

1 母に姉と二人で留守番するようにと言われた。

　　1 るしゅばん　　　2 るすっばん　　　3 るすばん　　　4 るしゅっばん

2 大事な話をしている時に余所見しないでください。

　　1 よしょみ　　　2 よそみ　　　3 よいしょみ　　　4 よいそみ

3 一週間連続で雨が降っているため洗濯物が干せない。

　　1 れんぞく　　　2 れんけい　　　3 れんたい　　　4 れんしゅう

4 私はこのアパートの家主だ。

　　1 けしゅ　　　2 けぬし　　　3 やしゅ　　　4 やぬし

5 今日は靴屋でもメガネ屋でも割引してもらった。

　　1 かつひき　　　2 かつびき　　　3 わりひき　　　4 わりびき

6 これだけの量の米が家にあればしばらくは困らないだろう。

　　1 ひょう　　　2 りょう　　　3 しょう　　　4 にょう

7 これは植物の生長に必要な養分だ。

　　1 りょうふん　　　2 ようぶん　　　3 りょうぶん　　　4 ようふん

8 明日この部分を録音します。

　　1 ろくにん　　　2 ろくとん　　　3 ろくおん　　　4 ろくさん

問題2 ________の言葉を漢字で書くとき、最もよいものを１・２・３・４から一つ選びなさい。

1 彼は知識もわだいも豊富でいつも女の子に囲まれている。

1 誥是　　　　2 詰韙　　　　3 語題　　　　4 話題

2 急なゆうだちで傘がなくて困っていたら知らない人が傘を貸してくれた。

1 夕立　　　　2 又立　　　　3 名立　　　　4 外立

3 われわれの目的は観光ではなくて見学です。

1 峨々　　　　2 哦々　　　　3 我々　　　　4 俄々

4 夜遅くに外を歩くとよっぱらいが沢山いるので危ない。

1 酪仏　　　　2 酔払　　　　3 卆払　　　　4 染仏

5 朝、子どもを起こすのは母親のやくめだと言われたがそれはおかしい。

1 約目　　　　2 役目　　　　3 没目　　　　4 投目

6 彼は死にそうなようそうで会社に来たが、一体何が起こったのか。

1 様相　　　　2 形相　　　　3 樌相　　　　4 善相

7 彼はいつもお金によゆうのある生活をしている。

1 世祐　　　　2 佘硲　　　　3 余裕　　　　4 金俗

8 今日のゆうひはとても美しくて写真を撮りたくなった。

1 右日　　　　2 有日　　　　3 佑日　　　　4 夕日

問題3 （　　　　）に入れるのに最もよいものを、1・2・3・4から一つ選びなさい。

1 （　　　　）電話にメッセージを残してもらえれば改めて電話しますよ。

　　1 連番　　　　　2 一番　　　　　3 留守番　　　　4 本番

2 彼女は間違って（　　　　）量の薬を飲んだせいで死んでしまった。

　　1 多　　　　　　2 生産　　　　　3 分子　　　　　4 小

3 朝は（　　　　）時計が二つ以上ないと絶対起きられない。

　　1 目覚まし　　　2 二の腕　　　　3 砂　　　　　　4 星

4 10年ぶりに会った親友と（　　　　）明けまで酒を飲んで積もる話をした。

　　1 厄　　　　　　2 矢　　　　　　3 夕　　　　　　4 夜

5 彼と同じ柄の（　　　　）飲みを買ったが、買ってから彼は一度も使っていない。

　　1 樽　　　　　　2 湯　　　　　　3 飴　　　　　　4 酒

6 同僚と一緒に独身（　　　　）に住めばお金の心配も少しはなくなるだろう。

　　1 者　　　　　　2 日　　　　　　3 化　　　　　　4 寮

7 運動した後は栄（　　　　）を吸収しやすいので甘いものを食べると太る。

　　1 脂肪分　　　　2 糖分　　　　　3 養分　　　　　4 塩分

8 大学に入ったばかりなのに全授業が（　　　　）休講になるなんて信じられない。

　　1 割引　　　　　2 臨時　　　　　3 話題　　　　　4 酔払い

問題4（　　　）に入れるのに最もよいものを、1・2・3・4から一つ選びなさい。

1 会社の（　　　）は家賃が安く、その上住みやすい。

1 団地　　　　　2 別荘　　　　　3 机　　　　　4 寮

2 やっぱりお茶は（　　　）で飲むのが一番おいしいね。

1 鍋　　　　　2 ワイングラス　　　3 湯飲み　　　　4 やかん

3 この本は賞をとったとして（　　　）を呼んでいる。

1 話題　　　　　2 題名　　　　　3 会話　　　　　4 注意

4 私は長い間お風呂に入っていると（　　　）がして倒れてしまう。

1 臭い　　　　　2 めまい　　　　3 騒音　　　　　4 摩擦

5 この国の住宅の建て方は日本の住宅とは違った（　　　）を見せている。

1 様相　　　　　2 注目　　　　　3 服装　　　　　4 法則

6 夏休みの始めに宿題を終わらせた弟は、私と違って（　　　）の表情である。

1 苦痛　　　　　2 勤勉　　　　　3 余裕　　　　　4 予習

7 雨の日に美容室に行くと、会計時に少しだけ（　　　）してくれた。

1 誇り　　　　　2 日帰り　　　　3 時間割　　　　4 割引

8 留学する前に銀行でお金を（　　　）しておこう。

1 録音　　　　　2 両替　　　　　3 留守番　　　　4 両方

 ＿＿＿＿＿の言葉に意味が最も近いものを、１・２・３・４から一つ選びなさい。

1 学校の<u>行事</u>は１０月に多い。

　　1 申し込み　　　2 約束　　　　3 準備　　　　4 催し

2 今度の試合、この選手なら<u>余裕で</u>勝てそうだ。

　　1 却って　　　　2 そのうち　　3 どうせ　　　4 楽に

3 <u>妻</u>と歳の差が１５歳もある。

　　1 姪　　　　　　2 嫁　　　　　3 孫　　　　　4 僕

4 <u>世間</u>ではタバコの税金がまた上がるという噂が流れている。

　　1 世の中　　　　2 故郷　　　　3 宇宙　　　　4 職場

5 新しいウイルスが世界全体に<u>蔓延し</u>始めている。

　　1 矛盾　　　　　2 流行　　　　3 発達　　　　4 接近

6 この問題の<u>要旨</u>をレポートにまとめてきてください。

　　1 対策　　　　　2 要点　　　　3 弱点　　　　4 解説

7 今日は営業日ではありませんが、<u>臨時に</u>店を開けます。

　　1 特別　　　　　2 あいまい　　3 見事　　　　4 余計

8 アルバイトをしている<u>若者</u>はどんどん増えている。

　　1 幼児　　　　　2 大人　　　　3 青年　　　　4 老人

問題6 次の言葉の使い方として最もよいものを、１・２・３・４から一つ選び
なさい。

1 連休

1 他のチームと連休して仕事に取り組んだ。

2 連休の末、徹夜したので眠くてしょうがない。

3 連休になるといつも家族で旅行に行く。

4 この異常現象は地球の環境問題と連休しているに違いない。

2 用途

1 今日はこちらに用途があって伺いました。

2 この電池の用途は様々である。

3 解答はこの用途に書いてください。

4 バスが来るまで５分しかないから速く用途して。

3 無地

1 私は柄がある服よりも無地の服が好きだ。

2 空には無地の星が光っていた。

3 私は機械のことに関しては無地だ。

4 彼はさっきから無地にうどんを食べ続けている。

01 <ruby>有難<rt>ありがた</rt></ruby>い 감사하다, 고맙다, 과분하다
(類) <ruby>嬉<rt>うれ</rt></ruby>しい 기쁘다, 고맙다

あなたの<ruby>私<rt>わたし</rt></ruby>への<ruby>思<rt>おも</rt></ruby>いはとても<ruby>有難<rt>ありがた</rt></ruby>いと<ruby>思<rt>おも</rt></ruby>っています。

02 <ruby>羨<rt>うらや</rt></ruby>ましい 부럽다, 샘이 나다

<ruby>高<rt>たか</rt></ruby>いバッグを<ruby>持<rt>も</rt></ruby>ってる<ruby>友達<rt>ともだち</rt></ruby>が<ruby>羨<rt>うらや</rt></ruby>ましかった。

03 <ruby>偉<rt>えら</rt></ruby>い 훌륭하다, 위대하다, 장하다, 큰일이다, 대단하다

<ruby>社会貢献<rt>しゃかいこうけん</rt></ruby>に<ruby>務<rt>つと</rt></ruby>める<ruby>君<rt>きみ</rt></ruby>は<ruby>偉<rt>えら</rt></ruby>い。
<ruby>偉<rt>えら</rt></ruby>い<ruby>大<rt>おお</rt></ruby>きなケーキが<ruby>売<rt>う</rt></ruby>られていた。

04 <ruby>恐<rt>おそ</rt></ruby>ろしい 무섭다, 두렵다, 심하다, 놀랍다
(類) <ruby>怖<rt>こわ</rt></ruby>い 무섭다, 두렵다

<ruby>恐<rt>おそ</rt></ruby>ろしい<ruby>病気<rt>びょうき</rt></ruby>にかかってしまった。
まだ６<ruby>月<rt>がつ</rt></ruby>なのに<ruby>恐<rt>おそ</rt></ruby>ろしいほど<ruby>暑<rt>あつ</rt></ruby>い。

05 おとなしい 얌전하다, 온순하다, 수수하다

この<ruby>犬<rt>いぬ</rt></ruby>はとてもおとなしい。

06 おめでたい 경사스럽다, 어수룩하다

<ruby>娘<rt>むすめ</rt></ruby>さんが<ruby>無事<rt>ぶじ</rt></ruby><ruby>大学<rt>だいがく</rt></ruby>に<ruby>受<rt>う</rt></ruby>かっておめでたいですね。
この<ruby>人<rt>ひと</rt></ruby>は<ruby>本当<rt>ほんとう</rt></ruby>におめでたい<ruby>人<rt>ひと</rt></ruby>だ。

07 <ruby>重<rt>おも</rt></ruby>たい (무게가)묵직하다, 우울하다, (동작 등이)둔하다

<ruby>母<rt>はは</rt></ruby>が<ruby>送<rt>おく</rt></ruby>ってくれた<ruby>荷物<rt>にもつ</rt></ruby>はとても<ruby>重<rt>おも</rt></ruby>たかった。

08 かゆい 가렵다

<ruby>入院中<rt>にゅういんちゅう</rt></ruby>あまり<ruby>風呂<rt>ふろ</rt></ruby>に<ruby>入<rt>はい</rt></ruby>れなかったので、<ruby>体<rt>からだ</rt></ruby>がかゆかった。

09 <ruby>臭<rt>くさ</rt></ruby>い 구리다, 냄새가 고약하다, 수상하다, 부자연스럽다

<ruby>香水<rt>こうすい</rt></ruby>をたくさんつけると<ruby>臭<rt>くさ</rt></ruby>くなる。
あの<ruby>俳優<rt>はいゆう</rt></ruby>はいつも<ruby>臭<rt>くさ</rt></ruby>い<ruby>芝居<rt>しばい</rt></ruby>をする。

10 <ruby>悔<rt>くや</rt></ruby>しい 분하다, 억울하다, 유감스럽다
(類) <ruby>腹立<rt>はらだ</rt></ruby>たしい 화가 나다, 괘씸하다

<ruby>出来<rt>でき</rt></ruby>ると<ruby>思<rt>おも</rt></ruby>っていたことが<ruby>出来<rt>でき</rt></ruby>なかったときとても<ruby>悔<rt>くや</rt></ruby>しかった。

11 <ruby>苦<rt>くる</rt></ruby>しい 답답하다, 고통스럽다, 힘겹다
(類) <ruby>辛<rt>つら</rt></ruby>い 괴롭다

<ruby>酸素<rt>さんそ</rt></ruby>が<ruby>不足<rt>ふそく</rt></ruby>すると<ruby>息<rt>いき</rt></ruby>が<ruby>苦<rt>くる</rt></ruby>しくなる。

12 <ruby>詳<rt>くわ</rt></ruby>しい 자세하다, 상세하다, 정통하다
(類) <ruby>細<rt>こま</rt></ruby>かい 세세하다　<ruby>精通<rt>せいつう</rt></ruby>する 정통하다

<ruby>詳<rt>くわ</rt></ruby>しい<ruby>説明<rt>せつめい</rt></ruby>をしてくれたおかげで<ruby>分<rt>わ</rt></ruby>かりやすかったです。

13 厚かましい　뻔뻔스럽다

人の物まで食べようとするなんて君は本当に厚かましいね。

14 怪しい　불가사의하다, 수상하다, 이상하다

公園を通りかかったとき怪しい行動をしている人がいた。

15 荒い　(태도·행동이)난폭하다, 거칠다, 세차다

彼の話し方はいつも荒い。

16 慌しい　분주하다, 조급하다, 어수선하다

正月は店が慌しくなる。

17 幼い　어리다, 유치하다

20年前は私もまだ幼かった。

18 惜しい　아깝다, 애석하다, 소중하다

惜しくも優勝を逃してしまった。

19 賢い　현명하다, 영리하다

高校生の問題を小学生の時に解けたなんて君は賢いんだね。

20 きつい　강하다, 다기차다, 심하다, 고되다, 꼭 끼다

冷蔵庫からきつい臭いがする。

練習がとてもきつくて辞めたくなった。

21 騒がしい　시끄럽다, 떠들썩하다, 뒤숭숭하다

息子が三人もいると家が騒がしい。

22 親しい　친하다, 생소하지 않다

親しい仲にも礼儀は必要だ。

23 図々しい　뻔뻔스럽다

圓 厚かましい　뻔뻔스럽다

彼女の図々しい態度に腹が立った。

24 狡い　교활하다, 간사하다

圓 こすい　약다, 교활하다

大変な仕事は人に任せて楽な仕事だけをしようとする君はとても狡いね。

25 危うい　위태롭다, 위험하다

圓 危ない　위험하다, 위태롭다

危うく車に引かれそうだった。

26 勇ましい　용감하다, 힘차다, 씩씩하다

圓 凛々しい　늠름하다, 씩씩하다

息子の勇ましい姿を見て感激した。

27 著しい 현저하다, 뚜렷하다

類 顕著 현저

ここ数年でこの会社は著しく成長
した。

28 思い掛けない 뜻밖이다, 예상 밖이다, 의외다

クリスマスに思い掛けない出来事
が起きた。

29 くどい (행동·말이)끈덕지다, 지겹다,
(맛이)느끼하다

類 しつこい 집요하다, (맛 등이)개운치 않다

君は同じことを何回も言うよね、
ちょっとくどいよ。

問題1 ＿＿＿＿の言葉の読み方として最もよいものを、１・２・３・４から一つ選びなさい。

1 悲しいことがあったとき、友達が元気を出してと連絡をくれたことがとても<u>有難</u>かった。

　　1 ゆうかた　　　　2 ゆうがた　　　　3 ありかた　　　　4 ありがた

2 彼は小さい頃から病気のせいで<u>苦しい</u>思いをたくさんしてきた。

　　1 くるしい　　　　2 かなしい　　　　3 こいしい　　　　4 まずしい

3 私には５つ上の兄がいるのだが、話し方や行動が私より<u>幼く</u>見える。

　　1 わかく　　　　2 よわく　　　　3 つよく　　　　4 おさなく

4 母が怒ると<u>恐ろしく</u>怖い。

　　1 よろしく　　　　2 おそろしく　　　　3 おろしく　　　　4 こそろしく

5 医療の分野は今、<u>著しく</u>進歩している。

　　1 いじるしく　　　2 いちしるしく　　　3 いちじるしく　　　4 いちるしく

6 <u>厚かましい</u>お願いなんですが、聞いていただけるでしょうか？

　　1 やつかましい　　2 やっかましい　　　3 あっかましい　　　4 あつかましい

7 いくら皆に<u>狡い</u>と言われようが、僕は彼女を手に入れるためには手段を選ばないよ。

　　1 ずるい　　　　2 かるい　　　　3 こわい　　　　4 くらい

8 <u>悔しい</u>が、彼の才能を認めないわけにはいかない。

　　1 むなしい　　2 かなしい　　　　3 おしい　　　　4 くやしい

1 こんな寒い日に温かい食べ物を買ってきてくれたなんてありがたいね。

　　1 賢い　　　　　　2 有難い　　　　　3 義理堅い　　　　4 力強い

2 彼女の運転はあらいから、彼女といる時は自分で運転したほうがいいよ。

　　1 粗い　　　　　　2 洗い　　　　　　3 荒い　　　　　　4 辛い

3 朝から夫と息子の様子があやしい、何か私に言えないことでもするつもりだろう。

　　1 怪しい　　　　　2 忙しい　　　　　3 激しい　　　　　4 難しい

4 娘におじさんくさいと言われて夫はかなり悲しかったらしい。

　　1 臭い　　　　　　2 嗽い　　　　　　3 粕い　　　　　　4 臼い

5 初めて会ってずうずうしいとは思いますが、私の悩みを聞いて下さい。

　　1 国々しい　　　　2 囲々しい　　　　3 図々しい　　　　4 園々しい

6 私は背の高い彼女に憧れているが、彼女は背の低い私がうらやましいらしい。

　　1 養ましい　　　　2 羨ましい　　　　3 羊ましい　　　　4 洋ましい

7 くわしい内容は明日聞きますので、今日はもう帰っていいですよ。

　　1 計しい　　　　　2 訂しい　　　　　3 記しい　　　　　4 詳しい

8 お姉ちゃんの方がケーキが大きくてずるいよ。

　　1 狡い　　　　　　2 狂い　　　　　　3 狂い　　　　　　4 独い

問題3（　　　）に入れるのに最もよいものを、１・２・３・４から一つ選び
なさい。

1（　　　）涙を流せるほど練習をしてきたことはいいことだ。

1 悔し　　　　　2 癒し　　　　　3 見出し　　　　4 返し

2 彼女はいつも（　　　）賢いと有名だ。

1 狭　　　　　2 狩　　　　　3 獲　　　　　4 狡

3 富士山（ふじさん）の頂上ともなると酸素が薄くて息（　　　）。

1 虚しい　　　　2 苦しい　　　　3 厳しい　　　　4 悔しい

4 彼は何を言っても（　　　）臭い顔をしているので、何を言っても信用され
ない。

1 嘘　　　　　2 叫　　　　　3 咲　　　　　4 吐

5 突然問題を出されて（　　　）まぎれに答えたが正解した。

1 嘆き　　　　2 苦し　　　　3 うれし　　　　4 驚き

6 駅で（　　　）掛けず高校の頃の友人と再会した。

1 辛い　　　　2 赤い　　　　3 臭い　　　　4 思い

7 彼はとても怪し（　　　）ですが、実は刑事です。

1 か　　　　　2 な　　　　　3 ま　　　　　4 げ

8 彼の文章にはまだ幼（　　　）が目立つ。

1 い　　　　　2 さ　　　　　3 め　　　　　4 ち

1　子供たちがタバコは（　　　）と言うのでなるべく外で吸うようにしている。

　　1　臭い　　　　　　2　高い　　　　　　3　甘い　　　　　　4　強い

2　姉は服もくつも新しいものを買ってもらっていたので（　　　）。

　　1　うらやましかった　　　　　　　2　こころよかった
　　3　けわしかった　　　　　　　　　4　とうとかった

3　両親がけんかをしている時は家の中の空気が（　　　）のですぐ分かる。

　　1　明るい　　　　　2　涼しい　　　　　3　白い　　　　　　4　重たい

4　ここからこんなきれいな景色が見られたなんて（　　　）発見だった。

　　1　思いつかない　　　　　　　　　2　思いがけない
　　3　思いださない　　　　　　　　　4　思いちがえない

5　夏休みになると子供が学校に行かないので家が一日中（　　　）なる。

　　1　きれいに　　　　2　騒がしく　　　　3　暗く　　　　　　4　静かに

6　元気なお孫さんが2人も生まれて（　　　）ですね。

　　1　おめでたい　　　2　おはずかしい　　3　おげんき　　　　4　おかわりない

7　この問題さえ間違わなければ、100点だったのに（　　　）ね。

　　1　楽しかった　　　2　惜しかった　　　3　空しかった　　　4　嬉しかった

8　最近誰か結婚したとか、そういう（　　　）話題とかないの。

　　1　おめでたい　　　2　ありがたい　　　3　しんじがたい　　4　ひいでたい

問題5 ＿＿＿＿＿の言葉に意味が最も近いものを、1・2・3・4から一つ選び
なさい。

1 毎朝2時間かけて学校に行くのがきつくて学校の寮に入ることにした。

1 安易で 　　　　2 気楽で 　　　　3 面倒で 　　　　4 大変で

2 母が作った料理の味がいつもよりくどいような気がした。

1 うすい 　　　　2 しつこい 　　　　3 おいしい 　　　　4 こい

3 彼女は高校の時一番親しかった友達だ。

1 調子が良かった 　　　　　　　　2 仲が良かった
3 都合が良かった 　　　　　　　　4 気分が良かった

4 工場での作業は考えているよりもえらく大変だった。

1 どうしても 　　　2 とうてい 　　　3 とても 　　　4 どうか

5 この事件についてもう少し詳しく調べてみましょう。

1 厳しく 　　　　2 狭く 　　　　3 細かく 　　　　4 正しく

6 彼女は緊張するとおとなしくなってしまうと言っていた。

1 不便に 　　　　2 自由に 　　　　3 不思議に 　　　　4 静かに

7 彼の私に対する言葉は思い出すだけでも腹立たしい言葉だった。

1 危ない 　　　2 かわいらしい 　　　3 悔しい 　　　　4 ばからしい

8 彼と会ったのは私がまだ幼い時だったので、顔ははっきりとは覚えてい
ない。

1 荒い 　　　　2 小さい 　　　　3 大きい 　　　　4 細かい

1 かゆい

1 歩く時にひざがかゆいので病院に行ってみると骨が折れていた。

2 家の横のレストランで食事をしたのだが、とてもかゆくて食べられるものではなかった。

3 夏にキャンプに行ったのだが、寝ている間に蚊にかまれてとてもかゆかった。

4 カレーに間違って塩を入れてしまったためにとてもかゆくなってしまった。

2 あわただしい

1 あわただしい雨が突然降ってきたので驚いた。

2 夏休みは家族での旅行やクラブ活動などであわただしく過ぎていった。

3 家族みんなが旅行に行ってしまったので、家の中があわただしくなった。

4 隣の家のテレビの音がとてもあわただしいので文句を言いに行った。

3 危うい

1 あと5分でも遅く家を出発していたら危うくテストを受けられないところだった。

2 他人からのお願いを断れないなんて君は本当に危ういね。

3 料理がとてもおいしいと聞いてその店に行ってみたのだが、とても危うくて驚いた。

4 兄が面接に着ていくために買ったというスーツは危うかった。

01 濃い 짙다, 진하다 ㉞ **濃厚** 농후, 짙음

私は濃いコーヒーが好きだ。

02 しつこい 집요하다, 끈질기다, (맛이)짙다, 개운치 않다

知らない人にしつこく追い掛けられた。

母の料理の味はとてもしつこい。

03 すっぱい 시큼하다, 시다

レモンがとてもすっぱかった。

04 力強い 강력하다, 힘차다, 마음 든든하다

父が横にいるとなぜか力強い。

05 懐かしい 그립다, 정답다

母が懐かしい歌を歌っていた。

06 憎い 밉다, 얄밉다

私を騙した彼が憎くなった。

07 眠たい 졸리다

最近いくら寝ても眠くなる。

08 激しい 심하다, 격렬하다, 세차다 ㉞ **凄まじい** 굉장하다, 엄청나다, 무섭다

台風のせいで昨日から激しい雨が降っている。

09 等しい 같다, 동일하다, 흡사하다, 다름없다, 한결같다

この量ならご飯を食べてないに等しいね。

10 面倒臭い 번거롭다, 아주 귀찮다 ㉞ **煩わしい** 번거롭다, 성가시다

雨の日に買い物に行くのはとても面倒臭い。

11 申し訳ない 면목없다, 미안하다

嘘をついてしまって申し訳なかった。

12 もったいない 아깝다, 황송하다, 과분하다

このパソコンを捨てるなんてもったいない、まだ使えるじゃない。

13 そそっかしい 경솔하다, 덜렁대다

娘はそそっかしいのでいつも忘れ物をする。

14 だらしない 칠칠치 못하다, 단정하지 못하다, 야무지지 못하다

私は机の上がいつも汚ないので、母にだらしないとよく言われる。

15 とんでもない　터무니없다, 당치도 않다,
（남의 말을 강하게 부정하는 말）
천만에

私が人の物を盗んだですって？　とんでもない。

16 情けない　한심하다, 딱하다, 비참하다

そんな情けない姿、私たちに見せないでください！

17 鈍い　둔하다, 명석하지 못하다, 행동이 굼뜨다,
둔탁하다

類 鈍い　무디다, 둔하다, 느리다

私は他の人よりも頭の働きが鈍い。

頭を叩くと鈍い音がした。

18 ばからしい　시시하다, 바보스럽다, 터무니없다

同じことを何回も説明するなんてばからしい。

19 貧しい　가난하다, 부족하다

類 貧乏だ　가난하다　乏しい　궁색하다

夫の考えが貧しいと感じる時がある。

20 まぶしい　눈부시다

類 まばゆい　눈부시다, 눈부시게 아름답다

太陽の光がまぶしい。

21 みっともない　보기 흉하다, 꼴사납다,
꼴불견이다

お客さんの前に父がみっともない姿で現れた。

22 蒸し暑い　무덥다

梅雨の時期はとても蒸し暑い。

23 物凄い　매우 무섭다, 끔찍하다, 대단하다

彼は蜘蛛の巣が張っているような物凄いところに住んでいる。

24 やかましい　시끄럽다, 요란하다, 까다롭다

類 うるさい　시끄럽다

家の前が大通りなので夜中も車の音がやかましい。

夏はダイエットが必要だと世間がやかましい。

25 若々しい　아주 젊어 보이다, 젊디젊다

山田君のお母さんはとても若々しい。

26 頼もしい　믿음직하다, 기대할 만하다

君がいてくれると本当に頼もしいよ。

27 鈍い　느리다, 더디다, 더디다

類 鈍い　둔하다　遅い　느리다

動作がいつも鈍いと友達に言われる。

28 甚だしい（はなは）　매우 심하다, 대단하다

29 久しい（ひさ）　오래다, 오래되다

彼と久しく会っていない。（かれ・ひさ・あ）

30 醜い（みにく）　추하다, 보기 흉하다, 못생기다

類 見苦しい（みぐる）　보기 흉하다, 볼꼴사납다

夢に醜い顔のおばあさんが出てき（ゆめ・みにく・かお・で）
た。

31 目覚ましい（めざ）　눈부시다, 놀랄 만큼 훌륭하다

この地域は目覚ましい発展を見せ（ちいき・めざ・はってん・み）
ている。

＿＿＿＿の言葉の読み方として最もよいものを、1・2・3・4から一つ選びなさい。

1 彼の入れるコーヒーは<u>濃い</u>のでこのままでは飲めない。

1 あまい　　　　2 こい　　　　　3 あつい　　　　4 にがい

2 顔が綺麗でも心が<u>醜い</u>のでは意味が無い。

1 むしくい　　　2 こわい　　　　3 さむい　　　　4 みにくい

3 昨日、<u>物凄い</u>速さで走る自転車を見た。

1 ものすごい　　2 ものものしい　　3 ものめずらしい　　4 ものがなしい

4 昨日子どもの時の<u>懐かしい</u>夢を見た。

1 むずかしい　　2 なつかしい　　3 たくましい　　　4 かがやかしい

5 私のケーキを食べた<u>憎い</u>やつは誰だ！

1 いやしい　　　2 おかしい　　　3 くるしい　　　4 にくい

6 母の愛は兄弟皆に<u>等しい</u>。

1 かいがいしい　2 いとおしい　　3 さみしい　　　4 ひとしい

7 あんな小さな子どもまで手伝っているのに、何も出来ない自分が<u>情けない</u>。

1 いみけない　　2 かいけない　　3 なにけない　　4 なさけない

8 彼の母は肌が綺麗で、<u>若々しく</u>見える。

1 にがにがしく　2 ひとびとしく　　3 わかわかしく　　4 すがすがしく

問題2 ________ の言葉を漢字で書くとき、最もよいものを１・２・３・４から
一つ選びなさい。

1 さっきものすごい速さで走るお祖母さんを見たよ。

1 捕浸い　　　　2 壊凍い　　　　3 物凄い　　　　4 邦疑い

2 まだ彼女の気持ちに気付かないとは、どれだけ感のにぶい男なんだ。

1 浅い　　　　2 醜い　　　　3 遅い　　　　4 鈍い

3 久しぶりに祖母の家に行くと、なんだかなつかしい臭いがした。

1 懐かしい　　　　2 悔かしい　　　　3 惜かしい　　　　4 悟かしい

4 彼はまずしい家庭に育ったが、大会社の社長にまでなった。

1 貧しい　　　　2 乏しい　　　　3 久しい　　　　4 苦しい

5 急にはげしい運動をしたせいで、次の日は体が痛くて動けなかった。

1 湿しい　　　　2 激しい　　　　3 没しい　　　　4 瀬しい

6 あなたたち、人が黙って聞いているからといってさっきから失礼はなはだ
しいわよ。

1 雇だしい　　　　2 碁だしい　　　　3 基だしい　　　　4 甚だしい

7 私がのろいせいで作業が止まってしまった。

1 鈍い　　　　2 銃い　　　　3 鉢い　　　　4 鈴い

8 彼女の成長は他と比べてめざましいものがある。

1 眼厳しい　　　　2 目覚しい　　　　3 芽単しい　　　　4 見学しい

1 自分ができないという事を（　　　）さのせいにするんじゃない。

　1 貧し　　　　　2 うれし　　　　　3 昔　　　　　4 あかし

2 暑いのは良いけど（　　　）暑いのは嫌だね。

　1 茶し　　　　　2 蒸し　　　　　3 苦し　　　　　4 熟し

3 彼は（　　　）強く私を抱き寄せた。

　1 息　　　　　2 腕　　　　　3 手　　　　　4 力

4 母はいつも（　　　）やかましいが、私を思っての言葉であることは分かっている。

　1 耳　　　　　2 鼻　　　　　3 口　　　　　4 舌

5 あれが今（　　　）凄い人気だっていう俳優？

　1 駄　　　　　2 物　　　　　3 高　　　　　4 輝

6 有名大学ともなれば受験者の競争率は、はなはだ（　　　）だろう。

　1 虚しい　　　　　2 悔しい　　　　　3 激しい　　　　　4 怪しい

7 彼女はいつも心（　　　）まで落ち着いている。

　1 暗い　　　　　2 憎い　　　　　3 軽い　　　　　4 思い

8 彼にはとても頼もし（　　　）を感じる。

　1 く　　　　　2 は　　　　　3 け　　　　　4 さ

問題4（　　　　）に入れるのに最もよいものを、1・2・3・4から一つ選びなさい。

1 お姉ちゃんのは甘かったのに私のはとても（　　　　）みかんだった。

1 すっぱい　　　　2 いっぱい　　　　3 しょっぱい　　　　4 しっぱい

2 最近生活態度が（　　　　）と自分でも反省している。

1 かわいくない　　2 だらしない　　　3 はしたない　　　4 いじきたない

3 遅刻して（　　　　）、次はちゃんと約束の時間に来るから許して。

1 ふがいない　　　2 遣り切れない　　3 申し訳ない　　　4 かたじけない

4 明日が本番なのに、計画を全て変えると彼は（　　　　）ことを言い出した。

1 とんでもない　　2 ふがいない　　　3 かんけいない　　4 そそっかしい

5 どういうことですか、全く失礼（　　　　）。

1 買って欲しい　　2 若々しい　　　　3 甚だしい　　　　4 やかましい

6 絶対に大丈夫だと彼は（　　　　）口調で言った。

1 根気強い　　　　2 粘り強い　　　　3 勝負強い　　　　4 力強い

7 急にカーテン開けないでよ、（　　　　）でしょ。

1 かなしい　　　　2 まぶしい　　　　3 うれしい　　　　4 くるしい

8 最近なんだか（　　　　）ね、何か良い事でもあったの。

1 にくにくしい　　2 若々しい　　　　3 物々しい　　　　4 ふてぶてしい

 ＿＿＿＿の言葉に意味が最も近いものを、１・２・３・４から一つ選びなさい

1 昨日から降り続いている雨のせいで今日は川の流れがとても<u>激しい</u>。

　　1 遅しい　　　　　2 凄まじい　　　　　3 忙しい　　　　　4 頼もしい

2 私の運転が<u>鈍い</u>せいで、渋滞になってしまった。

　　1 暗い　　　　　2 高い　　　　　3 遅い　　　　　4 早い

3 やっと上手になってきたんじゃないか、ここで止めてしまうなんて<u>惜しい</u>だろ。

　　1 もったいない　2 はしたない　　　3 ききたくない　　4 しりたくない

4 あなたの考えは<u>貧しい</u>と妻に言われた。

　　1 粉末だ　　　　2 端末だ　　　　3 粗末だ　　　　4 歳末だ

5 最近、隣の家が夜になると<u>うるさい</u>ので腹が立つ。

　　1 わずらわしい　2 かいがいしい　3 やかましい　　4 けたたましい

6 部長は<u>煩わしい</u>仕事を全部僕にやらせる。

　　1 獣臭い　　　　2 田舎臭い　　　　3 面倒臭い　　　　4 生臭い

7 その方法でやっても前と結果は<u>同じ</u>だと思うけどな。

　　1 等しい　　　　2 激しい　　　　3 涼しい　　　　4 悲しい

8 <u>やかましい</u>わね、テレビの音が聞こえないじゃない。

　　1 なごやか　　　2 とんでもない　　3 まぶしい　　　4 うるさい

問題6 次の言葉の使い方として最も良いものを１・２・３・４から一つ選びなさい。

1 眠たい

1 朝から歯が眠たいので、明日にでも歯医者に行こうと思う。

2 昨日は全然眠れなかったので、今日は何をしてても眠たい。

3 このお菓子は眠たいので、食べるのに苦労する。

4 私の分のお土産は何なんだろうと眠たいした。

2 まぶしい

1 私の部屋は東向きなので、朝とてもまぶしい。

2 今日は誰も帰って来ないので、私一人だからまぶしい。

3 今までまぶしい練習に耐えてきたのだから、絶対に勝てる。

4 今日は川の流れがまぶしいから、川に行っちゃ駄目だよ。

3 頼もしい

1 怪我をした私を軽々と担ぎ上げた彼を見て、とても頼もしいと思った。

2 彼は鍛えているので、頼もしい体つきをしている。

3 彼女は重いものは持てないと頼もしいふりをしているが、あれは嘘だ。

4 道で座り込んでお菓子を食べ散らかすなんて頼もしいまねは止めなさい。

Chapter 3 な형용사

01 明らか 분명함, 명백함 ㉠ 明白 명백

だんだん事実が明らかになってきた。

02 新た 새로움

今世界は新たな時代を迎えている。

03 穏やか 평온함, 온후함, 차분함, 조용함
㉠ 安らか 평온함, 편안함

私の両親は将来、田舎で穏やかに暮らしたいと言っている。

04 かわいそう 불쌍함, 가엾음

犬が捨てられていてかわいそうだったので家に連れて帰った。

05 急激 급격

急激な天候の変化についていけず、死んでしまう動物がたくさんいる。

06 さわやか 개운함, 산뜻함, 상쾌함

今日は朝からさわやかな風が吹いている。

07 消極的 소극적

彼は何をするにしても消極的だ。

08 素敵 멋짐, 근사함, 대단함

とても素敵なドレスですね。

09 素直 순진함, 고분고분함, 솔직함, 자연스러움
㉠ 従順 순종함, 고분고분함

時には素直さも重要だ。

10 積極的 적극적

私は掃除のボランティアに積極的に参加している。

11 僅か 근소함, 사소함
㉠ かすか 미미함, 희미함

冬は僅かな距離でも歩くのが嫌だ。

12 依然 의연, 여전

依然として彼の行方は分からないままだった。

13 偉大 위대 ㉠ 立派 훌륭함, 뛰어남

私の祖父は偉大な人物だった。

"""

14 大雑把（おおざっぱ） 대략적임, 조잡함, 대충, 얼추잡음

圏 雑（ざつ） 잡다함　　大まか（おお） 대범함, 얼추잡음

会社（かいしゃ）の部下（ぶか）が何度（なんど）言（い）っても大雑把（おおざっぱ）な計画表（けいかくひょう）を提出（ていしゅつ）してくるので頭（あたま）が痛（いた）い。

15 細（こま）やか 자상함, 세밀함

化粧水（けしょうすい）を変（か）えると肌（はだ）のきめが細（こま）やかになった。

16 柔軟（じゅうなん） 유연

私（わたし）は小（ちい）さいときから体操（たいそう）を習（なら）っていたので、柔軟性（じゅうなんせい）はある。

17 手頃（てごろ） 손에 알맞음, 적합함, (능력·조건에)걸맞음

この店（みせ）は寿司（すし）を手頃（てごろ）な値段（ねだん）で食（た）べることができる。

18 なだらか 완만함, 가파르지 않음, 온화함, 평온함, 순조로움

ここからはなだらかな坂道（さかみち）が続（つづ）いている。

19 俄（にわか） 갑작스러움, 별안간　　圏 突然（とつぜん） 돌연

この商品（しょうひん）は車好（くるまず）きの間（あいだ）で俄（にわか）に注目（ちゅうもく）を集（あつ）めている。

20 莫大（ばくだい） 막대　　圏 多大（ただい） (정도나 수량이)매우 많음

莫大（ばくだい）な量（りょう）の宝石（ほうせき）が土（つち）の中（なか）から見（み）つかった。

21 朗（ほが）らか 명랑함

私（わたし）は朗（ほが）らかな人（ひと）が好（す）きです。

22 惨（みじ）め 비참함, 참담함

他（ほか）の人（ひと）よりも自分（じぶん）が劣（おと）るとき惨（みじ）めな気持（きも）ちになる。

23 豊（ゆた）か 풍부함, 풍족함

彼女（かのじょ）は才能（さいのう）が豊（ゆた）かだ。

24 懸命（けんめい） 필사적임, 힘껏 함

母（はは）は一人（ひとり）で私（わたし）たちを懸命（けんめい）に育（そだ）ててくれた。

25 整然（せいぜん） 정연

彼女（かのじょ）の机（つくえ）はいつも整然（せいぜん）としている。

26 静的（せいてき） 정적

私（わたし）の息子（むすこ）は静的（せいてき）な性格（せいかく）をしています。

27 稀（まれ） 드묾, 좀처럼 없음

母（はは）は朝（あさ）、稀（まれ）にお弁当（べんとう）を作（つく）ってくれます。

28 悠々（ゆうゆう） 한가히, 유유히, 충분히, 넉넉히

母（はは）は今（いま）自分（じぶん）のしたいことをしながら悠々（ゆうゆう）と暮（く）らしている。

問題1 ＿＿＿＿＿の言葉の読み方として最もよいものを、1・2・3・4から一つ選びなさい。

1 気持ちを新たに2010年も頑張っていきたいと思います。

　　1 おやた　　　　2 しんた　　　　3 にいた　　　　4 あらた

2 事件が起きてから一年経ったが、犯人の行方は依然つかめていない。

　　1 いっぜん　　　2 いんぜん　　　3 いぜ　　　　　4 いぜん

3 海でおぼれている子供を懸命に助けた。

　　1 げんめい　　　2 よめい　　　　3 けんめい　　　4 よんめい

4 娘はとても素直に育ってくれて嬉しいのだが、人に騙されないかと心配にもなる。

　　1 せいじつ　　　2 そっちょく　　3 すなお　　　　4 しょうじき

5 彼女はとても優しく、細やかな性格をしている。

　　1 ほそやか　　　2 こまやか　　　3 さいやか　　　4 しょうやか

6 彼が会議に必要な資料をなくしたことは明らかだ。

　　1 みょうらか　　2 みょらか　　　3 あけらか　　　4 あきらか

7 夏休みの前半に宿題を終わらせたので後半は悠々と過ごせた。

　　1 らくらく　　　2 ゆうゆう　　　3 もりもり　　　4 みるみる

8 残り僅かな時間だからこそ大切に使うべきだ。

　　1 おだやか　　　2 しずか　　　　3 おろか　　　　4 わずか

問題2 _______の言葉を漢字で書くとき、最もよいものを１・２・３・４から一つ選びなさい。

1 この辺りはまれに夏でも雪が降ります。

　1 稀　　　　　2 稗　　　　　3 秩　　　　　4 稿

2 彼はめずらしくせっきょくてきに講義に参加していると思ったら…。

　1 神秘的　　　2 消極的　　　3 積極的　　　4 一般的

3 せっかくの休みだというのに、ばくだいな量の宿題を出されて遊びに行けない。

　1 拡大　　　　2 莫大　　　　3 壮大　　　　4 広大

4 兄のどこがすてきなのか私には一つも分からない。

　1 素材　　　　2 素朴　　　　3 素質　　　　4 素敵

5 一昨日からきゅうげきに気温が下がった為に風邪をひいてしまった。

　1 息淑　　　　2 急激　　　　3 思瀬　　　　4 恵漸

6 私の生まれた村は、作物が沢山取れるとてもゆたかな村だった。

　1 豊か　　　　2 農か　　　　3 禮か　　　　4 鱧か

7 彼の部屋は意外にもせいぜんと片付けられていた。

　1 安全　　　　2 整然　　　　3 必然　　　　4 完全

8 トーマス・エジソンはその人生の間、数え切れないほどいだいな発明をした。

　1 候大　　　　2 修大　　　　3 俾大　　　　4 偉大

1 サッカーは好きだが、（　　　）体操が嫌いでならない。

1 運動　　　　2 爽快　　　　3 柔軟　　　　4 体育

2 彼女は他人の面倒は良くみるが、自分のこととなると（　　　）的になる。

1 消極　　　　2 消化　　　　3 消費　　　　4 消失

3 今日は午後から（　　　）雨が降るから傘を持っていきなさい。

1 傾　　　　2 俄　　　　3 愁　　　　4 像

4 都会での生活をやめて田舎にきてからは、心（　　　）な生活を送っている。

1 華やか　　　　2 しなやか　　　　3 涼やか　　　　4 穏やか

5 まったく誰に似たんだろうな、お前のその（　　　）雑把さは。

1 大　　　　2 高　　　　3 小　　　　4 低

6 娘が私のために一生（　　　）作ってくれたと思うと、まずいとはとても言えない。

1 運命　　　　2 短命　　　　3 懸命　　　　4 公命

7 普通に買ったらもっと高いと思うよ、これがこの値段ならお（　　　）なんじゃないかな。

1 頃日　　　　2 頃合　　　　3 日頃　　　　4 手頃

8 運動会とはいえ、息子の前で父として（　　　）たらしい姿は見せたくない。

1 はずかしい　　　　2 惨め　　　　3 無様　　　　4 悪

問題4（　　　　）に入れるのに最もよいものを、1・2・3・4から一つ選び
なさい。

1 彼からとても（　　　　）印象を受けた。

1 さわやかな　　　2 かすかな　　　　3 にぎやかな　　　4 ゆうきな

2 棚には商品が（　　　　）と並んでいた。

1 完全　　　　　　2 必然　　　　　　3 整然　　　　　　4 自然

3 （　　　　）にやせた場合は体のどこかが悪いとも考えられる。

1 きゅうこう　　　2 きゅうげき　　　3 きゅうへん　　　4 きゅうらく

4 人は他人に欠点や（　　　　）姿を見せることを嫌う傾向にある。

1 りっぱな　　　　2 いだいな　　　　3 かこくな　　　　4 みじめな

5 今なら海外旅行が（　　　　）な価格で行けます。

1 かいてき　　　　2 てごろ　　　　　3 べんり　　　　　4 ぜいたく

6 何をするにしても（　　　　）な姿勢でいてはいい結果は得られない。

1 伝統的　　　　　2 活動的　　　　　3 消極的　　　　　4 本格的

7 毎年たくさんのペットが捨てられているというニュースを見てとてもその
ペット達が（　　　　）になった。

1 たのしそう　　　2 うれしそう　　　3 さみしそう　　　4 かわいそう

8 僕は彼女の（　　　　）な性格がとても好きです。

1 素肌　　　　　　2 素性　　　　　　3 素顔　　　　　　4 素直

 ＿＿＿＿の言葉に意味が最も近いものを、１・２・３・４から一つ選びなさい。

1 父は私達家族が知らない間に<u>莫大な</u>額を競馬に使っていた。

　１ 多大な　　　　２ 拡大な　　　　３ 巨大な　　　　４ 絶大な

2 夫は機嫌がいい時、<u>まれに</u>家事を手伝ってくれる。

　１ 時々　　　　２ 近々　　　　３ 方々　　　　４ 様々

3 この小説の著者は有名な賞をとり、<u>にわかに</u>人気となった。

　１ いずれに　　　２ たまに　　　３ 突然　　　４ 前から

4 彼女の泣く声が<u>わずか</u>だが、隣の部屋から聞こえた。

　１ たいてい　　　２ かすか　　　３ よほど　　　４ まったく

5 あの歌手の声、とても<u>魅力的</u>ですね。

　１ おもしろい　　２ 素敵　　　３ 人気　　　４ 幸せ

6 庭で<u>穏やかな</u>日差しを浴びているうちに気持ちよくなって寝てしまった。

　１ すみやかな　　２ すこやかな　　３ はでやかな　　４ やわらかな

7 私もいつか母のような<u>朗らかで</u>優しい人になりたいと思う。

　１ 明るくて　　　２ 暗くて　　　３ 大きくて　　　４ 小さくて

8 彼女は運動が得意で体がとても<u>やわらかい</u>。

　１ 柔術だ　　　２ 柔道だ　　　３ 柔軟だ　　　４ 柔網だ

問題6 次の言葉の使い方として最もよいものを、1・2・3・4から一つ選び
なさい

1 積極的

1 今年の春、庭に植えた花は<u>積極的</u>に育っている。

2 水泳をすると血液の循環が<u>積極的</u>になるため体全体が暖まってくる。

3 警察にこれ以上いるのが嫌になったのか、犯人は<u>積極的</u>に口を開いた。

4 社員は社長が決めた売り上げ目標を実現するために<u>積極的</u>に仕事に取り組ん
でいる。

2 おおざっぱ

1 自然に囲まれた中で育った人は時間の進み方がゆっくりなのか<u>おおざっぱ</u>な
人が多い。

2 彼女は仕事はよくできるのだが、書類の作成など少し<u>おおざっぱ</u>なところも
ある。

3 何回同じ間違いをすれば気がすむんですか？ <u>おおざっぱ</u>にしてください。

4 息子の将来がかかっているんですからもっと<u>おおざっぱ</u>に考えてください。

3 ゆうゆう

1 道で困っていたところを助けてくれた人に感謝の気持ちを込めて<u>ゆうゆう</u>と
頭を下げた。

2 先月強盗に入られてからドアや窓の確認を<u>ゆうゆう</u>とするようになった。

3 この商品の情報を他の会社に知られないように<u>ゆうゆう</u>と動いてください。

4 おばあさんになったとき趣味を楽しみながら<u>ゆうゆう</u>と暮らしていたい。

Chapter4 동사

01 諦める 단념하다, 체념하다
- 類 **思いきる** 단념하다
- **断念する** 단념하다

欲しいコートがとても高かったので買うのを諦めた。

02 飽きる 질리다, 물리다, 싫증나다
- 類 **うんざりする** 지긋지긋하다

いくら好きな物でも毎日食べれば飽きる。

03 憧れる 동경하다, 그리워하다

04 預ける (금품을)맡기다, (책임 등을)위임하다
- 類 **託する** 맡기다, 의탁하다
- **委ねる** 위임하다
- **任せる** 맡기다

通帳と判子を母に預けた。

05 暖める / 温める 따뜻하게 하다, 간직하다

夫が帰ってきたので料理を温めなおした。

06 扱う 취급하다, 다루다, 대우하다

07 暴れる 난폭하게 굴다, 날뛰다

08 溢れる 흘러넘치다, (넘칠 만큼)많다
- 類 **こぼれる** 넘쳐흐르다

水を注ぎすぎてコップから溢れた。

09 余る 남다, 벅차다, 버겁다
- 類 **残る** 남다

ケーキが一つ余ってるから食べなさい。

10 慌てる 당황하다, 허둥지둥하다
- 類 **うろたえる** 당황하다, 허둥거리다

鍵をなくしたことに気づき慌てた。

11 威張る 뽐내다, 으스대다

12 嫌がる 싫어하다
- 類 **嫌う** 싫어하다

息子はお風呂に入ることをとても嫌がる。

13 受かる (시험에)합격하다
- 類 **合格する** 합격하다

希望の大学に見事受かった。

14 浮く 뜨다, (마음 등이)들뜨다

ボールが水に浮いている。

パーティーで私の格好は浮いていた。

15 疑う 의심하다

16 訴える　고소하다, 호소하다

知らない人に突然訴えられた。

彼は頭痛を訴え、病院に運ばれた。

17 うなずく　고개를 끄덕이다, 수긍하다

18 奪う　빼앗다, (마음이나 눈을)사로잡다, 끌다

類 取り上げる　빼앗다

後ろから突然、鞄を奪われた。

19 売れる　(잘)팔리다, 널리 알려지다, 인기가 있다

20 描く / 描く　(그림을)그리다, 묘사하다

21 得る / 得る　얻다, 이해하다, ～할 수 있다

類 獲得する　획득하다

留学したことで多くの物を得ることができた。

22 演じる　연기하다

彼はこのドラマの主役を演じている。

23 追う　쫓아가다, (순서에)따르다

逃げる犯人を追った。

日を追うごとに体の調子がよくなってきた。

24 起こる　발생하다, 일어나다

類 生まれる　태어나다, 만들어지다

突然の出来事に何が起こったのか分からなかった。

25 押さえる　(손 등으로)누르다, 억제하다, 파악하다

彼は痛む頭を押さえた。

この参考書は重要なところを押さえている。

26 遭う　(어떤 일을)당하다, 겪다

27 呆れる　어이없다, 기가 막히다

類 唖然とする　아연해하다, 기가 막히다

彼の言葉に呆れて何も言えなかった。

28 甘やかす　응석을 받아 주다

29 争う　다투다, 싸우다

類 戦う　싸우다

競う　겨루다, 경쟁하다

国と国が争うことのない世界がきてほしい。

30 現れる　(모습 등이)나타나다, 드러나다

類 表現する　표현하다

登場する　등장하다

学校に突然父が現れたので驚いた。

31 恨む　원망하다, 원한을 품다

32 掻く 긁다, 긁어모으다, 빗질하다

背中が痒かったので掻いた。

33 嗅ぐ (냄새를)맡다, 알아내다

犬が草の臭いを嗅いでいる。

34 固まる 굳어지다, 한데 모이다

冷蔵庫に入れていたゼリーが固まった。

この場所はラーメン屋が固まっている。

39 怠る 게을리하다, 소홀히 하다

㉮ 怠ける 게으름 피우다

注意を怠っているから怪我をするのよ。

40 おどかす 위협하다, 협박하다, 놀라게 하다

㉮ 脅す 협박하다, 위협하다

驚かす 놀라게 하다

あなたって、人をおどかすのが本当に好きね。

35 誤る 틀리다, 잘못되다, 그르치다

㉮ 間違える 잘못하다, 잘못 알다

間違う 틀리다, 잘못되다

機械の操作を誤ってしまった。

36 承る '받다, 듣다, 전해 듣다, 승낙하다'의 겸양어

37 敬う 공경하다, 존경하다

38 羨む 부러워하다, 선망하다

いつかみんなが羨むような結婚をしたい。

問題1 ＿＿＿＿の言葉の読み方として最もよいものを、１・２・３・４から一つ選びなさい。

1 そんな威張って話す話でもないでしょう。

1 かばって　　　2 さがって　　　3 おぶって　　　4 いばって

2 この機械は素人が扱うには少し難し過ぎると思います。

1 さからう　　　2 あつかう　　　3 きづかう　　　4 ほめあう

3 彼女の描く絵は人の心を穏やかにさせる力がある。

1 かく　　　2 さく　　　3 すく　　　4 ひく

4 結婚なんて、と思っていたが、友達の花嫁姿を見て花嫁に憧れている自分に気が付いた。

1 かれて　　　2 あこがれて　　　3 たそがれて　　　4 くれて

5 僕は小さい頃りんごが大好きだったが、食べ過ぎて飽きてしまって今はあまり食べない。

1 ききて　　　2 いきて　　　3 おきて　　　4 あきて

6 僕が敬っている小説家が来週近くの本屋でサイン会を開くそうだ。

1 おざなって　　　2 きどって　　　3 さとって　　　4 うやまって

7 何で私ばかりこんな酷い目に遭うの？

1 あう　　　2 くう　　　3 すう　　　4 こう

8 大丈夫よ、腐ってないから、何も嗅ぐことないでしょう。

1 ふぐ　　　2 こぐ　　　3 すぐ　　　4 かぐ

1 これからおこる大事件を誰が想像できただろうか。

1 起こる　　　　2 超こる　　　　3 赴こる　　　　4 越こる

2 テレビで健康に良いと放送されてからりんごがよくうれるようになった。

1 壱れる　　　　2 売れる　　　　3 壷れる　　　　4 喜れる

3 最近、彼の様子が変なので、気付かれないように後をおってみた。

1 迎って　　　　2 逍って　　　　3 道って　　　　4 追って

4 食べる前に臭いをかぐ癖、直したほうがいいんじゃない。

1 喝ぐ　　　　2 唄ぐ　　　　3 嗅ぐ　　　　4 鳴ぐ

5 息子は緊張のあまり舞台の上でかたまってしまった。

1 固まって　　　　2 園まって　　　　3 国まって　　　　4 團まって

6 彼女はどんなことがあっても、他人をうらむことはなかった。

1 傷む　　　　2 恨む　　　　3 惨む　　　　4 怖む

7 最近運動をおこたっていたせいか体が重い。

1 参って　　　　2 矣って　　　　3 怠って　　　　4 弁って

8 もう一度試してみてからあきらめても遅くはないんじゃないかな。

1 訂めて　　　　2 諦めて　　　　3 設めて　　　　4 議めて

問題3 （　　　）に入れるのに最もよいものを、１・２・３・４から一つ選び
なさい。

1　むかし父は、友達と母を（　　　）合ったのだと母が言っていた。

1　痒い　　　　　　2　奪い　　　　　　3　暗い　　　　　　4　薄い

2　強盗して逃げた犯人を取り（　　　）のは高校生の女の子だった。

1　堪えた　　　　　2　芽生えた　　　　3　構えた　　　　　4　押さえた

3　ちょっと自分の方が点数が高かっただけで、そんなに（　　　）散らす
ことないでしょう。

1　気配り　　　　　2　威張り　　　　　3　見栄っ張り　　　4　心配り

4　そんなに時間も力も有り（　　　）いるなら、アルバイトでもしたら。

1　減って　　　　　2　余って　　　　　3　絞って　　　　　4　払って

5　私は好きなものを食べ（　　　）ほど食べてしまう。

1　かける　　　　　2　残す　　　　　　3　飽きる　　　　　4　余る

6　先生はよく正解を言い（　　　）ので、よく勉強しておかないと大変だ。

1　曇る　　　　　　2　誤る　　　　　　3　描ける　　　　　4　当る

7　他の人だったら分からないけど、彼女だったら有り（　　　）話だね。

1　得る　　　　　　2　駆る　　　　　　3　去る　　　　　　4　然る

8　申し訳ございませんが、そちらの商品はこの店ではお取り（　　　）して
おりません。

1　お使い　　　　　2　迎い　　　　　　3　語らい　　　　　4　扱い

1　誰が考えても（　　　）ところのなかった彼女が、まさかの犯人だった。

1　狂う　　　　　　2　疑う　　　　　　3　嫌う　　　　　　4　誘う

2　先生に頭まで下げられては、私達は（　　　）ことしかできなかった。

1　こづく　　　　　2　みつぐ　　　　　3　うなずく　　　　4　かんづく

3　小さい時に（　　　）と彼のようにわがままな大人になってしまう。

1　冷やかす　　　　2　脅かす　　　　　3　輝かす　　　　　4　甘やかす

4　舞台の上で（　　　）ことが私の夢である。

1　演じる　　　　　2　案じる　　　　　3　念じる　　　　　4　感じる

5　彼の失礼な態度に私はこれ以上怒りを（　　　）ことができないだろう。

1　堪える　　　　　2　押さえる　　　　3　貰える　　　　　4　叶える

6　他人を（　　　）時間があったら自分の駄目なところを見直して前に進むべきだ。

1　含む　　　　　　2　悩む　　　　　　3　恨む　　　　　　4　沈む

7　お腹が痛いんだったら、お風呂に入ってお腹を（　　　）きたらどう？

1　温めて　　　　　2　誉めて　　　　　3　込めて　　　　　4　揉めて

8　入会の手続きはこちらで（　　　）おります。

1　救って　　　　　2　悟って　　　　　3　潜って　　　　　4　承って

問題5 ＿＿＿＿の言葉に意味が最も近いものを、１・２・３・４から一つ選び
なさい。

1 諦めなければ、必ず成功する。

　　1 断絶し　　　　　2 断続し　　　　　3 断念し　　　　　4 断言し

2 孫が大学に合格するように神社にお参りに行った。

　　1 受かる　　　　　2 受ける　　　　　3 合わす　　　　　4 合える

3 プリントを後ろに配ってください。余ったら前に持ってきてください。

　　1 残した　　　　　2 返った　　　　　3 帰した　　　　　4 残った

4 後は彼女に判断を預けることにした。

　　1 期待する　　　　2 任せる　　　　　3 裁く　　　　　　4 意向する

5 このあふれる思いを彼に伝えたい。

　　1 こぼれる　　　　2 あたためる　　　3 はがす　　　　　4 むかう

6 彼はいつも面倒なことが解決してから現れるのでずるい。

　　1 堂々する　　　　2 登場する　　　　3 堂上する　　　　4 登山する

7 昼食を食べてお腹がいっぱいだと言ったそばから、クッキーを食べる自分
の食欲にあきれる。

　　1 依然とする　　　2 偶然とする　　　3 唖然とする　　　4 騒然とする

8 一度失敗してもまた同じように誤ることがなければ失敗もまた勉強だ。

　　1 感動する　　　　2 泣く　　　　　　3 謝罪する　　　　4 間違う

1 訴える

1 昨日訴えた足が痛い。

2 服は壁に訴える所があったでしょう。

3 早く帰りたいと彼は目で訴えてきた。

4 このスーツを着れば夏のどんな暑さにも訴えることができます。

2 掻く

1 蚊に刺されたところを掻いていたら血が出てきた。

2 メールや電話もあるが、たまには手紙を掻くのもいい。

3 彼女は絵を掻いている時だけは別人のように集中する。

4 この分野なら彼を掻いて他に詳しい人間はいないだろう。

3 怠る

1 私が母親になるなんて、時が怠るのはなんて早いんだ。

2 最近肩が怠って辛いから、マッサージにでも行こうかな。

3 僕達の卒業と共に先生もこの学校を怠ることになった。

4 彼は人が見ていなくても怠ることなく仕事をするので、安心して仕事が
  任せられる。

동사 2

01 恐（おそ）れる　두려워하다, 우려하다
類 怖（こわ）がる　무서워하다
彼は危険を恐れずにどんどん森の中を進んで行った。

02 教（おそ）わる　배우다
私は教授から色々なことを教わった。

03 驚（おどろ）かす　놀라게 하다
このニュースは世界中の人々を驚かせた。

04 下（お）ろす / 降（お）ろす　내리다, 내려놓다, 물러나게 하다
車から荷物を下ろした。
仕事で大きなミスをして、チーム長を下ろされた。

05 飼（か）う　기르다, 사육하다
一人暮らしは寂しいので犬を飼うことにした。

06 輝（かがや）く　빛나다, 반짝이다
舞台で演技する彼の姿は輝いていた。

07 かく　(땀을)흘리다
汗をかく。

08 隠（かく）れる　숨다, 안 보이게 되다
類 潜（ひそ）む　숨다, 잠복하다
犯人から逃げるためにビルの中に隠れた。

09 稼（かせ）ぐ　(돈을)벌다
家族のためにお金を稼がなければならない。

10 数（かぞ）える　세다, 열거하다
類 勘定（かんじょう）する　계산하다
袋の中にりんごがいくつ入っているのか数えた。

11 悲（かな）しむ　슬퍼하다
親の悲しむ顔は見たくない。

12 乾（かわ）かす　말리다
私は髪が長いので乾かすのに時間がかかる。

13 渇（かわ）く　목이 마르다, 갈증이 나다
夏になるとすぐに喉が渇く。

14 感（かん）じる / 感（かん）ずる　느끼다
会社で働くようになって社会の怖さを感じるようになった。

15 関（かん）する　관하다, 관계하다
類 関（かか）わる　관계되다
事件に関する記事が新聞に載っていた。

16 着替える (옷을)갈아입다

寝るときは寝巻きに着替える。

17 効く 효력이 있다, 듣다

この薬は頭痛に効きます。

18 気付く 깨닫다, 알아차리다

病気をして始めて家族の重要さに気付いた。

19 腐る 썩다, 상하다, 타락하다, 기운을 잃다

外に置いていた肉が腐ってしまった。

20 配る 배부하다, 고루 미치게 하다

㉚ 分ける 나누다, 분배하다

先生から生徒に文化祭の案内のプリントが配られた。

21 くたびれる 지치다, 피로하다, 헐다, 낡다

遅くまで仕事をしてくたびれた。

22 焦げる 눋다, 타다

テレビに夢中になっている間にハンバーグが焦げてしまった。

23 逆らう 거역하다, 거스르다, 반항하다, 역행하다

㉚ たてつく 대들다, 반항하다
　背く 등지다, 거역하다

親に逆らうんじゃありません。

24 冷ます 식히다, 진정시키다, 가라앉히다

25 しびれる 저리다, 마비되다, 도취하다

長い間座りすぎて足がしびれた。

彼女の素晴らしい演技にしびれた。

26 萎む 시들다, 오므라들다

この花は朝に開いて夜に萎む。

27 しゃがむ 웅크리고 앉다, 쭈그리다

突然気分が悪くなり、その場にしゃがんだ。

28 ずれる 어긋나다, 비뚤어지다, (기준 따위에서)벗어나다

彼の考えは他の人と少しずれている。

29 責める 책망하다

㉚ 非難する 비난하다

兄が嘘をついたことで父に責められていた。

30 劣る 떨어지다, 뒤지다

この製品は古いものなので新しいものより機能性は劣ります。

31 交わす 교환하다, 주고받다
(類) **交換する** 교환하다

家族間で言葉を交わすことは大切なことだ。

32 競う 다투다, 겨루다, 경쟁하다
(類) **争う** 다투다

いつもこの二つの会社は毎年売上げを競っている。

33 くるむ 감싸다, 휘감아 싸다
(類) **包む** 싸다, 두르다

荷物を風呂敷にくるんだ。

34 こしらえる 만들다, 마련하다, 꾸미다

今日は子供たちが遊びに来るので料理をたくさんこしらえた。

35 こらえる 참다, 견디다
(類) **耐える** 견디다

言いたいことはたくさんあるとは思いますが、どうかこらえてください。

問題1 ________の言葉の読み方として最もよいものを、１・２・３・４から一つ選びなさい。

1 洗濯物を乾かすんだったら、屋上に干せるところがあるからね。

1 みすかす　　　　2 あかす　　　　　3 かわかす　　　　4 ふかす

2 私がここで時間を稼ぐから、あなたは早くパーティー会場の準備に行って。

1 そぐ　　　　　　2 はぐ　　　　　　3 かせぐ　　　　　4 みつぐ

3 立ち話もなんですから、どこか腰が下ろせる場所にでも行きましょうか。

1 おろせる　　　　2 したろせる　　　3 くだろせる　　　4 げろせる

4 泥だらけになっても一生懸命な彼女の姿はどんな女性よりも輝いて見えた。

1 にぎやいで　　　2 ささやいて　　　3 かがやいて　　　4 たちろいで

5 彼女が彼に勝っているところはあるが、劣っているところは一つもない。

1 きどって　　　　2 おとって　　　　3 さとって　　　　4 いきって

6 今日は帽子を被ってくるべきだった。太陽の日差しが強すぎて頭が焦げそうだ。

1 こげ　　　　　　2 はげ　　　　　　3 ひげ　　　　　　4 あげ

7 集中しすぎて食べることも飲むことも忘れていたことに、口が渇いてきて気がついた。

1 かわいて　　　　2 ひきいて　　　　3 くっついて　　　4 ひびいて

8 二人とも少し気持ちを冷ましてから冷静に話し合いなさい。

1 さまして　　　　2 はげまして　　　3 あけまして　　　4 つきまして

問題2 ＿＿＿＿＿の言葉を漢字で書くとき、最もよいものを１・２・３・４から一つ選びなさい。

1 父は母を<u>おどろかす</u>ことに喜びを感じるらしい。

　１ 驚かす　　　　　２ 脅かす　　　　　３ 冷かす　　　　　４ 見透かす

2 宿題に<u>かんする</u>本だったら、奥の棚に沢山あったよ。

　１ 開する　　　　　２ 闇する　　　　　３ 閑する　　　　　４ 関する

3 娘は<u>しぼんで</u>しまった赤い風船を悲しそうに見ている。

　１ 善んで　　　　　２ 着んで　　　　　３ 羨んで　　　　　４ 萎んで

4 うさぎを<u>かう</u>のは難しいらしい。

　１ 餌う　　　　　２ 飼う　　　　　３ 飲う　　　　　４ 館う

5 私が怒るよりも、夫が怒るほうが子どもたちには<u>きく</u>。

　１ 効く　　　　　２ 郊く　　　　　３ 効く　　　　　４ 鳩く

6 働いて自分でお金を<u>かせぐ</u>ようになってから、両親の偉大さを実感した。

　１ 積ぐ　　　　　２ 稀ぐ　　　　　３ 稼ぐ　　　　　４ 科ぐ

7 雨で濡れてしまった大切な資料をあわてて<u>かわかした</u>。

　１ 幹かした　　　　２ 斡かした　　　　３ 乾かした　　　　４ 朝かした

8 私も最後までよく見ていなかったのだから、彼一人を<u>せめる</u>ことはできない。

　１ 毒める　　　　　２ 素める　　　　　３ 表める　　　　　４ 責める

1 彼は都合が悪くなるとすぐにどこかに雲（　　　）してしまう。

1 隠れ　　　　2 剥れ　　　　3 逸れ　　　　4 膨れ

2 彼女は気（　　　）があると会社の男性達から人気がある。

1 拘り　　　　2 配り　　　　3 掛り　　　　4 上り

3 直樹と僕は幼稚園からの（　　　）縁だ。

1 もたれ　　　2 日暮れ　　　3 腐れ　　　　4 流れ

4 昨日見た光（　　　）朝日は一生忘れられないだろう。

1 短く　　　　2 高く　　　　3 めく　　　　4 輝く

5 彼女は他の誰にも見（　　　）しなかった。

1 劣り　　　　2 下り　　　　3 怒り　　　　4 振り

6 アイロンをかけている事を忘れて、シャツが焼け（　　　）しまった。

1 揚げて　　　2 焦げて　　　3 挙げて　　　4 上げて

7 ごめん、私、家で動きやすい格好に（　　　）替えてきてもいいかな。

1 養　　　　　2 着　　　　　3 美　　　　　4 善

8 あともう少し（　　　）付くのが遅かったら危ないところでしたよ。

1 気　　　　　2 气　　　　　3 汽　　　　　4 丸

問題4（　　　　）に入れるのに最もよいものを、1・2・3・4から一つ選びなさい。

1 街を歩いていたら、うさぎが風船を（　　　　）いた。

  1 図って　　　　　2 配って　　　　　3 計って　　　　　4 量って

2 今日から3日間出張だが、幼い娘の（　　　　）顔が見たくなかったので、そっと家を出た。

  1 忙しい　　　　　2 悲しむ　　　　　3 懐かしむ　　　　　4 乏しい

3 彼女は田中先輩に（　　　　）ことだけ異常に詳しい、彼女は先輩が好きなんだろうか。

  1 愛する　　　　　2 恋する　　　　　3 参する　　　　　4 関する

4 音楽が苦手な私はどうしても周りと音が（　　　　）しまう。

  1 ずれて　　　　　2 にげて　　　　　3 かれて　　　　　4 めげて

5 ちゃんと人数分（　　　　）はずだったのに、一つ足りない。

  1 支えた　　　　　2 忘れた　　　　　3 数えた　　　　　4 反れた

6 僕は他人と（　　　　）前に出るような性格ではない。

  1 飾って　　　　　2 競って　　　　　3 流行って　　　　　4 上がって

7 彼のギターの演奏をきいて心が（　　　　）。

  1 しびれた　　　　　2 つった　　　　　3 めぐった　　　　　4 かんじた

8 父は昔、猫を6匹、ハトを10羽、犬を3匹（　　　　）と言っているが、本当だろうか。

  1 舞っていた　　　　　2 掘っていた　　　　　3 飼っていた　　　　　4 沿っていた

 ＿＿＿＿の言葉に意味が最も近いものを、１・２・３・４から一つ選び
なさい。

1 彼女の行動から彼女の料理に対しての真剣さが<u>伝わってくる</u>。

 1 信じられて　　　2 感じられて　　　　3 講じられて　　　　4 応じられて

2 夫の足が人より少しだけ長いことに、結婚して10年目に<u>気付いた</u>。

 1 発見した　　　2 発掘した　　　　3 発祥した　　　　4 発言した

3 先に行って<u>隠れて</u>後から来た妹を脅かそうとしたが、妹は更に先に来て
いた。

 1 仕組んで　　　2 恨んで　　　　3 憎んで　　　　4 潜んで

4 昨日<u>習った</u>ばかりの単語なのは分かるのに、どうしても思い出せない。

 1 教えた　　　2 教わった　　　　3 教わる　　　　4 教わらず

5 手洗いとうがいを毎日すれば、風邪なんて<u>恐れる</u>ことはないんだよ。

 1 綺麗にする　　　2 怖がる　　　　3 うつる　　　　4 感染する

6 右田選手は相手の強い押しを<u>こらえて</u>、一瞬の隙を狙い相手を引き倒し
勝利した。

 1 見返って　　　2 耐えて　　　　3 支えて　　　　4 押さえて

7 彼女を<u>非難する</u>前に、何もしなかった自分達を反省しなさい。

 1 混める　　　2 誉める　　　　3 絡める　　　　4 責める

8 会社まで行きと帰りで6時間かかり、毎日通勤だけで<u>くたびれて</u>しまう。

 1 飽きて　　　2 疲れて　　　　3 困って　　　　4 悲しんで

問題6 次の言葉の使い方として最もよいものを、１・２・３・４から一つ選び
なさい。

1 交わす

1 道路を交わす時には手を上げましょうね。

2 飛んできたボールを彼は見事に交わした。

3 彼に話を交わすのもそろそろ疲れてきた。

4 兄と最近交わした会話は何だっただろうか、思い出すこともできない。

2 しゃがむ

1 しゃがんでないで早く立ちなさい。

2 僕だけ先生に怒られて気持ちがしゃがんだ。

3 彼女と付き合えることになってから毎日心がしゃがんでいる。

4 練習を重ねることで、一つ何かしゃがんだ気がする。

3 着替える

1 私の失敗を着替えて彼が手伝ってくれた。

2 この教室は今女子が着替えているから、男子は入れないって言ったじゃな
い。

3 姉のケーキが自分のより少し大きいことに気付いて姉の見てない隙にそっと
着替えた。

4 地震に着替えて水や食料などをあらかじめ用意している。

01 暮(く)らす 생활하다, 살아가다

02 苦(くる)しむ 고생하다, 괴로워하다
世界中(せかいじゅう)に飢(う)えで苦(くる)しんでいる人(ひと)が大勢(おおぜい)いる。

03 加(くわ)える 더하다, 가하다
類 添(そ)える 곁들이다, 더하다　足(た)す 더하다
鍋(なべ)に塩(しお)と砂糖(さとう)を加(くわ)えた。

04 蹴(け)る (발로)차다, 일축하다
類 蹴飛(けと)ばす 차 내다, 걷어차다
転(ころ)がってきたボールを蹴(け)った。
夫(おっと)が部長(ぶちょう)になる話(はなし)を蹴(け)った。

05 越(こ)す 넘다, 추월하다, 이사하다
あの峠(とうげ)を越(こ)すと私(わたし)の家(いえ)があります。
私(わたし)は来月(らいげつ)新(あたら)しい家(いえ)に越(こ)します。

05 超(こ)す (어떤 기준을)초과하다
鍋(なべ)の水(みず)の温度(おんど)が60度(ど)を超(こ)した。

07 異(こと)なる 다르다　類 違(ちが)う 다르다, 상이하다
生(う)まれた国(くに)が異(こと)なる私(わたし)たちだが、とても仲(なか)が良(よ)い。

03 断(ことわ)る 거절하다, 미리 알려 양해를 구하다
類 拒(こば)む 거절하다　告(つ)げる 고하다, 알리다
彼(かれ)の誘(さそ)いを断(ことわ)った。

09 こぼす 엎지르다, 불평하다, 투덜거리다

10 殺(ころ)す 죽이다, 참다, 억누르다
人(ひと)を殺(ころ)した罪(つみ)は重(おも)い。
息(いき)を殺(ころ)して物置(ものおき)の中(なか)に隠(かく)れた。

11 叫(さけ)ぶ 외치다, 소리치다
ビルの屋上(おくじょう)で何(なに)かを叫(さけ)んでいる人(ひと)がいた。

12 誘(さそ)う 유혹하다, 꾀다, 불러내다

13 冷(さ)める 식다
夫(おっと)の帰(かえ)りが思(おも)ったよりも遅(おそ)く、料理(りょうり)が冷(さ)めてしまった。

14 覚(さ)める (잠이)깨다, (술이)깨다, 정신이 들다
外(そと)に出(で)たら酔(よ)いが覚(さ)めた。

15 従(したが)う 따라가다, (뜻에)복종하다, (규칙·관습에)따르다
この会社(かいしゃ)は社長(しゃちょう)の言(い)うことに絶対(ぜったい)従(したが)わなければならない。

15 しゃべる 지껄이다, 말하다, 이야기하다
類 話(はな)す 이야기하다
友達(ともだち)としゃべるのはとてもおもしろい。

17 救(すく)う 구하다, 돕다　類 助(たす)ける 구조하다, 돕다
私(わたし)は医者(いしゃ)となり、多(おお)くの人(ひと)を救(すく)いたい。

18 勧める 권하다, 권장하다
客にこの店の自慢のケーキを勧めた。

19 抱く 안다, 품다

20 確かめる 확인하다
約束の時間が間違っていないか手帳で確かめた。

21 揃える 고루 갖추다, 가지런히 하다, 맞추다
人の家に行ったときは靴を揃えて脱ぎなさい。

クリスマスプレゼントに子供たちは口を揃えてゲームがほしいと言った。

22 炊く (밥을)짓다
今日は母の代わりに私がご飯を炊いた。

23 焚く (불을)때다

24 畳む 개다, 접다, (하던 일을)그만두다
類 折る 접다　閉じる 닫다
家事は嫌いだが、洗濯物を畳むことだけは好きだ。

売上げが伸びず店を畳むことになった。

25 例える 비유하다

26 黙る 침묵하다, 가만히 있다
彼はさっきからずっと黙っている。

27 試す 시험하다
類 試みる 시험해 보다
実験の結果が出ないので別の方法を試すことにした。

28 ちぎる 잘게 찢다, 잘게 뜯다
友達と半分ずつ食べようとパンをちぎった。

29 つまずく (발이 걸려)넘어질 뻔하다, 비틀거리다, 차질이 생기다
道に落ちていた石につまずいて転んだ。

30 詰める 채우다, 담다, 틀어막다, 줄이다, 절약하다
類 詰まる 가득 차다
袋にお菓子を詰めた。
夫の給料が減ったので生活費を詰めていかなければならない。

31 遡る 거슬러 올라가다

将来過去に遡ることができる機械を発明したい。

32 注ぐ (물을)대다, 따르다, 집중시키다, 기울이다

湯飲みにお茶を注いだ。

33 存じる / 存ずる 알다, 생각하다

あなたのことはよく存じています。

34 ためらう 주저하다, 망설이다

（類）躊躇する 주저하다

何事もためらわずにやってみなさい。

35 費やす 쓰다, 소비하다, 낭비하다

無駄なことに時間を費やしてしまった。

36 注ぐ 붓다, 따르다

私がお酒を注ぐと父が喜ぶ。

확인문제 3

問題1 ＿＿＿＿の言葉の読み方として最もよいものを、１・２・３・４から一つ選びなさい。

1 会場まではこの矢印に従って歩いて行ってください。

　1 いたがって　　　2 ほしがって　　　3 したがって　　　4 みたがって

2 一時は盛り上がった二人の仲も、今はもう冷めてしまった。

　1 さめて　　　2 れいめて　　　3 ひやめて　　　4 きゃくめて

3 今から遡ること30年前この町で父と母は出会った。

　1 すりかえる　　　2 ふりかえる　　　3 たちのぼる　　　4 さかのぼる

4 マッチもライターも無しに火を焚くのは難しい。

　1 ふく　　　2 たく　　　3 ひく　　　4 つく

5 医者との結婚話を姉は迷うことなく蹴った。

　1 ほった　　　2 かった　　　3 きった　　　4 けった

6 初めて抱いた自分の子どもはとても軽くて、とても温かかった。

　1 たいた　　　2 かいた　　　3 だいた　　　4 ふいた

7 体重が100キロを超した彼は、やっと痩せる気になったようだ。

　1 のした　　　2 こした　　　3 おした　　　4 ちょうした

8 貯めたこづかいで野球の道具を全て揃えた。

　1 むかえた　　　2 そろえた　　　3 ひかえた　　　4 おさえた

 ________の言葉を漢字で書くとき、最もよいものを１・２・３・４から一つ選びなさい。

1 有名人が美味しいと<u>すすめる</u>店に行ってみることにした。

　1 勧める　　　　2 収める　　　　3 絡める　　　　4 定める

2 人にお金を渡す時に、お札の向きを<u>そろえる</u>のは常識の範囲だ。

　1 垪える　　　　2 撹える　　　　3 損える　　　　4 揃える

3 言いにくいかもしれないけど、<u>ことわる</u>のなら早く言ったほうがいいんじゃないの。

　1 近る　　　　2 匠る　　　　3 断る　　　　4 芹る

4 彼の仕事は人の命を<u>すくう</u>重要な仕事だと分かっているが、私は誰よりも彼の命が大切だ。

　1 數う　　　　2 救う　　　　3 敘う　　　　4 敦う

5 私は動物に<u>たとえる</u>と犬なんだそうだ。

　1 修える　　　　2 條える　　　　3 偲える　　　　4 例える

6 6時間もゲームに<u>ついやす</u>時間があったら、その半分ぐらい勉強したらどう。

　1 息やす　　　　2 易やす　　　　3 費やす　　　　4 冥やす

7 マッチもライターも使わずに火を<u>たく</u>のはとても大変なことだと分かった。

　1 焚く　　　　2 棼く　　　　3 梵く　　　　4 禁く

8 通るのに邪魔だからってなにも<u>ける</u>ことはないだろう。

　1 跳る　　　　2 躁る　　　　3 蹴る　　　　4 躍る

問題3（　　　）に入れるのに最もよいものを、1・2・3・4から一つ選び
なさい。

1 彼女は怒るとすぐ押し（　　　）。

1 余る　　　　　2 計る　　　　　3 当る　　　　　4 黙る

2 お姫様は王子様のキスで目（　　　）ましたとさ。

1 覚め　　　　　2 収め　　　　　3 崇め　　　　　4 固める

3 あんなに小さかった弟が中学生になってすぐ私の身長を追い（　　　）。

1 射した　　　　2 増した　　　　3 越した　　　　4 足した

4 すみません、さっきの発表に一つ付け（　　　）てもいいですか。

1 越して　　　　2 加え　　　　　3 下げて　　　　4 かけて

5 飼っている犬に買ったばかりの服を噛み（　　　）られた。

1 みぎ　　　　　2 はじ　　　　　3 ちぎ　　　　　4 さじ

6 この夏、初めての雨が降り（　　　）地面を濡らした。

1 注ぎ　　　　　2 貢ぎ　　　　　3 接ぎ　　　　　4 剥ぎ

7 この部屋には畳が敷き（　　　）られている。

1 込め　　　　　2 詰め　　　　　3 締め　　　　　4 定め

8 この傘はね、折り（　　　）ことができますよ。

1 咬む　　　　　2 績む　　　　　3 挟む　　　　　4 畳む

問題4（　　　）に入れるのに最もよいものを、1・2・3・4から一つ選び
なさい。

1　昨日先生が（　　　）本ってこの本じゃないの？
1　祈ってた　　　2　勧めてた　　　3　絡めてた　　　4　言い寄った

2　都会で育った人間が田舎で（　　　）のは大変だ。
1　暮らす　　　2　反らす　　　3　枯らす　　　4　濡らす

3　腐った肉を食べたことで、そのあと4日間の間腹の痛みに（　　　）ことと
なった。
1　治る　　　2　楽しむ　　　3　怒る　　　4　苦しむ

4　留学したら別れると僕は言ったが、彼女は（　　　）ことなく留学した。
1　みつめる　　　2　かんじる　　　3　ためらう　　　4　こうじる

5　母はもちを凄い速さで（　　　）。
1　くぎる　　　2　ちぎる　　　3　すぎる　　　4　ねぎる

6　先頭を走っていたのにゴール前でこけてしまって全員に（　　　）。
1　干された　　　2　貸された　　　3　越された　　　4　示された

7　弟を動物に（　　　）ならサルだ。
1　例える　　　2　認める　　　3　甘える　　　4　収める

8　今朝は母の大声で夢から（　　　）。
1　冷めた　　　2　染めた　　　3　覚めた　　　4　込めた

問題5 ＿＿＿＿＿の言葉に意味が最も近いものを、１・２・３・４から一つ選び
なさい。

1 駄目でしょう、授業中に隣の人と<u>話して</u>たら。

1 しゃべって　　2 ならべて　　　3 しらべて　　　4 くらべて

2 幼い頃川に落ちて、近所のお兄さんに<u>助けて</u>もらった。

1 掴んで　　　2 救って　　　3 奪って　　　4 絡んで

3 明日が駄目なら、しばらくは予定が<u>詰まって</u>ます。

1 参拝です　　2 いっぱいです　　3 惨敗です　　4 後輩です

4 あと少し何か<u>加える</u>だけで、もっと美味しくなる気がするんだけどな。

1 増す　　　2 蒸す　　　3 貸す　　　4 足す

5 前回と違って、今回は<u>異なる</u>意見が多いみたいだ。

1 間違う　　　2 選ぶ　　　3 違う　　　4 当てる

6 先に<u>断って</u>おきますが、室内での写真撮影は禁止です。

1 告げて　　　2 誤って　　　3 怒って　　　4 困って

7 この資料はお客様に渡すものだから、絶対に<u>折らない</u>でね。

1 つぶさない　　2 畳まない　　3 壊さない　　4 割らない

8 もう少しだけ水を<u>入れて</u>ください。

1 並べて　　　2 配って　　　3 運んで　　　4 注いで

1　費やす

1　部費を３ヶ月払っていなかったのを会計に怒られ、昨日費やした。

2　畑を一生懸命費やしたおかげで、立派な野菜が育った。

3　この研究に私は多くの時間を費やしてきた。

4　すみません、こっちに肉をもう一皿費やしてください。

2　黙る

1　なんだか空が黙ってきたけど、雨でも降るのかな。

2　黙ってないで何とか言いなさいよ。

3　下の子を抱いていると上の子も黙ってほしそうな顔でこちらを見ていた。

4　あまりに外がうるさかったので黙ったら静かになった。

3　殺す

1　木の実を殺してジュースにします。

2　このチャンスを生かすも殺すも君次第だよ。

3　そこの赤色のボタンは絶対に殺さないでくださいね。

4　せっかくのチャンスを見殺してしまった。

01 戦う 싸우다, 전쟁하다
(類) **争う** 다투다　**勝負する** 승부하다
生きていれば自分自身と戦わなければならない時もある。

02 叩く 두드리다, 치다
言うことを聞かず父に頭を叩かれた。

03 騙す 속이다　(類) **欺く** 속이다, 기만하다
人を騙してお金を稼ぐことは最低なことだ。

04 溜まる 괴다, 쌓이다, 밀리다
仕事のせいで疲れが溜まってしまった。

05 頼る 의지하다, 믿다　(類) **依存する** 의존하다
私はすぐ人に頼ってしまう癖がある。

06 縮む 줄다, 줄어들다, 움츠러들다, 위축되다
頑張って練習しただけあってタイムが縮んだ。

07 散らかる 흩어지다, 어지럽혀지다
(類) **散乱する** 산란하다
彼女の部屋はいつも散らかっている。

08 通じる / 通ずる 통하다, 연결되다

09 掴む 잡다, 꼭 쥐다, 손에 넣다, 자기 것으로 하다
帰ろうとする友達の腕を掴んでお茶に誘った。

10 潰す 찌그러뜨리다, 으깨다, 시간을 보내다
捨てるために缶を潰した。
友達が来るまで本屋で時間を潰した。

11 取れる 떨어지다, 사라지다,
(균형·조화가)잡히다
いつの間にかズボンのボタンが取れていた。
栄養のバランスが取れた食事をすることが大事だ。

12 眺める 바라보다
彼女が窓から外を眺めていた。

13 流れる 흐르다, 떠내려가다, 중지되다, 취소되다
私の家の近くには川が流れている。
問題が起きたため予定されていた会議が流れた。

14 なぐる 때리다

15 怠ける 게으름 피우다, 게을리 하다

16 悩む 고민하다　(類) **苦しむ** 괴로워하다
大学を卒業した後、どうするか悩んでいる。

17 <ruby>握<rt>にぎ</rt></ruby>る (주먹을)쥐다, 잡다

<ruby>手<rt>て</rt></ruby>に<ruby>汗<rt>あせ</rt></ruby><ruby>握<rt>にぎ</rt></ruby>る<ruby>試合<rt>し あい</rt></ruby>となった。

18 <ruby>憎<rt>にく</rt></ruby>む 미워하다, 증오하다
類 <ruby>嫌<rt>きら</rt></ruby>う 싫어하다　<ruby>恨<rt>うら</rt></ruby>む 원망하다

<ruby>今<rt>いま</rt></ruby>まで<ruby>人<rt>ひと</rt></ruby>を<ruby>憎<rt>にく</rt></ruby>んだことがない。

19 <ruby>抜<rt>ぬ</rt></ruby>ける (박혀 있던 것이)빠지다, 누락되다,
　　　　　　탈락되다

20 <ruby>残<rt>のこ</rt></ruby>す 남기다, 남겨두다
類 <ruby>保存<rt>ほ ぞん</rt></ruby>する 보존하다

この<ruby>自然<rt>し ぜん</rt></ruby>は<ruby>残<rt>のこ</rt></ruby>していかなければならない。

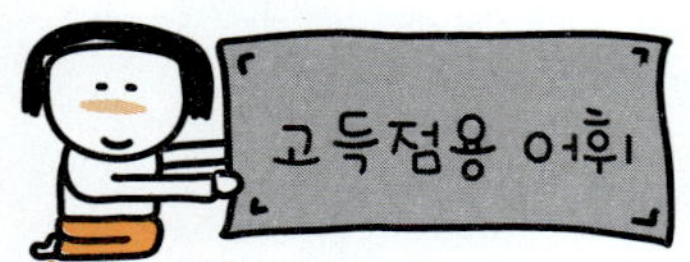

21 <ruby>積<rt>つ</rt></ruby>もる 쌓이다

<ruby>一日<rt>いちにち</rt></ruby>の<ruby>間<rt>あいだ</rt></ruby>に<ruby>雪<rt>ゆき</rt></ruby>が<ruby>積<rt>つ</rt></ruby>もった。

22 <ruby>溶<rt>と</rt></ruby>く 용해시키다, 녹이다

<ruby>卵<rt>たまご</rt></ruby>を<ruby>溶<rt>と</rt></ruby>いてフライパンに<ruby>流<rt>なが</rt></ruby>し<ruby>入<rt>い</rt></ruby>れた。

23 <ruby>解<rt>と</rt></ruby>く (맨 것을)풀다, (문제를)풀다,
　　　　　(금지·제한을)풀다, (노여움·오해를)풀다
類 ほどく 풀다

<ruby>問題<rt>もんだい</rt></ruby>を<ruby>早<rt>はや</rt></ruby>く<ruby>解<rt>と</rt></ruby>いてください。

<ruby>彼<rt>かれ</rt></ruby>の<ruby>私<rt>わたし</rt></ruby>への<ruby>疑<rt>うたが</rt></ruby>いを<ruby>早<rt>はや</rt></ruby>く<ruby>解<rt>と</rt></ruby>かなければならない。

24 <ruby>退<rt>ど</rt></ruby>く 물러나다, 비키다

そこにいると<ruby>邪魔<rt>じゃ ま</rt></ruby>なので<ruby>退<rt>ど</rt></ruby>いてください。

25 どなる 소리치다, 고함치다

<ruby>隣<rt>となり</rt></ruby>の<ruby>家<rt>いえ</rt></ruby>の<ruby>人<rt>ひと</rt></ruby>がどなっている。

26 <ruby>煮<rt>に</rt></ruby>る 삶다, 익히다, 끓이다

27 <ruby>願<rt>ねが</rt></ruby>う 원하다, 바라다, 부탁하다
類 <ruby>祈<rt>いの</rt></ruby>る 빌다, 기원하다　<ruby>望<rt>のぞ</rt></ruby>む 바라다

<ruby>私<rt>わたし</rt></ruby>は<ruby>家族<rt>か ぞく</rt></ruby>の<ruby>健康<rt>けんこう</rt></ruby>だけをいつも<ruby>願<rt>ねが</rt></ruby>っている。

28 <ruby>吐<rt>は</rt></ruby>く 토하다, 내뱉다

<ruby>気持<rt>き も</rt></ruby>ちが<ruby>悪<rt>わる</rt></ruby>くなり、トイレで<ruby>吐<rt>は</rt></ruby>いた。

29 <ruby>掃<rt>は</rt></ruby>く 쓸다

<ruby>母<rt>はは</rt></ruby>が<ruby>玄関<rt>げんかん</rt></ruby>をほうきで<ruby>掃<rt>は</rt></ruby>いている。

30 <ruby>適<rt>てき</rt></ruby>する 알맞다, 적당하다

<ruby>自分<rt>じ ぶん</rt></ruby>がどの<ruby>仕事<rt>し ごと</rt></ruby>に<ruby>適<rt>てき</rt></ruby>しているかはやってみないと<ruby>分<rt>わ</rt></ruby>からない。

31 慰（なぐさ）める　위로하다, 달래다

試験（しけん）に失敗（しっぱい）した友達（ともだち）を慰（なぐさ）めた。

32 睨（にら）む　노려보다, 주시하다

知（し）らない人（ひと）が私（わたし）を睨（にら）んでいた。

部長（ぶちょう）はこの事件（じけん）には裏（うら）があると睨（にら）んでいる。

33 熱（ねっ）する　가열하다, 뜨겁게 하다, 열중하다

ガラスを熱（ねっ）すると溶（と）ける。

私（わたし）はよく熱（ねっ）しやすく冷（さ）めやすい人（ひと）と言（い）われる。

34 述（の）べる　말하다, 서술하다

皆（みな）さんに感謝（かんしゃ）の気持（きも）ちを述（の）べたいと思（おも）います。

35 罰（ばっ）する　벌하다, 처벌하다

🈩 処罰（しょばつ）する　처벌하다

犯罪（はんざい）を犯（おか）した人（ひと）を罰（ばっ）した。

問題1 ＿＿＿＿＿の言葉の読み方として最もよいものを、１・２・３・４から一つ選びなさい。

1 セーターを家で洗濯したら縮んでしまった。

1 ふくらんで　　2 ちぢんで　　　　3 からんで　　　　4 おしんで

2 このチームは部長に頼り過ぎていると思う。

1 たより　　　2 くばり　　　　3 はかり　　　　4 たかり

3 この建物を潰すのにも沢山のお金がいることを、皆は知っているんだろうか。

1 こわす　　　2 のこす　　　　3 つぶす　　　　4 あかす

4 初めて握った彼女の手は暖かかった。

1 ちぎった　　2 くぎった　　　3 にぎった　　　4 もぎった

5 彼は普通にしていても睨んでいるような顔をしているので、怖い人と思われがちだ。

1 にくんで　　2 ふくんで　　　3 すくんで　　　4 にらんで

6 アイスクリームが溶けちゃうよ、速く食べちゃいなさい。

1 こけ　　　　2 とけ　　　　3 すけ　　　　4 ぬけ

7 一緒に遊ぼうよ。上から眺めてるだけじゃ面白くないでしょ。

1 ながめて　　2 みつめて　　　3 かしげて　　　4 みかねて

8 次は、鳥肉を水と醤油をいれた鍋で30分煮てください。

1 わいて　　　2 にて　　　　3 ゆでて　　　　4 むして

問題2 ________の言葉を漢字で書くとき、最もよいものを１・２・３・４から一つ選びなさい。

1 問題は解決するどころかどんどんと<u>たまる</u>一方だ。

1 漸まる 　　　2 溜まる 　　　3 瀧まる 　　　4 瀬まる

2 チャンスを<u>つかむ</u>のは今しかない。

1 抱む 　　　2 捕む 　　　3 掴む 　　　4 持む

3 ジーンスを洗ったら<u>ちぢんで</u>しまったが、かえって丁度いいサイズになった。

1 締んで 　　　2 繊んで 　　　3 純んで 　　　4 縮んで

4 私はこの<u>ちらかって</u>いる部屋が好きなんです。

1 散らかって 　　　2 孜らかって 　　　3 改らかって 　　　4 攻らかって

5 時には<u>なまける</u>ことも人生では必要である。

1 憩ける 　　　2 思ける 　　　3 怠ける 　　　4 芯ける

6 ポチは何も言わないが、いつも私を<u>なぐさめて</u>くれる。

1 慰めて 　　　2 悶めて 　　　3 恵めて 　　　4 徳めて

7 10年間の誤解が<u>とけて</u>友人と仲直りした。

1 勉けて 　　　2 觭けて 　　　3 鮮けて 　　　4 解けて

8 あなたの幸せをどこにいても<u>ねがって</u>いるから、どんなことも頑張りなさい。

1 損って 　　　2 領って 　　　3 願って 　　　4 順って

1 ほどきかけた手を私達はもう一度強く（　　　）直した。

1 計り　　　　　2 握り　　　　　3 語り　　　　　4 悟り

2 私は（　　　）込むと何も考えられなくなる。

1 嵩み　　　　　2 絡み　　　　　3 深み　　　　　4 悩み

3 初めて会ったが、考え方といい彼と私には合い（　　　）ところが多い。

1 封じる　　　　2 講じる　　　　3 通じる　　　　4 演じる

4 この街にこれだけの雪が降り（　　　）のは何年ぶりだろうか。

1 こもる　　　　2 積もる　　　　3 はもる　　　　4 曇る

5 100年後の未来には壁を通り（　　　）こともできるかもしれないね。

1 掃ける　　　　2 掛ける　　　　3 抜ける　　　　4 避ける

6 死ぬまでに何もやり（　　　）ことのないように生きたいと私は思うのです。

1 暮す　　　　　2 残す　　　　　3 射す　　　　　4 流す

7 いきなり（　　　）かかってきた男を思いっきり投げ倒した。

1 なぐり　　　　2 もぐり　　　　3 くぐり　　　　4 さぐり

8 太ったタマはポチの上に乗っかってポチを押し（　　　）ている。

1 深し　　　　　2 潰し　　　　　3 諭し　　　　　4 起し

問題4（　　　　）に入れるのに最もよいものを、1・2・3・4から一つ選び
なさい。

1 彼女が座っているのは僕が予約した席なのに、いくら言っても（　　　　）
くれない。

  1 どいて　　　　　　2 はいて　　　　　　3 こいで　　　　　　4 むいて

2 買ったばかりの鞄の紐が（　　　　）ので、店に行って新しいものに換えて
もらった。

  1 漏れた　　　　　　2 腫れた　　　　　　3 取れた　　　　　　4 暮れた

3 姉に（　　　　）日曜日なのに、学校へ行った。

  1 みたされて　　　2 はかされて　　　3 だまされて　　　4 とばされて

4 あの山には不思議の世界に（　　　　）トンネルがあると昔から噂されている。

  1 講じる　　　　　　2 信じる　　　　　　3 演じる　　　　　　4 通じる

5 彼は気付いていないが、この中で一番皆のまとめ役に（　　　　）のは彼だ。

  1 試している　　　2 適している　　　3 見物している　　　4 目指している

6 あなたがどんなに（　　　　）私はあなたなど怖くはありません。

  1 どなっても　　　2 てかっても　　　3 わらっても　　　4 こまっても

7 見ていないとすぐそうやって勉強を（　　　　）んだから。

  1 届ける　　　　　　2 弾ける　　　　　　3 怠ける　　　　　　4 授ける

8 真剣な彼女の目には涙が（　　　　）いた。

  1 埋まって　　　　　2 固まって　　　　　3 詰まって　　　　　4 溜まって

 ________の言葉に意味が最も近いものを、1・2・3・4から一つ選びなさい。

1 お菓子を食べられたからって叩いたらだめでしょう。

1 なぐった　　　2 なめた　　　3 すねた　　　4 こねた

2 この文化は次の時代にも残しておかなくてはいけないだろう。

1 解凍して　　　2 冷凍して　　　3 保存して　　　4 乾燥して

3 母としてこの子が素晴らしい人生を歩むことを心から望む。

1 思う　　　2 抱く　　　3 目指す　　　4 願う

4 あと一歩のところで優勝を掴むことはできなかった。

1 見る　　　2 踏む　　　3 得る　　　4 組む

5 動物は皆これを吸い生きていて、無色透明です。これを簡単に述べれば酸素です。

1 広めれば　　　2 言えば　　　3 表せば　　　4 考えれば

6 その犬は捨てられたが、飼い主を憎むことはなかった。

1 仕組む　　　2 包む　　　3 含む　　　4 恨む

7 そろそろ本当のことを吐いたらどうだ。

1 食った　　　2 言った　　　3 吸った　　　4 縫った

8 まさか最後に先輩と戦うことになるとは思わなかった。

1 相談する　　　2 撤退する　　　3 勝負する　　　4 降伏する

問題6 次の言葉の使い方として最もよいものを、１・２・３・４から一つ選び
なさい。

1 熱する

1 冬になって気温が<u>熱されて</u>きた。

2 今僕は宇宙に<u>熱する</u>ことに興味がある。

3 バナナは<u>熱する</u>とより甘くなるらしい。

4 温かいコーヒーを<u>熱して</u>くれた。

2 解く

1 ３番テーブル濡れてたから<u>解いて</u>くれる。

2 犯人が戻ってくる前に、早く縄を<u>解いて</u>くれ。

3 線路に<u>解いて</u>行けば花屋が一軒ありますよ。

4 ちょっと、そんな所で寝てたら邪魔でしょ、<u>解いて</u>よ。

3 流れる

1 道で酔っ払いが訳の分からない言葉を<u>流して</u>いた。

2 いろんな所を必死になって<u>流した</u>が、彼氏からもらった指輪は出てこなか
った。

3 もらった花を大切に育てようと決意したが、３日で<u>流して</u>しまった。

4 部屋に入ると、何とも言えない重い空気が<u>流れて</u>いた。

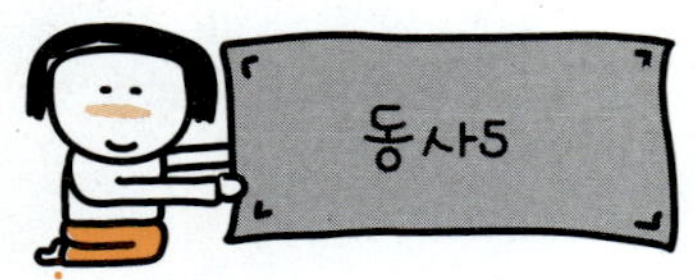

01 載せる (짐 등을)싣다, 위에 놓다, (글 등을)게재하다

新聞に記事を載せた。

02 覗く 들여다보다, 엿보다, 일부분이 밖에 나타나다

最近誰かに覗かれている感じがする。

雲の間から太陽が覗いている。

03 伸びる / 延びる 자라다, 펴지다, 발전하다, 신장되다, (시간이)연장되다, 연기되다

㉚ 向上する 향상되다
成長する 성장하다
延期される 연기되다

去年から背が10センチも伸びた。

延長戦が行われたために試合時間が延びた。

04 剥がす 벗기다, 떼다

机につけられていたテープを剥がした。

05 計る / 量る / 測る (시간・거리 등을)재다, 어림잡다, 예측하다, (무게를)달다

体が熱かったので熱を測った。

袋の重さを量った。

06 外す 끄르다, 풀다, 제외하다, (자리를)뜨다, 빗나가게 하다

息をするのが苦しくなったので、一番上のボタンを外した。

電話をするため、少しの間席を外した。

07 離れる 멀어지다, 떨어지다, 떠나다
㉚ 離脱する 이탈하다
離別する 이별하다

しばらく家族と離れて過ごすことにした。

08 流行る 유행하다, 번창하다, (질병 등이)퍼지다
㉚ 流行する 유행하다

風邪が流行っているので気を付けてください。

09 広がる 넓어지다, 퍼지다, (눈앞에)펼쳐지다
㉚ 広まる 넓어지다, 널리 퍼지다

ダイエットに成功し、オシャレの幅が広がった。

目の前に美しい景色が広がっている。

10 広める 넓히다, 퍼뜨리다, 보급시키다

誰かが私と会社の先輩が結婚するという噂を広めた。

11 拭く 훔치다, 닦다 ㉚ 拭う 닦다, 훔치다

雑巾で床を拭いた。

| 12 | 防ぐ（ふせ）막다, 방지하다 |
| 13 | ぶつかる 부딪치다, 충돌하다, 부닥치다, 마주치다, 겹치다 |

類 衝突する（しょうとつ）충돌하다

横の人と肩がぶつかった。（よこ・ひと・かた）

テストの日と旅行の日がぶつかってしまった。（ひ・りょこう・ひ）

| 14 | 増やす / 殖やす（ふ）늘리다, 불리다 |

次の試合のために体重を増やした。（つぎ・しあい・たいじゅう・ふ）

| 15 | 震える（ふる）흔들리다, 떨리다 |
| 16 | 触れる（ふ）접촉하다, 닿다, 눈에 띄다, 귀에 들리다, 언급하다, 저촉되다 |

類 触る（さわ）닿다, 접촉하다

映画を見ているとき彼の肩が私に触れた。（えい・が・み・かれ・かた・わたし・ふ）

その事については触れないでください。（こと・ふ）

| 17 | 減らす（へ）줄이다 |
| 18 | 干す（ほ）말리다, 남김없이 마시다, (일거리 등을)주지 않다, 상대하지 않고 무시하다 |

類 乾かす（かわ）말리다　無視する（む・し）무시하다

久しぶりに晴れたので洗濯物を干した。（ひさ・は・せんたくもの・ほ）

営業成績が悪かったため職を干された。（えいぎょうせいせき・わる・しょく・ほ）

| 19 | ほどく (맨 데를)풀다 |

| 20 | 掘る（ほ）파다, 캐다 |

| 21 | 含める（ふく）포함시키다, 납득시키다, 입 속에 넣다 |
| 22 | 膨らむ（ふく）부풀다, 부풀어 오르다 |

風船に空気を入れたらどんどん膨らんだ。（ふうせん・くうき・い・ふく）

| 23 | 塞ぐ（ふさ）막다, 닫다, 가리다 |

類 埋める（う）메우다, 묻다　閉じる（と）닫다

工事の音がうるさくて耳を塞いだ。（こうじ・おと・みみ・ふさ）

| 24 | ふざける 장난치다, 시시덕거리다, 농담하다, 까불다 |
| 25 | 凹む（へこ）우그러들다, 움푹 들어가다, 굴복하다, 꺾이다 |

缶を踏んで凹ませた。（かん・ふ・へこ）

思っていた以上に成績が悪くて凹んだ。（おも・いじょう・せいせき・わる・へこ）

| 26 | 吠える（ほ）(짐승이)짖다, 으르렁대다 |
| 27 | 蒔く / 撒く（ま）뿌리다, 살포하다, 파종하다 |

花の種を蒔いた。（はな・たね・ま）

| 28 | 纏める（まと）하나로 합치다, 통합하다, 정리하다, 결말을 내다 |

29 認める 인정하다

あなたの努力を認めます。

30 はまる 빠지다, 빠져들다

31 はめる 끼다, 끼우다, 채우다, 맞추다

ねじをはめる部分が壊れた。

32 打つ 치다, 때리다, 연설하다
（類）打つ 치다, 때리다　叩く 때리다, 치다
　　殴る 때리다

友達に打たれて泣いてしまった。

33 放る （물건을）내던지다, 팽개치다, 포기하다,
　　　내버려두다

彼がまた自慢話をしているので放っておいた。

34 招く （손짓으로）부르다, 초대하다
（類）呼ぶ 부르다　招待する 초대하다

友達にパーティーに招かれた。

35 蒸す 찌다

36 もたれる 기대다, 의지하다, （속이）거북하다,
　　　체하다

木にもたれたままいつの間にか寝てしまった。
食べすぎて胃がもたれた。

확인문제 5

問題1 ＿＿＿＿の言葉の読み方として最もよいものを、１・２・３・４から一つ選びなさい。

1 このスカートは下の方が広がるようにデザインしてある。

　１　いたがる　　　　２　ひろがる　　　　３　したがる　　　　４　みたがる

2 彼女の演技に心が震えた。

　１　ふるえた　　　　２　かちえた　　　　３　かぞえた　　　　４　そろえた

3 体重を減らす為に明日から走ることにした。

　１　こらす　　　　　２　からす　　　　　３　そらす　　　　　４　へらす

4 会議は１日で終わるどころか５日もかかった。会議の内容を纏める作業はかなり大変だ。

　１　みとめる　　　　２　たしかめる　　　　３　まとめる　　　　４　からめる

5 私に秘密を知られた彼は、口を塞ごうとケーキを差し出してきた。

　１　かせごう　　　　２　ふさごう　　　　３　みつごう　　　　４　かつごう

6 本に載せる写真なんだから、綺麗に撮ってよ。

　１　あせる　　　　　２　みせる　　　　　３　のせる　　　　　４　かせる

7 いい匂いがすると思ったら母が台所で、肉まんを蒸していた。

　１　むしていた　　　２　ふしていた　　　３　こしていた　　　４　のしていた

8 席を離れるならちゃんと言ってよ、帰ったかと思ったでしょ。

　１　はずれる　　　　２　ちぎれる　　　　３　はなれる　　　　４　ぶたれる

問題2 ＿＿＿＿＿＿の言葉を漢字で書くとき、最もよいものを１・２・３・４から
一つ選びなさい。

1 この肉は焼くよりも<u>むす</u>方が美味しいですよ。

1 越す　　　　　2 蒸す　　　　　3 増す　　　　　4 科す

2 プロの完璧な演技を見て心が<u>ふるえた</u>。

1 震えた　　　　2 霧えた　　　　3 霹えた　　　　4 零えた

3 息子は次の夏休みに何をしようか夢を<u>ふくらませて</u>いる。

1 脚らませて　　2 鵬らませて　　3 膿らませて　　4 膨らませて

4 洗濯物が多すぎてもう<u>ほす</u>所がない。

1 千す　　　　　2 手す　　　　　3 干す　　　　　4 八す

5 お腹を見せてと言われたので<u>へこませて</u>から見せた。

1 凸ませて　　　2 凹ませて　　　3 冂ませて　　　4 口ませて

6 私がいくら言っても彼は自分がケーキを食べたとは<u>みとめ</u>なかった。

1 詔め　　　　　2 認め　　　　　3 訖め　　　　　4 説め

7 来年は男性の間でスカートが<u>はやる</u>と聞いたが、本当なのだろうか。

1 溝行る　　　　2 凄行る　　　　3 渉行る　　　　4 流行る

8 相手の攻撃を<u>ふせぐ</u>ためにはまずは相手の目をよく見ることだ。

1 防ぐ　　　　　2 限ぐ　　　　　3 障ぐ　　　　　4 堕ぐ

問題**3**（　　　）に入れるのに最もよいものを、1・2・3・4から一つ選び
なさい。

1 彼女にふられて（　　　）込んでいた彼だが、最近元気を取り戻してきた
ようだ。

　　1 塞ぎ　　　　　　2 貢ぎ　　　　　　3 稼ぎ　　　　　　4 担ぎ

2 性別も年代もこれだけ違う人たちを（　　　）上げるのは、とても大変な
仕事である。

　　1 包め　　　　　　2 纏め　　　　　　3 集め　　　　　　4 初め

3 仕事をして3年目になると実力に（　　　）悩みを感じる者も多いだろう。

　　1 伸び　　　　　　2 縮み　　　　　　3 励み　　　　　　4 叫び

4 話せば話すほど、本来の話題からかけ（　　　）いっている気がする。

　　1 離れて　　　　　2 遠くに　　　　　3 近くに　　　　　4 外れて

5 彼女は僕の手をふり（　　　）ようにして僕の前から立ち去った。

　　1 もがく　　　　　2 まげる　　　　　3 たげる　　　　　4 ほどく

6 この部分を取り（　　　）と普通のかばんとしても使えるんだよ。

　　1 目指す　　　　　2 外す　　　　　　3 かざす　　　　　4 諭す

7 彼女に話せば次の日には会社中に言ったことが言い（　　　）られている。

　　1 含め　　　　　　2 絡め　　　　　　3 広め　　　　　　4 浅め

8 ポチは怪しい人間を見つけると（　　　）立てて追い払ってくれる。

　　1 冴え　　　　　　2 飼え　　　　　　3 燃え　　　　　　4 吠え

問題4（　　　）に入れるのに最もよいものを、1・2・3・4から一つ選び
なさい。

1 最近スカートを短くするのが（　　　）みたいだが、あれは短すぎじゃ
ないか。

　1 揃ってる　　　　2 流行ってる　　　　3 あせってる　　　4 叶ってる

2 そんなに私に（　　　）ないでよ、重いじゃない。

　1 きたれ　　　　2 かたれ　　　　3 ひたれ　　　　4 もたれ

3 両手を骨折して、今は靴の紐すら（　　　）。

　1 ほどけない　　2 かけれない　　　3 みがけない　　　4 やぶけない

4 大好きな役者のポスターを勝手に（　　　）持って帰ろうとしたら怒られた。

　1 脱がして　　　2 透かして　　　　3 焦がして　　　4 剥がして

5 この犬は可愛いが、何故か僕にだけ（　　　）。

　1 吠える　　　　2 添える　　　　　3 鍛える　　　　4 超える

6 公園で（　　　）顔をして妹を笑わせているところを、好きな子に見られ
て恥ずかしかった。

　1 真面目な　　　2 見知らぬ　　　　3 ふざけた　　　4 普通の

7 机を（　　　）と雑巾はすぐに真っ黒になった。

　1 抜く　　　　　2 引く　　　　　　3 掃く　　　　　4 拭く

8 彼女に言えばすぐに情報を（　　　）ことができる。

　1 広める　　　　2 叶える　　　　　3 答える　　　　4 間違える

問題5 ＿＿＿＿＿の言葉に意味が最も近いものを、１・２・３・４から一つ選びなさい。

1 学校の帰り怪我で入院している友達の顔を<u>覗き</u>に行った。

1 見　　　　　2 洗い　　　　　3 聞き　　　　　4 預け

2 何度も意見が<u>ぶつかる</u>こともあったが、そのおかげで良い作品が出来上がった。

1 かみ合う　　2 逆らう　　　　3 衝突する　　　4 落ち着く

3 私も仲間に<u>加えて</u>ください、と今度は犬がやってきた。

1 収めて　　　2 含めて　　　　3 固めて　　　　4 眺めて

4 これはとても壊れやすい物なので、絶対に<u>触れて</u>はいけません。

1 やぶって　　2 わって　　　　3 こわして　　　4 さわって

5 彼女の夢は日に日に<u>膨らん</u>でいった。

1 大きくなって　2 小さくなって　3 長くなって　　4 短くなって

6 彼は同じいたずらに何度も<u>はまる</u>。

1 引き下がる　2 引きこもる　　3 引っ掛かる　　4 引っ越す

7 焦って今出るよりも、ここは少し落ち着いてチャンスを<u>計ろう</u>。

1 苦とう　　　2 待とう　　　　3 持とう　　　　4 勝とう

8 留学をきっかけに私の活動範囲はどんどん<u>伸びて</u>いった。

1 狭まって　　2 収まって　　　3 弱まって　　　4 広がって

1 増やす

1 ダイエットに成功し、体重が５キロも<u>増やして</u>体が軽くなった。

2 宿題を減らしてくださいと先生に頼んだら、逆に<u>増やされた</u>。

3 給料が入ったので久しぶりに肉を腹いっぱい<u>増やした</u>。

4 眼鏡を取っただけでこんなに<u>増やす</u>ものなのか、彼女はとても可愛くなった。

2 打つ

1 お祖母さんが荷物を沢山<u>打って</u>いたので手伝ってあげた。

2 久しぶりに中学の時の友達と<u>打つ</u>ことになった。

3 昨日髪の毛を<u>打った</u>のだが、誰にも気付かれなくて悲しかった。

4 今度兄が<u>打って</u>きたら投げ飛ばしてやろうと柔道部に入った。

3 凹む

1 彼はすぐに<u>凹む</u>ので、注意しづらい。

2 彼女は酒に酔って僕に<u>凹んで</u>きた。

3 扉で指を<u>凹んで</u>声も出ないほど痛かった。

4 これプレゼント用に<u>凹んで</u>ください。

01 混ざる / 交ざる 섞이다, 혼합되다
赤と青の絵の具が混ざってしまった。

02 交わる 사귀다, 교제하다, 엇걸리다, 교차하다, 만나다
ここで二つの道が交わります。

03 増す 늘다, 많아지다, 늘리다
（類）増やす 늘리다
この国の人口はどんどん増している。

04 学ぶ 배워 익히다, 체득하다
（類）勉強する 공부하다
私は大学で様々なことを学びたい。

05 迷う 길을 잃다, 망설이다, (나쁜 길로)빠지다
親戚の家に行く途中迷ってしまった。

06 剥く (껍질을)까다, 벗기다
（類）剥がす 벗기다
りんごの皮を剥いた。

07 向く 향하다, 마음이 쏠리다, 적합하다, 어울리다
下を向いて歩いていたら転んだ。
この仕事は私に向いている。

08 燃える 불타다, 피어오르다, 희망이나 정열이 솟다
今日は燃えるゴミの日だ。

09 燃やす 불태우다, (의욕 · 감정을)고조시키다
姉が昔の写真を燃やしていた。

10 やっつける 단숨에 해치우다, 혼내주다, 패배시키다
泥棒をやっつける夢を見た。

11 酔う (술에)취하다, 도취하다, 황홀해지다, 멀미하다
久しぶりにお酒を飲んだので酔った。
自分の酔っている姿を人に見られてしまった。

12 分ける 나누다, 분배하다
（類）区切る 구분하다
分類する 분류하다
分配する 분배하다
ケーキを五人に一つずつ分けた。

13 割る 나누다, 깨뜨리다, 깨다
（類）壊す 부수다, 깨뜨리다
父が大事にしていた皿を割ってしまった。

14 儲ける 벌다, 이익을 얻다, 자식을 얻다

父が競馬で儲けたと言っていた。

15 破る 찢다, 어기다, 깨다

父がゴミと間違えて会社の資料を破ってしまった。

50年ぶりに世界新記録が破られた。

19 詫びる 사과하다, 사죄하다

度重なる失敗をお詫びします。

16 譲る 양도하다, 물려주다, 양보하다

㉓ **譲渡する** 양도하다

バスにお祖母さんが乗ってきたので席を譲った。

17 要する 필요로 하다, 요하다, 요약하다

これは急を要する事態だ。

18 よこす 보내다, 보내오다

城に使いをよこした。

問題1 ＿＿＿＿の言葉の読み方として最もよいものを、１・２・３・４から一つ選びなさい。

1 私はすぐ車に<u>酔う</u>ので、旅行するなら電車がいいです。

1 かう　　　　　2 あう　　　　　3 よう　　　　　4 はう

2 簡単に<u>儲ける</u>ことができないから、皆一生懸命働くのだ。

1 もうける　　　2 かまける　　　3 なまける　　　4 あずける

3 相手が悪いんだから、君が<u>詫びる</u>必要は一つもない。

1 あびる　　　　2 わびる　　　　3 さびる　　　　4 のびる

4 <u>燃える</u>家の中に飛び込み、彼は息子を助け出してくれた。

1 こえる　　　　2 ふえる　　　　3 さえる　　　　4 もえる

5 何度呼びかけても彼はこちらを<u>向いて</u>くれなかった。

1 ふいて　　　　2 むいて　　　　3 かいて　　　　4 きいて

6 対角線同士が<u>交わった</u>ところがこの図形の中心です。

1 まじわった　　2 ましわった　　3 わしわった　　4 わじわった

7 この会社で私が今まで<u>学んで</u>きたことを十分に発揮して働きたい。

1 はげんで　　　2 まなんで　　　3 あそんで　　　4 あゆんで

8 私は包丁で果物の皮を<u>剥く</u>ことができない。

1 はく　　　　　2 とく　　　　　3 むく　　　　　4 かく

 ＿＿＿＿＿の言葉を漢字で書くとき、最もよいものを１・２・３・４から一つ選びなさい。

1 思ったよりもこの作業に多くの時間を<u>ようして</u>しまった。

1 喫して　　　　2 要して　　　　3 栗して　　　　4 尊して

2 西道路と東道路がここで<u>まじわって</u>います。

1 交わって　　　2 校わって　　　3 渉わって　　　4 歩わって

3 友達とふざけていたら教室の窓を<u>わって</u>しまった。

1 戦って　　　　2 調べて　　　　3 疑って　　　　4 割って

4 私は大学で経済学を<u>まなんで</u>います。

1 習んで　　　　2 得んで　　　　3 学んで　　　　4 勉んで

5 この学校では２年目からクラスを３つに<u>わけて</u>います。

1 分けて　　　　2 労けて　　　　3 力けて　　　　4 功けて

6 長く続いた雨のせいで川の水が<u>ました</u>。

1 曽した　　　　2 増した　　　　3 僧した　　　　4 噌した

7 息子のしたことに私達はただ<u>わびる</u>しかなかった。

1 怒びる　　　　2 礼びる　　　　3 謝びる　　　　4 詫びる

8 発表はみんなの方を<u>むきながら</u>しなければならないのでとても緊張する。

1 句きながら　　2 向きながら　　3 同きながら　　4 司きながら

問題3 （　　　　）に入れるのに最もよいものを、１・２・３・４から一つ選び
　　　なさい。

1　水と油はいくら振っても混ざり（　　　　）。

1　合わない　　　　　2　止めない　　　　　3　分かれない　　　　4　下がらない

2　キャンプの時、火をつけようとマッチを木に放ると木が燃え（　　　　）。

1　つきた　　　　　2　なげた　　　　　3　だした　　　　　4　あった

3　いらなくなった紙を父は庭で燃やし（　　　　）。

1　とめた　　　　　2　とんだ　　　　　3　でた　　　　　4　つづけた

4　1年ぶりにお酒を飲んで酔っ（　　　　）しまった。

1　払って　　　　　2　飛んで　　　　　3　当って　　　　　4　回って

5　母に教えられた通り来たはずなのに知らない道に迷い（　　　　）しまった。

1　切って　　　　　2　分けて　　　　　3　込んで　　　　　4　合って

6　テーブルに剥き（　　　　）のりんごが置いてあった。

1　だし　　　　　2　かけ　　　　　3　まま　　　　　4　すぎ

7　社長は私の辞表を破り（　　　　）出て行ってしまった。

1　まわして　　　　　2　さって　　　　　3　とおして　　　　　4　なおして

8　電車やバスでは譲り（　　　　）の心が大事だ。

1　かけ　　　　　2　こと　　　　　3　あい　　　　　4　まだ

1　私は幼い頃男の子達と（　　　　）遊ぶことが多かった。

　1 飾って　　　　　2 叶って　　　　　　3 交ざって　　　　　4 はまって

2　時間が経つにつれて、痛みが（　　　　）きた。

　1 越して　　　　　2 消して　　　　　　3 蒸して　　　　　　4 増して

3　今まで長々と話してきたが、（　　　　）に売り上げを上げろと言うことだ。

　1 察する　　　　　2 要する　　　　　　3 関する　　　　　　4 適する

4　この字は縦の線と横の線が中心で（　　　　）ように書きましょう。

　1 関わる　　　　　2 拘る　　　　　　　3 交わる　　　　　　4 断る

5　試験で0点を取ってしまたので、親にばれないうちに庭で（　　　　）。

　1 燃やした　　　　2 増やした　　　　　3 肥やした　　　　　4 耕した

6　友達をいじめる男子を（　　　　）。

　1 やっつけた　　　2 おいぬいた　　　　3 くりかえした　　　4 とびのった

7　トラックが壁を（　　　　）家の中に突っ込んできた。

　1 叩いて　　　　　2 またいで　　　　　3 破って　　　　　　4 よこして

8　私は寝るときいつも横を（　　　　）寝ている。

　1 分けて　　　　　2 着いて　　　　　　3 回って　　　　　　4 向いて

問題5 ＿＿＿＿の言葉に意味が最も近いものを、１・２・３・４から一つ選び
なさい。

1 やっとの思いで仕事を<u>やっつけた</u>。

1 始めた　　　　2 取り掛かった　　　3 辞めた　　　　　4 片付けた

2 男女に<u>分けて</u>発表されたチームだったが、私だけ男のチームに入れられて
いた。

1 混ぜて　　　　2 決めて　　　　　3 区切って　　　　4 限って

3 私はこの大学で映画について<u>勉強して</u>きました。

1 学んで　　　　2 流行らして　　　3 見て　　　　　　4 鑑賞して

4 いらない物だけ私に<u>よこす</u>とは何て嫌な奴だ。

1 やらす　　　　2 渡す　　　　　　3 貸す　　　　　　4 片す

5 娘が一生懸命ゆでた卵の殻を<u>剥いて</u>いる。

1 はがして　　　2 割って　　　　　3 投げて　　　　　4 離して

6 誕生日に母からもらったコップを<u>割って</u>しまった。

1 買って　　　　2 投げて　　　　　3 見つけて　　　　4 壊して

7 こんな悪いことして！その子に<u>謝って</u>きなさい。

1 詫びて　　　　2 許して　　　　　3 遊んで　　　　　4 助けて

8 父は１ヶ月に50万円<u>稼いで</u>いる。

1 もらっている　2 使っている　　　3 儲けている　　　4 混ざっている

 次の言葉の使い方として最もよいものを、１・２・３・４から一つ選びなさい。

1 破る

1 何もしてないのに、いきなり友達に破られた。

2 彼にかぎって約束を破るようなことはありません。

3 弟に英語を破ることになった。

4 少しだけと言ったのに彼女は僕のアイスをほとんど破った。

2 迷う

1 道に迷っていたところを親切な人が目的地まで案内してくれた。その人が今の夫です。

2 友達に迷われて映画を見に行くことにした。

3 家の時計が迷っていたせいで、遅刻してしまった。

4 いきなり呼び止められて迷ってこけた。

3 譲る

1 廊下は譲ってはいけないと何度言ったらわかるんだ。

2 今日の弁当はご飯とおかずの割合がかなり譲っている。

3 朝ごはんを食べてから、ずっと歯に何かが譲っていて全く取れない。

4 バスでお祖母さんに席を譲る小学生を見て温かい気持ちになった。

01 あてはまる 꼭 들어맞다, 적합하다
题 適合（てきごう）する 적합하다

あてはまる項目（こうもく）に丸（まる）をつけてください。

02 受（う）け付（つ）ける / 受付（うけつ）ける 접수하다, 받아들이다

ここで質問（しつもん）を受（う）け付（つ）けます。
私（わたし）の体（からだ）は酒（さけ）を受（う）け付（つ）けない。

03 受（う）け取（と）る / 受取（うけと）る 받다, 수취하다, 이해하다, 납득하다

彼（かれ）からプレゼントを受（う）け取（と）った。

04 裏切（うらぎ）る 배반하다, 배신하다, 기대에 어긋나다

友達（ともだち）だと思（おも）っていた子（こ）に裏切（うらぎ）られた。

05 売（う）り切（き）れる / 売切（うりき）れる 매진되다, 다 팔리다

06 追（お）い掛（か）ける 뒤쫓아가다, 추적하다, 잇달아 행하다

07 追（お）い越（こ）す 앞지르다, 추월하다
题 追（お）い抜（ぬ）く 앞지르다, 뛰어넘다

一位（いちい）だった選手（せんしゅ）を追（お）い越（こ）した。

08 追（お）い出（だ）す 내쫓다
题 追（お）い払（はら）う 쫓아버리다, 내쫓다

文句（もんく）を言（い）う娘（むすめ）を追（お）い出（だ）した。

09 追（お）い付（つ）く 따라잡다, 따라붙다

仕事（しごと）のスピードが先輩（せんぱい）に追（お）い付（つ）いてきた。

10 落（お）ち着（つ）く 안정되다, 진정되다, 정착하다
题 収（おさ）まる 가라앉다
静（しず）まる 조용해지다

私（わたし）の母（はは）はとても落（お）ち着（つ）いた人（ひと）だ。
仕事（しごと）が続（つづ）かず何度（なんど）も変（か）えていたのだが、ようやく今（いま）の会社（かいしゃ）に落（お）ち着（つ）いた。

11 思（おも）い付（つ）く (문득)생각이 떠오르다, (잊었던 일이) 생각나다

早（はや）く家（いえ）に帰（かえ）りたかったので用事（ようじ）を思（おも）い付（つ）いたと嘘（うそ）をついて別（わか）れた。

12 偏（かたよ）る / 片寄（かたよ）る (한쪽으로)기울다, 치우치다, 불공평하다

好（この）みが片寄（かたよ）っているとよく言（い）われる。

13 組（く）み立（た）てる 짜 맞추다, 조립하다, 구성하다

14 繰（く）り返（かえ）す 반복하다, 되풀이하다
题 反復（はんぷく）する 반복하다

好（す）きなドラマはいつも繰（く）り返（かえ）し見（み）る。

15 **仕上がる** 완성되다, 다 되다
類 **出来上がる** 완성되다, 다 만들어지다

服がかわいく仕上がった。

16 **締め切る** 마감하다

レポートは明日締め切ります。

17 **すれちがう** 마주 스쳐 지나가다,
서로 엇갈리다, (의견이)엇갈리다

友達と道ですれちがった。

18 **立ち上がる** 일어서다, (곤경에서)다시 일어나
다, 회복되다

生徒の一人が急に席を立ち上がった。

19 **立ち止まる** 멈추어 서다

後ろから呼ぶ声が聞こえて立ち止まった。

20 **近付く** 접근하다, 다가가다, (시기 등이)다가오다,
친해지다

徐々にゴールに近付いてきた。

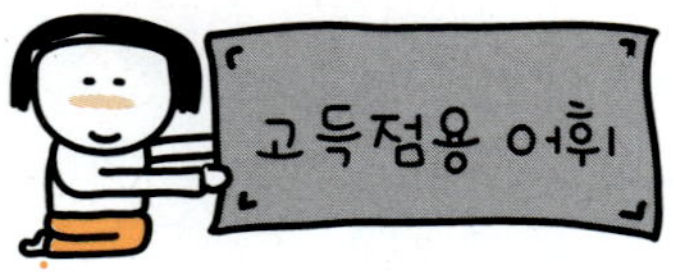

21 **言い付ける** 명령하다, 고자질하다, 늘 말하다

社長に資料の整理を言い付けられた。

22 **受け入れる** 받아들이다, (남의 청을)들어주다

この病院はどんな患者でも受け入れます。

23 **受け持つ** 맡다, 담당하다
類 **担当する** 담당하다

このクラスを受け持つことになった山田です。

24 **打ち明ける** 털어놓다, 고백하다

友達に心配事を打ち明けた。

25 **裏返す** 뒤집다

布団を干すときはいつも裏返して干す。

26 **追い込む** 몰아넣다, 몰아붙이다

犯人を少しずつ追い込んだ。

27 **思い込む** 굳게 믿다, 굳게 결심하다

私は彼が犯人だと思い込んでいた。

28 区切る 단락을 짓다, 구분하다

この部屋はカーテンで二つに区切られています。

29 くっつける 붙이다, 달라붙게 하다

プリントを教室の壁にテープでくっつけた。

30 心得る 터득하다, 이해하다, (사정을 납득하고) 떠맡다, (기예 등의)소양을 지니다

そのことなら十分心得ています。

34 打ち込む 박다, 때려 넣다, 열중하다

父が壁に釘を打ち込んでいる。

何かに打ち込んでいる人は格好良く見える。

35 恐れ入る 죄송해하다, 황송해하다, 어처구니없다, (상대편 실력에)놀라다

類 恐縮する 죄송(황송)하게 여기다

入場される方は恐れ入りますが、こちらからお願いします。

あなたの才能には恐れ入りました。

31 受け継ぐ 계승하다, 이어받다

この店は伝統の味を受け継いでいる。

32 受け止める (자기 쪽으로 오는 것을)받다, 받아들이다

あなたの言葉を素直に受け止められない。

33 打ち切る (힘주어)자르다, 중단하다

類 中止する 중지하다

人気がなかったために番組を打ち切った。

問題1 ＿＿＿＿＿の言葉の読み方として最もよいものを、１・２・３・４から一つ
選びなさい。

1 仲間を裏切ることはできません。

　１ うらぎる　　　　２ うらがる　　　　　３ うらそる　　　　　４ うらこる

2 服を裏返して着ていることに学校に到着するまで気付かなかった。

　１ ひきかえして　　　　　　　　２ そりかえして
　３ うらがえして　　　　　　　　４ りょうがえして

3 食生活が片寄っていると母に怒られた。

　１ かたよって　　　２ はじまって　　　３ はさまって　　　４ かたまって

4 分けて仕事するのはいいけど、どこで区切ろうか。

　１ くさろう　　　　２ くぎろう　　　　３ かぎろう　　　　４ かたろう

5 私の顔を見て友達が逃げたので、追いかけて捕まえた。

　１ といかけて　　　２ かいかけて　　　３ まいかけて　　　４ おいかけて

6 食堂のカレーパンは出してから５分で売切れるほどの人気だ。

　１ かたりきれる　　２ たべきれる　　　３ うりきれる　　　４ のみきれる

7 兄が勝手に私のお菓子を食べたので母に言い付けてやった。

　１ ないつけて　　　２ いいつけて　　　３ おいつけて　　　４ かいつけて

8 彼を驚かそうと、後ろから静かに近付いた。

　１ ちかづいた　　　２ きがついた　　　３ こおりついた　　　４ たどりついた

問題2 ＿＿＿＿の言葉を漢字で書くとき、最もよいものを１・２・３・４から一つ選びなさい。

1 前の車がとても遅かったためおいこした。

1 追い赳した　　2 追い趁した　　3 追い起した　　4 追い越した

2 彼はとても礼儀や常識をこころえていると思う。

1 必得ている　　2 心得ている　　3 必徨ている　　4 心徨ている

3 彼女の素晴らしい才能におそれいった。

1 恐れ入った　　2 怒れ入った　　3 怨れ入った　　4 恕れ入った

4 社長は私達の申し出をうけいれてくださった。

1 受け人れて　　2 授け入れて　　3 授け人れて　　4 受け入れて

5 外国語はくりかえし覚えることが大事だ。

1 繰り返し　　2 躁り返し　　3 操り返し　　4 燥り返し

6 私は親の意思をうけついで医者になった。

1 愛け取って　　2 受け去って　　3 受け継いで　　4 愛け止めて

7 ずっと言えなかった自分の気持ちをうちあけられる友人にやっと出会った。

1 巧ち朋けられる　　　　　　2 巧ち明けられる
3 打ち朋けられる　　　　　　4 打ち明けられる

8 人間学のレポートの提出は明日でしめきります。

1 閉め切ります　　　　　　2 占め切ります
3 締め切ります　　　　　　4 絞め切ります

1　今日からこのＤＶＤの予約を受け（　　　　）。

　　1　つけます　　　　2　たちます　　　　3　とります　　　　4　きります

2　私の好みのタイプは落ち（　　　）人だ。

　　1　こんだ　　　　2　たおした　　　　3　かえった　　　　4　ついた

3　赤ちゃんがいすにつかまりながら立ち（　　　）としていた。

　　1　止まろう　　　　2　上がろう　　　　3　合おう　　　　4　着くそう

4　突然木下会社に契約を打ち（　　　　）。

　　1　切られた　　　　2　返された　　　　3　上げられた　　　　4　倒された

5　家賃を３ヶ月払わなかったのでアパートを追い（　　　　）。

　　1　つかれた　　　　2　こされた　　　　3　かけられた　　　　4　だされた

6　親は子どもの考えを受け（　　　）ことが大切だ。

　　1　渡す　　　　2　止める　　　　3　付ける　　　　4　流す

7　評判がいい映画を見に行ったのだが、大して面白くなく期待を裏（　　　）感じがした。

　　1　返された　　　　2　付けられた　　　　3　切られた　　　　4　取られた

8　ここのシュークリームはとても人気があるのですぐ売り（　　　　）しまう。

　　1　切れて　　　　2　残って　　　　3　付けて　　　　4　込んで

問題4 （　　　　）に入れるのに最もよいものを、１・２・３・４から一つ選び
なさい。

1 これ以上は無理ですよ、（　　　　）案は全て出しました。

　1 火が付く　　　　2 思い付く　　　　3 気が付く　　　　4 差が付く

2 さっきからそこばっかり（　　　　）歌うのやめてよね。

　1 繰り返し　　　　2 盛り返し　　　　3 考え直し　　　　4 すそ直し

3 彼女は一つのことに（　　　　）始めると回りが見えなくなる。

　1 振り込み　　　　2 しり込み　　　　3 駆け込み　　　　4 打ち込み

4 彼女は道で（　　　　）度にあいさつをしてくれるので感じが良い。

　1 いれちがう　　　2 かけちがう　　　3 すれちがう　　　4 いきちがう

5 逃げた犬を角まで（　　　　）つかまえた。

　1 追い込んで　　　2 道が込んで　　　3 座り込んで　　　4 話し込んで

6 後ろの人が入れませんので、前の人は（　　　　）で進んでください。

　1 入れ違わない　　　　　　　　　　2 思い違わない

　3 満ち足りてない　　　　　　　　　4 立ち止まらない

7 あんまり彼が若かったのでずっと学生だと（　　　　）いたが、まさか先生だ
ったとは。

　1 思い込んで　　　2 塞ぎ込んで　　　3 担ぎ込んで　　　4 かがみ込んで

8 5分前に出たばかりだと聞いたので急いで追いかけたら（　　　　）。

　1 色付いた　　　　2 片付いた　　　　3 染み付いた　　　　4 追い付いた

 ＿＿＿＿＿の言葉に意味が最も近いものを、１・２・３・４から一つ選びなさい。

1 明日の夕方には<u>仕上がって</u>ますので、取りにきてください。

1 仕掛けて　　　　2 晴れて　　　　3 出来て　　　　4 なでて

2 一週間ぶりに家に帰ったが、<u>落ち着く</u>時間もなくまた出張に出かけた。

1 遊ぶ　　　　2 休む　　　　3 食べる　　　　4 寝る

3 人気番組が突然<u>打ち切り</u>になり、とても残念だ。

1 中止　　　　2 中位　　　　3 中盤　　　　4 中核

4 こんなに高価なもの<u>受け取れ</u>ませんよ。

1 似合え　　　　2 買え　　　　3 誘え　　　　4 貰え

5 礼儀作法については十分<u>心得ている</u>つもりです。

1 分かっている　　　　　　　2 習っている
3 分かっていた　　　　　　　4 習っていた

6 お父さんとお兄ちゃんがテントを<u>組み立てる</u>ので、お母さんと私はご飯の準備をする。

1 刈る　　　　2 練る　　　　3 作る　　　　4 盛る

7 入院して暗い気持ちだったが、<u>担当</u>の先生が綺麗だったので気持ちが明るくなった。

1 受け入れ　　　　2 受け持ち　　　　3 受け取り　　　　4 受け過ぎ

8 僕が<u>近付く</u>と３才の息子は僕から離れる。

1 立寄る　　　　2 片寄る　　　　3 近寄る　　　　4 駆寄る

問題6 次の言葉の使い方として最もよいものを、1・2・3・4から一つ選びなさい。

1 あてはまる

1 岩と岩との間に足が<u>あてはまって</u>しまった。

2 猫が毛糸に<u>あてはまって</u>動けなくなっている。

3 結婚できない10個の条件の内9個に<u>あてはまって</u>しまった。

4 狭い通路に入ったら<u>あてはまって</u>出られなくなった。

2 打ち明ける

1 自分で花火を<u>打ち明ける</u>のは初めてだ。

2 今は言えないんだ。来週になったら<u>打ち明ける</u>よ。

3 波が<u>打ち明けて</u>は引いていった。

4 一枚の服を知らない人と<u>打ち明けた</u>。

3 くっつける

1 友達が、彼と私を<u>くっつけ</u>ようとしてくる。

2 妹を泣かせたやつを<u>くっつけて</u>やった。

3 ご飯が出てきた途端息子はご飯に勢い良く<u>くっつけた</u>。

4 15件探してやっと探してた本を<u>くっつけた</u>。

01 **近付ける** 접근시키다, 가까이 하다

02 **近寄る** 접근하다, 가까이 가다(오다)
　類 **近づく** 접근하다, 다가가다
　怪しい人が近寄ってきた。

03 **付き合う** 사귀다, 교제하다, 행동을 같이 하다
　友達とのご飯に付き合った。

04 **突っ込む** 돌진하다, 깊이 개입하다, 쑤셔 넣다, 날카롭게 지적하다
　いきなり車が歩道に突っ込んできた。
　人の話に首を突っ込まないでください。

05 **出来上がる** 완성되다, 타고나다, 거나하게 취하다
　類 **完成する** 완성하다
　全ての料理が出来上がった。
　酔った父は完全に出来上がっていた。

06 **出迎える** 마중하다, 나가서 맞다

07 **通り掛かる** 마침 (그곳을)지나가다

08 **通り過ぎる** 지나가다

09 **飛び込む** 뛰어들다
　類 **突っ込む** 돌진하다
　　 舞い込む 날아들다
　子供たちが海に飛び込んだ。
　嬉しい知らせが飛び込んできた。

10 **取り上げる** 집어 들다, (의견 등을)받아들이다, 빼앗다, 문제 삼다
　無駄遣いばかりするので親にカードを取り上げられた。
　最近健康にいい食品がニュースで取り上げられている。

11 **取り入れる** 거두어들이다, (방법·의견 등을)받아들이다
　類 **取り込む** 거두어들이다
　　 採用する 채용하다
　体にいいものは積極的に取り入れようと思う。

12 **取り組む** 맞붙다, 몰두하다
　兄は様々な社会活動に取り組んでいる。

13 **取り消す** 취소하다
　類 **撤回する** 철회하다
　今言ったことを取り消してください。

14 **取り出す** 꺼내다

15 飲み込む 삼키다, 이해하다, 납득하다
赤ちゃんがおもちゃを誤って飲み込んでしまった。

16 乗り込む 올라타다, 몰려들다
バスに大勢の人が一斉に乗り込んだ。

17 話掛ける 말을 걸다, 말을 시작하다

18 張り切る 힘이 넘치다, 활기를 띠다

19 引き受ける 떠맡다, 담당하다, 보증하다
この作業を私が一人で引き受けることになった。

20 引き止める 말리다, 만류하다, 붙들다, 붙잡다
道で質問に答えてくれと引き止められた。

21 差し出す 내밀다, 제출하다, 발송하다
圈 提供する 제공하다
空港で係りの人にパスポートを差し出した。

22 突き当たる 부딪치다, 충돌하다, 막다르다
圈 ぶつかる 부딪치다
解決するのが難しい問題に突き当たってしまった。

23 釣り合う 균형이 잡히다, 어울리다
姉と姉の夫はとても釣り合っていると思う。

24 取り扱う 취급하다, 다루다, 대우하다
圈 操作する 조작하다
取りはからう 처리하다
このブランドの鞄を取り扱っている店はここしかありません。

25 取り締まる 단속하다, 관리하다
私の兄は交通課の警察官でいつも交通違反を取り締まっている。

26 取り調べる 조사하다, 취조하다
警察官が犯人を取り調べている。

27 取り除く 제거하다
果物の腐っている部分を取り除いて子供にあげた。

28 取り戻す 되찾다, 회복하다
圈 取り返す 되찾다, 돌이키다
彼が記憶を取り戻せるように願っている。

29 長引く　오래 걸리다, 길어지다

試合が一時間以上も長引いている。

30 投げ出す　내팽개치다, 내던지다, 포기하다

私の息子はいつも布団から足を投げ出して寝ている。

辛いことが重なり全てを投げ出したくなった。

35 取り寄せる　가까이 끌어당기다, 주문해서 가져오게 하다

全国のおいしい料理を取り寄せた。

31 食い違う　어긋나다, 엇갈리다

両親はいつも考えが食い違っている。

32 組み合わせる　짜 맞추다, 짝을 짓다, 편성하다

色々な方法を組み合わせたことで仕事が速くできるようになった。

33 腰掛ける　걸터앉다

少し疲れたのでベンチに腰掛けた。

34 言付ける　전언(전달)을 부탁하다

㊜ 言付かる　부탁받다

友達の息子に就職祝いを言付けた。

問題1 ＿＿＿＿の言葉の読み方として最もよいものを、1・2・3・4から一つ選びなさい。

1 少しよくなったからと外に遊びに出たら風邪が<u>長引いて</u>しまった。

1 ながびいて　　　2 つなひいて　　　　3 かりびいて　　　　4 まびいて

2 社長、部長よりこの資料に目を通して頂くように<u>言付かって</u>おります。

1 みつかって　　　2 あずかって　　　　3 きづかって　　　　4 ことづかって

3 この機械は<u>取り扱い</u>を少し間違うだけで大変なことになるので、私は触りたくない。

1 なぐりあい　　　2 とりあつかい　　　3 おこりあい　　　　4 こりあい

4 彼女の留学を必死で<u>引き止めた</u>が、無駄だった。

1 ひきとめた　　　2 かきとめた　　　　3 ふきとめた　　　　4 まきとめた

5 旅行でハワイに行くと、空港に友達が<u>出迎えに</u>来てくれていた。

1 でむかえに　　　2 おむかえに　　　　3 ひきかえに　　　　4 だいがえに

6 私は娘に男を<u>近付けたくない</u>。

1 ちかづけたく　　2 くせづけたく　　　3 いちづけたく　　　4 きずつけたく

7 明日暇だったら買い物に<u>付き合って</u>くれない？

1 むきあって　　　2 つきあって　　　　3 はきあって　　　　4 ひきあって

8 彼は勢い良く頭から壁に<u>突っ込んだ</u>。

1 ひっこんだ　　　2 とっこんだ　　　　3 かっこんだ　　　　4 つっこんだ

1 私は食べ物をあまり噛まずに<u>のみこんで</u>しまう。

　　1 飽み込んで　　　2 館み込んで　　　3 飲み込んで　　　4 飯み込んで

2 カバンから鉛筆とノートを<u>とりだした</u>。

　　1 取り出した　　　2 取り屯した　　　3 取り毛した　　　4 取り虫した

3 このテーブルは用途に応じて様々な形に<u>くみあわせる</u>ことができます。

　　1 紺み合わせる　　2 組み合わせる　　3 組み会わせる　　4 紺み会わせる

4 アルバイトが遅く終わったのだが、どうにか最終電車に<u>のりこむ</u>ことができた。

　　1 栗り込む　　　2 手り込む　　　3 策り込む　　　4 乗り込む

5 同じ力が正反対に<u>はたらく</u>ときに、その２つの力は<u>つりあう</u>。

　　1 釣り合う　　　2 伸り合う　　　3 信り合う　　　4 張り合う

6 何事も簡単に<u>なげだす</u>ことはよくない。

　　1 役げ出す　　　2 設げ出す　　　3 投げ出す　　　4 没げ出す

7 この機械は壊れやすいので大事に<u>とりあつかう</u>ようにしてください。

　　1 取り級う　　　2 取り扱う　　　3 取り吸う　　　4 取り汲う

8 夫を送りに空港に行くと外国からのスターを<u>でむかえている</u>ファンがたくさんいた。

　　1 出迎えている　　2 出返えている　　3 出逆えている　　4 出迎えている

問題3（　　　）に入れるのに最もよいものを、１・２・３・４から一つ選びなさい。

1 この装置を置くことで、人がいなくても車の速度違反を自動的に取り（　　　）ことができる。

1 しまる　　　　2 かえす　　　　3 きる　　　　4 はがす

2 海外に働きに行きたいという彼を私は引き（　　　）ことができなかった。

1 返る　　　　2 止める　　　　3 切る　　　　4 締める

3 ビタミンB1は筋肉や全身の疲れを取り（　　　）効果がある。

1 調べる　　　　2 付ける　　　　3 逃がす　　　　4 除く

4 動物園でキリンに餌をあげるために近（　　　）逃げられた。

1 付けたら　　　　2 掛けたら　　　　3 寄ったら　　　　4 出したら

5 新たな情報が入ってきたのでもう一度この男を取り（　　　）と思います。

1 除きたい　　　　2 掛かりたい　　　　3 換えたい　　　　4 調べたい

6 事件の関係者の話が食い（　　　）いるので、誰の言っていることが本当か分からない。

1 あらして　　　　2 あわせて　　　　3 かけて　　　　4 ちがって

7 会社で失った信用を早く取り（　　　）。

1 戻したい　　　　2 上げたい　　　　3 決めたい　　　　4 込みたい

8 カフェの前を通り（　　　）とき、コーヒーのいい香りがした。

1 ついた　　　　2 かかった　　　　3 あった　　　　4 あたった

問題4（　　　）に入れるのに最もよいものを、1・2・3・4から一つ選びなさい。

1 おかしいわね、二人の話、何だか（　　　）ない？

1 食い散らかして　　　　　　　2 食い違って

3 食いまくって　　　　　　　　4 食い込んで

2 学校の近くのパン屋が雑誌で（　　　）いた。

1 取り込まれて　　　　　　　　2 警戒されて

3 景観されて　　　　　　　　　4 取り上げられて

3 秋はあっと言う間に（　　　）直ぐに冬がやってきた。

1 通り過ぎて　　　2 通り掛かって　　　3 通りかけて　　　4 通り沿いに

4 ひと夏、姉の息子を僕の家で（　　　）ことになった。

1 引き下がる　　　2 引き出す　　　3 引き受ける　　　4 引き裂く

5 15歳の春、私は人生の壁に（　　　）。

1 突き当たった　　　　　　　　2 つぎ込んだ

3 攻め込んだ　　　　　　　　　4 引き当った

6 この研究に（　　　）12年、やっと研究の成果が見えてきた。

1 取り組んで　　　2 腕を組んで　　　3 足を組んで　　　4 入り組んで

7 僕は猫に（　　　）とくしゃみが出る。

1 立寄る　　　2 片寄る　　　3 近寄る　　　4 攻寄る

8 私は（　　　）と失敗する。

1 張り出す　　　2 張り抜く　　　3 張り混む　　　4 張り切る

 問題5 ＿＿＿＿＿の言葉に意味が最も近いものを、１・２・３・４から一つ選びなさい。

1 変わった発想だが、彼の提案を採用してみることにした。

1 乗り入れて　　　2 取り入れて　　　3 借り入れて　　　4 引き入れて

2 この調子じゃ出来上がるのは明日になりそうだな、ピザでも頼もうか。

1 完敗する　　　2 完結する　　　3 完走する　　　4 完成する

3 弟が僕に向って飛び込んできた拍子に頭をぶつけた。

1 突っ込んで　　　2 引っ込んで　　　3 引き込んで　　　4 つぎ込んで

4 昔の呼び名で呼ばれて振り向いたら、小学生の頃の同級生がいた。

1 注意されて　　　2 与えられて　　　3 引きずられて　　　4 話掛けられて

5 昨日提出した申し込み書類なんですが、今から撤回することはできますでしょうか？

1 取り出す　　　2 取り消す　　　3 取り込む　　　4 取り持つ

6 椅子に腰掛けようとしたら椅子が無かった。

1 語ろう　　　2 余ろう　　　3 下げよう　　　4 座ろう

7 右と左の重さが釣り合うようにしてください。

1 ばらつく　　　2 片寄る　　　3 同じになる　　　4 増える

8 彼は恥ずかしそうに何も言わず指輪を私に差し出した。

1 渡した　　　2 隠した　　　3 外した　　　4 目指した

1 取り出す

1 猫が車に取り出してひくかと思った。

2 彼の才能を取り出したのは先生だ。

3 夏休みの図書の取り出しは午後５時までです。

4 彼女は鞄から鏡を取り出した。

2 取り寄せる

1 彼は成績優秀で運動神経も良いので、クラスで取り寄せていた。

2 わざわざ取り寄せたお菓子を姉に全て食べられた。

3 彼女をそっと取り寄せた。

4 猫が体を取り寄せてきて可愛かった。

3 投げ出す

1 楽しそうに犬が投げ出した。

2 彼女なら途中で投げ出すことはありません。

3 さっきまで上がっていた手が次々と投げ出した。

4 子どもが急に投げ出したので困った。

01 引っ張る 끌어당기다, (잡아)끌다, 길게 끌다, 미루다
(類) **引く** 끌다　**率いる** 거느리다, 인솔하다
おもちゃの紐を引っ張った。
彼女はどんな話でも引っ張ろうとする。

02 振り向く (뒤)돌아보다
呼ばれて振り向くと小学校の時の友達が立っていた。

03 微笑む 미소 짓다, 빙그레 웃다
小さい女の子がこっちを向いて微笑んでいる。

04 待ち合わせる (만나기로 약속을 하고)기다리다
7時に彼女と公園の前で待ち合わせている。

05 間違う 틀리다, 잘못되다, 실수하다
電話を間違って知らない人にかけていた。

06 真似る 흉내 내다, 모방하다
(類) **模倣する** 모방하다
弟はよく父の話し方を真似る。

07 見上げる 쳐다보다, 올려다보다
私は考え事をするときよく天井を見上げる。

08 見送る 전송하다, 배웅하다, 그냥 보내다, 미루다, 보류하다
友達を空港まで見送った。
この行事は台風の影響で見送られることとなった。

09 見下ろす 내려다보다, 얕보다, 깔보다
私は高いところから下を見下ろすことができない。

10 見直す 다시 보다, 재점검하다, 재인식하다, 나아지다
試験の時間が少し余ったのでもう一度見直した。
仕事ができる彼女を見て見直した。

11 見舞う 문안하다, 문병하다
入院している叔母さんを見舞った。

12 目立つ 눈에 띄다, 두드러지다
彼はクラスで目立つ存在だ。

13 申し込む 신청하다, 제기하다
料理教室に通おうと申し込んだ。

14 役立つ　유용하다, 도움이 되다, 쓸모가 있다

この掃除機はとても軽いので腰が悪い人にとても役立ちます。

15 呼び出す　호출하다, 불러내다

先生がクラスの生徒数人を呼び出した。

16 引き返す　되돌아가다(오다)

忘れ物した事を思い出して学校に引き返した。

17 引き出す　끌어내다, 꺼내다, (예금 등을)찾다, 인출하다

銀行でお金を引き出した。

18 引っ掛かる　걸리다, 제지당하다, (계략에)속다

屋根に風船が引っ掛かった。

19 引っ繰り返す　뒤집다, 뒤엎다, 넘어뜨리다, 쓰러뜨리다

父が怒ってテーブルを引っ繰り返した。

20 ぶらさげる　늘어뜨리다, 매달다, 손에 들다

彼はいつも腰に財布をぶらさげている。

21 振る舞う　행동하다, 대접하다

もっと男らしく振る舞いなさい。

母は友達に料理を振る舞うのが趣味だ。

22 見詰める　주시하다, 응시하다

私は話すとき相手の目を見詰めながら話す。

23 見慣れる　낯익다, 눈에 익다

この辺りは見慣れた景色が続いている。

24 持ち上げる　들어 올리다, (몸의 일부를) 쳐들다, 치켜세우다

床にある荷物を持ち上げた。

そんなに持ち上げないでくださいよ。

25 呼び掛ける　말을 걸어 상대의 주위를 향하게 하다, 호소하다

学校で風邪の予防を呼び掛けている。

26 途絶える 두절되다, 끊어지다

いつからか息子からの連絡が途絶えた。

27 取り付ける 장치하다, 설치하다, 얻어내다, 획득하다

テレビを壁に取り付けた。

彼と約束を取り付けた。

28 払い戻す (정산하고 나머지를)환불하다, 되돌려주다

医療費を払い戻した。

29 待ち望む 기다리고 기다리다

兄は結婚式の日を待ち望んでいるようだ。

30 見落とす 간과하다, 빠뜨리고 보다

私は大事なところを見落としていた。

31 横切る 횡단하다, 가로지르다

猫が大通りを横切った。

32 寄り掛かる 기대다, 의지하다

ソファに寄り掛かりながらテレビを見た。

1 彼が微笑むとクラスの女子は気を失う。
　1 ほろえむ　　　　2 びょうえむ　　　　3 まどろむ　　　　4 ほほえむ

2 何でこんなに難しい問題が解けるのに、こんな簡単な問題を間違うのよ。
　1 まちがう　　　　2 からかう　　　　3 いきかう　　　　4 かけちがう

3 明日から隣のビルで看板の取り付け作業が始まる。
　1 はりつけ　　　　2 とりつけ　　　　3 こりつけ　　　　4 ひりつけ

4 あなたが動くと目立つから私が行ってくるわ。
　1 はらたつ　　　　2 こたつ　　　　3 ひきたつ　　　　4 めだつ

5 背中を叩かれたので振り向いたが、そこには誰もいなかった。
　1 ふりむいた　　　2 くりむいた　　　3 そりむいた　　　4 かりむいた

6 私は看護婦なので見慣れているが、普通はこれだけの血を見れば驚くものなのに。
　1 こなれて　　　　2 はなれて　　　　3 ききなれて　　　　4 みなれて

7 一生懸命登った山から見下ろした町の景色はとても綺麗だった。
　1 こしをおろした　　　　　　　　2 ひきおろした
　3 みおろした　　　　　　　　　　4 かんばんをおろした

8 彼女は僕でも持上げることのできない車を持ち上げて見せた。
　1 ひきあげて　　　2 かきあげて　　　3 しあげて　　　4 もちあげて

問題2 ＿＿＿＿＿＿の言葉を漢字で書くとき、最もよいものを１・２・３・４から一つ選びなさい。

1 横断歩道のない道を<u>よこぎろう</u>として車にはねられそうになった。

　　1 縦切ろう　　　　2 粗切ろう　　　　3 横切ろう　　　　4 綏切ろう

2 彼の嘘に見事に<u>ひっかかって</u>しまった。

　　1 引っ掛かって　2 弘っ掛かって　　3 弘っ倒かって　　4 引っ倒かって

3 風邪を引いたので病院に行ったら生活習慣を<u>みなおす</u>ようにと言われた。

　　1 貝直す　　　　2 貝真す　　　　3 見真す　　　　4 見直す

4 ここの映画館はとても人気があるため、平日でも人が<u>とだえる</u>ことはない。

　　1 途耐える　　　2 途絶える　　　3 途堪える　　　4 途陀える

5 友達と旅行に行かないことになったので飛行機のチケットを<u>はらいもどした</u>。

　　1 扎い戻した　　2 払い涙した　　3 払い戻した　　4 扎い涙した

6 夫は来月子どもが生まれるのを<u>まちのぞんでいる</u>。

　　1 恃ち望んでいる　　　　　　　　2 侍ち望んでいる

　　3 持ち望んでいる　　　　　　　　4 待ち望んでいる

7 足を怪我した高校の友達をクラスメートみんなで<u>みまった</u>。

　　1 見舞った　　　2 見無った　　　3 見舜った　　　4 見熹った

8 電車に乗っていたとき、隣の寝ているおばさんが<u>よりかかってきた</u>。

　　1 奇り掛かってきた　　　　　　　2 荷り倒かってきた

　　3 何り倒かってきた　　　　　　　4 寄り掛かってきた

問題3 （　　　）に入れるのに最もよいものを、1・2・3・4から一つ選び
なさい。

1 肩から（　　　）タイプのカバンが欲しい。

1 ぶらさげる　　　2 ひきあげる　　　3 のりあげる　　　4 みあげる

2 この商品は掃除する時にとても（　　　）よ。

1 みにつきます　　2 ひきとめます　　3 やくだちます　　4 よりたちます

3 焼き肉を（　　　）父に怒られた。

1 ひっくりかえしすぎて　　　　　　　2 よこぎりすぎて
3 ふりむきすぎて　　　　　　　　　　4 みおろしすぎて

4 子どもは親の行動を（　　　）ものだ。

1 ひっぱる　　　　2 まねる　　　　3 うらがえす　　　4 たちあがる

5 ピクニックに行ったのだが、雨が降り出したので家に（　　　）。

1 ひきかえした　　2 とびのった　　　3 みおろした　　　4 みなおした

6 出張に行く父を駅まで（　　　）。

1 みわたした　　　2 みあげた　　　3 みおくった　　　4 みあきた

7 妹は好きな人に振られたが、明るく（　　　）。

1 まちがっている　　　　　　　　　　2 めだっている
3 ふるまっている　　　　　　　　　　4 ひきさがっている

8 空を（　　　）とたくさんの星が輝いていた。

1 みあげる　　　　2 とりあげる　　　3 しあげる　　　4 そりあげる

問題4（　　　　）に入れるのに最もよいものを、1・2・3・4から一つ選びなさい。

1 私をこんな所まで（　　　　）一体何の用なの？

1 引き出して　　　2 呼び出して　　　3 聞き出して　　　4 追い出して

2 この部分はよく試験で（　　　　）ところなので、よく勉強しておいてくださいね。

1 見下す　　　2 見かねる　　　3 見落とす　　　4 見上げる

3 今直ぐに電話で（　　　　）と、簡単手品セットも付いて来る。

1 引き込む　　　2 咳き込む　　　3 めり込む　　　4 申し込む

4 僕が名前を（　　　　）と1歳の娘はニコニコと笑う。

1 刈り掛ける　　　2 呼び掛ける　　　3 追い掛ける　　　4 振り掛ける

5 彼女と（　　　　）時は決まってこの公園の入り口だ。

1 待ちぼうける　　　2 待ち構える　　　3 待ち合わせる　　　4 待ち伏せる

6 土の中にあった鞄を勢いよく（　　　　）と中から沢山のお金が出てきた。

1 引き出す　　　2 盛り出す　　　3 借り出す　　　4 凝り出す

7 ほら、そんなに（　　　　）から破けちゃったじゃないの。

1 引っ込む　　　2 引き取る　　　3 引き入る　　　4 引っ張る

8 私は他の人に目を（　　　　）といつも緊張してしまう。

1 見上げる　　　2 見つめられる　　　3 見つける　　　4 見逃される

 ＿＿＿＿の言葉に意味が最も近いものを、１・２・３・４から一つ選びなさい。

1 娘が急に熱を出したので、今回の旅行は<u>見送る</u>ことにした。

　　1 やめる　　　　　2 留守番する　　　　3 決行する　　　　4 悲しむ

2 念のために持って行きなさい。何かに<u>役立つ</u>か分からないでしょう。

　　1 支える　　　　　2 貰える　　　　　3 使える　　　　　4 構える

3 休み時間に先生を<u>真似して</u>遊んでいるところを先生に見られた。

　　1 模型を作って　　2 模索して　　　　3 模擬実験して　　4 模倣して

4 彼の野球に関する根性は<u>見上げた</u>ものだ。

　　1 熱心な　　　　　2 安心した　　　　3 感心した　　　　4 傷心な

5 結婚についてはもう一度<u>見直し</u>させてもらいます。

　　1 貼り直し　　　　2 考え直し　　　　3 掛け直し　　　　4 聞き直し

6 足跡は途中で<u>途絶えた</u>。

　　1 見つけた　　　　2 破れた　　　　　3 切れた　　　　　4 壊れた

7 彼女は元気そうに<u>振る舞って</u>いるが、心の中は悲しみでいっぱいのはずだ。

　　1 心配して　　　　2 行動して　　　　3 進行して　　　　4 想像して

8 自転車で<u>引き返せば</u>５分くらいだから、僕が取ってきてあげるよ。

　　1 行けば　　　　　2 使えば　　　　　3 返せば　　　　　4 戻れば

問題6　次の言葉の使い方として最もよいものを、１・２・３・４から一つ選び
なさい。

1　見舞う

1　今年も桜が綺麗に咲いたので見舞いに行った。

2　今日はアメリカからのお客さんなので日本料理を見舞うことにした。

3　けがをした友達を見舞う為に病院に向う。

4　彼がじっと見舞ってくるのでドキドキした。

2　ぶらさげる

1　初めての人の前だからか、息子はぶらさげて静かである。

2　小さい子どもが財布を首からぶらさげていた。

3　弟とぶらさげていたら母に怒られた。

4　お祖母ちゃんは田舎でぶらさげている。

3　横切る

1　目の前を横切った動物は何だったんだ、あんなの見たことない。

2　今日は彼女の為に店を横切った。

3　これは仕事なのだからと横切ることにした。

4　子ども部屋は、妹の場所と私の場所とを本棚で横切ってある。

01 一度に 한 번에, 동시에

アイスクリームを一度にたくさん
食べたのでお腹が痛くなった。

02 いよいよ 점점, 더욱더, 드디어, 마침내

類 **ますます** 점점　**とうとう** 드디어

いよいよ雪が激しくなってきた。

いよいよぶどうがおいしい季節に
なってきた。

03 うろうろ 어슬렁어슬렁, 허둥지둥

道が分からずうろうろしていたら
お巡りさんが声をかけてくれた。

04 おそらく 아마, 어쩌면, 틀림없이

類 **きっと** 꼭, 틀림없이　**多分** 아마

おそらくこの事件には彼が関わっ
ているだろう。

05 主に 주로

類 **ほとんど** 거의, 대부분

主に私の仕事は書類の作成です。

06 がっかり 실망이나 낙담하는 모양

07 きちんと 정확히, 규칙 바르게, 말쑥이, 말끔하게

あなたが食べた分はきちんと払っ
てください。

08 ぐっすり (깊이 잠든 모양) 푹

09 こっそり 살그머니, 몰래

捕まえた犯人がこっそり逃げた。

10 しきりに 자꾸만, 계속해서

犬がしきりに服を引っ張ってきた。

11 次第に 서서히, 점차

事件当時の様子が次第に明らかに
なってきた。

12 じっと (참는 모양) 꼼짝 않고, 가만히, 꾹

休みの日は外に出ず家でじっとし
ている。

彼女はどんな辛いことがあっても
誰にも言わずじっと我慢する性格
です。

13 徐々に 서서히

徐々に日の入りが遅くなってきた。

14 少なくとも 적어도, 최소한

少なくとも私は姉より貯金をして
ると思う。

15 すっきり 말쑥이, 산뜻이, 상쾌하게

16 ずっと 훨씬, 계속
(類) **更に** 더 한층, 더욱더　　**終始** 항상

彼とそのことを話したのは**ずっと**前だ。

母は私が体が弱いことで**ずっと**悩んでいた。

17 既に 이미, 벌써
(類) **前に** 전에　　**もはや** 이제는, 벌써

その事件のことなら**既に**お話ししました。

18 折角 모처럼, 일부러

折角旅行に来たんだから、うんと楽しみましょう。

19 せめて 적어도, 최소한, 하다못해

せめてもう少し早く言ってくれれば手伝ってあげられたのになあ。

10 そっと 살짝, 살그머니, 가만히(그 상태로 둠)

姉がドアの側で寝ていたので**そっと**ドアを閉めた。

ふられた息子をしばらく**そっと**しておいた。

21 大して (뒤에 부정을 수반하여) 그다지, 그리, 별로
(類) **それほど** 그다지, 그렇게

大して大きな問題にならなくて良かったです。

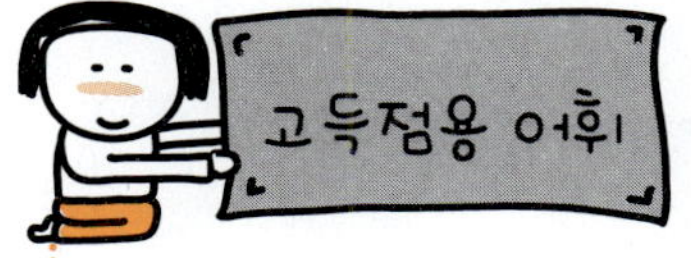

22 今にも 이제라도, 당장에라도
(類) **まさに** 이제 막, 바야흐로

このビルは**今にも**崩れそうだ。

23 うんと 잔뜩, 실컷, 훨씬

息子は先月より**うんと**背が伸びた。

24 思わず 무의식중에, 엉겁결에

友達の怖い話に**思わず**耳を塞いでしまった。

25 さっさと 지체 없이, 재빠르게

ご飯にするから**さっさと**宿題をしてしまいなさい。

26 しばしば 자주, 종종
(類) **度々** 번번히, 자주

彼女は**しばしば**家に遊びに来る。

27 そのうち 멀지 않아, 일간

今は大変でも**そのうち**楽になるでしょ。

28 第一 무엇보다도, 우선, 먼저

第一この部屋には誰もいなかったのに、なぜ私が犯人だと疑われなければならないんですか？

29 直（ただ）ちに 곧, 즉시, 당장

火事（かじ）です。直（ただ）ちに逃げてください。

30 たびたび 여러 번, 자주

㊜ しばしば 자주

36 精々（せいぜい） 힘껏, 가능한 한, 기껏해야, 고작

恥（はじ）をかかないように精々（せいぜいがんば）頑張って
ください。

37 続々（ぞくぞく） 속속, 잇따라, 연이어

体育館（たいいくかん）に人（ひと）が続々（ぞくぞく）と入（はい）ってくる。

31 言（い）わば 말하자면, 이를테면

命（いのち）を助（たす）けてくれた彼（かれ）は言（い）わばスー
パーマンのようなものだ。

32 却（かえ）って 오히려, 도리어, 반대로

彼女（かのじょ）に対（たい）して却（かえ）って申（もう）し訳（わけ）ない気（き）
持（も）ちになった。

33 くれぐれも 부디, 아무쪼록

くれぐれも気（き）を付（つ）けてお帰（かえ）りくだ
さい。

34 直（じか）に 직접, 바로

この薬（くすり）は痛（いた）い部分（ぶぶん）に直（じか）に塗（ぬ）るとい
いです。

35 しみじみ 절실히, 곰곰이, 차근차근

夫（おっと）と喧嘩（けんか）する度（たび）に考（かんが）え方（かた）の違（ちが）いを
しみじみと感（かん）じる。

問題1 ＿＿＿＿＿の言葉の読み方として最もよいものを、１・２・３・４から一つ選びなさい。

1 君の失敗は大して問題にはなっていないので、そんなに心配しなくても大丈夫だよ。

1 おして　　　　2 おおして　　　　3 だいして　　　　4 たいして

2 私が海外の大学に行きたいということを母は既に知っていた。

1 すでに　　　　2 とうに　　　　3 まさに　　　　4 じかに

3 彼があまりに真剣に私の体重を聞いてくるので思わず答えてしまった。

1 まよわず　　　　2 おもわず　　　　3 よわず　　　　4 いわず

4 姉は大学で主に教育学を学んだと言っていた。

1 おもに　　　　2 しゅに　　　　3 ともに　　　　4 じゅに

5 一度にたくさんのことを言われたため、一つも理解ができなかった。

1 いちどうに　　　　2 いちとに　　　　3 いちどに　　　　4 いちとうに

6 このサービスは手続きが終了次第、直ちに利用可能となります。

1 すなわち　　　　2 きゅうち　　　　3 ただち　　　　4 ちょくち

7 次第に天気が悪くなってきたので、早く家に帰ることにした。

1 じだいに　　　　2 じたいに　　　　3 したいに　　　　4 しだいに

8 開始時間が近付くにつれて徐々に人が増えてきた。

1 しょうしょう　　　2 じょうじょう　　　3 じょじょ　　　　4 しょしょ

問題2 ＿＿＿＿＿の言葉を漢字で書くとき、最もよいものを１・２・３・４から
一つ選びなさい。

1 ここからバスで行っても歩いて行くのと<u>せいぜい</u>数分しか違わないよ。

　1 清々　　　　　2 精々　　　　　3 情々　　　　　4 請々

2 <u>だいいち</u>、それはあなたがやるって言ったことでしょ。

　1 弟一　　　　　2 費一　　　　　3 第一　　　　　4 沸一

3 彼は私にとって<u>いわば</u>弟のようなものです。

　1 言わば　　　　2 告わば　　　　3 吉わば　　　　4 各わば

4 祖父から貴重な話を<u>じかに</u>聞くことができた。

　1 真に　　　　　2 県に　　　　　3 盲に　　　　　4 直に

5 空が曇ってきて<u>いまにも</u>雨が降りそうだ。

　1 吟にも　　　　2 今にも　　　　3 令にも　　　　4 仝にも

6 インターネットショッピングに様々な商品が<u>ぞくぞく</u>登場してきている。

　1 続々　　　　　2 読々　　　　　3 売々　　　　　4 虎々

7 海外出張に行けば<u>すくなくとも</u>１年は帰ってこられないだろう。

　1 秒なくとも　　2 沙なくとも　　3 紗なくとも　　4 少なくとも

8 彼のためを思って言った言葉だったのだが、<u>かえって</u>辛い思いをさせてしま
　ったようだ。

　1 印って　　　　2 却って　　　　3 即って　　　　4 卸って

問題4（　　　）に入れるのに最もよいものを、１・２・３・４から一つ選び
なさい。

1　兄は足に怪我をして手術をしなければならず、手術後（　　　）１ヶ月は
入院しなくてはならない。

   1　少しでも　　　　2　少ないが　　　　3　少なくとも　　　　4　少ししか

2　授業に必要なものを前の日に（　　　）準備して寝るようにしなさい。

   1　きちんと　　　　2　だらしなく　　　　3　ななめに　　　　4　素直に

3　牛乳を一杯飲むと今よりも（　　　）大きくなれるよ。

   1　うんと　　　　2　どっと　　　　3　やたら　　　　4　ええと

4　怪しい男が外から家の中の様子を（　　　）うかがっていた。

   1　ぐっと　　　　2　じっと　　　　3　ざっと　　　　4　ぞっと

5　子供部屋を覗くと子供たちが（　　　）寝ていた。

   1　すっきり　　　　2　ばっちり　　　　3　ぐっすり　　　　4　しっかり

6　父は昔大変だった時のことを（　　　）と語り始めた。

   1　ずらり　　　　2　せっせ　　　　3　そうぞう　　　　4　しみじみ

7　（　　　）誰にこんな大変な仕事をさせるつもりですか？

   1　あんがい　　　　2　もしも　　　　3　だいいち　　　　4　おさきに

8　バーゲンがあると聞いて遠くのデパートで買い物したら、（　　　）高く
ついた。

   1　かえって　　　　2　ともかく　　　　3　とりあえず　　　　4　もしかすると

 ＿＿＿＿＿の言葉に意味が最も近いものを、１・２・３・４から一つ選びなさい。

1 いよいよ娘の受験の日が近付いてきた。

　　1 もともと　　　　2 またまた　　　　3 とうとう　　　　4 よくよく

2 折角仕事を休んでまで試合を見に来たんだから最後まで応援しましょう。

　　1 ぼちぼち　　　　2 わざわざ　　　　3 せいぜい　　　　4 たまたま

3 お風呂に入ると体も心もすっきりする。

　　1 そっくり　　　　2 ぴったり　　　　3 さっぱり　　　　4 にっこり

4 今度の選挙で選ばれるのはおそらく彼だろう。

　　1 多分　　　　　　2 割合　　　　　　3 比較的　　　　　4 現に

5 彼は授業時間先生の話を聞かず終始横の席の子と話していた。

　　1 ずっと　　　　　2 ぱっと　　　　　3 ぺっと　　　　　4 ざっと

6 誰かに付けられていないか確認しながらくれぐれも注意して動いてください。

　　1 一分　　　　　　2 何分　　　　　　3 約分　　　　　　4 十分

7 もう７時だ、残りの仕事をさっさと終わらせて帰ろう。

　　1 ついでに　　　　2 要するに　　　　3 急いで　　　　　4 やっぱり

8 彼はしばしば腹の立つことを言ってくるので私はあまり彼のことが好きではない。

　　1 ずきずき　　　　2 どんどん　　　　3 たびたび　　　　4 ますます

問題6 次の言葉の使い方として最も良いものを1・2・3・4から一つ選び
なさい。

1 今にも

1 地震が起きた時は<u>今にも</u>テーブルの下などに入りましょう。

2 <u>今にも</u>雨が降り出しそうな天気だ。

3 給料が入ったので<u>今にも</u>友達とおいしい物を食べに行った。

4 情報手段は<u>今にも</u>発展していると大学の教授が言っていた。

2 じかに

1 今回の事件は私の<u>じかに</u>起こった事件だった。

2 小学生から仲の良い友達とはこれからも<u>じかに</u>付き合っていきたいと思って
いる。

3 目的が<u>じかに</u>あるほど行動に移しやすい。

4 このカタログの商品を<u>じかに</u>見たいのですが、可能ですか？

3 うろうろ

1 会社の面接の場所がどこか分からず<u>うろうろ</u>してしまった。

2 映画の撮影時間が<u>うろうろ</u>と延びてしまった。

3 大学の合格発表を前に胸が<u>うろうろ</u>してしまった。

4 桜の花が風で<u>うろうろ</u>と散った。

01 偶々（たまたま） 우연히, 가끔, 간혹

02 ちゃんと 착실하게, 꼼꼼히, 틀림없이, 단정히, 바르게, 확실하게

03 遂に（つい） 마침내, 드디어
(類) **とうとう** 드디어, 마침내

二年間かけて書いてきた小説が遂に完成した。

04 次々に（つぎつぎ） 잇달아, 계속하여

05 どうせ 어차피, 결국
(類) **結局**（けっきょく） 결국　**所詮**（しょせん） 결국, 어차피

どうせいくら勉強しても君には勝てないよ。

06 到底（とうてい） (부정어가 따름) 도저히, 아무리 해도
(類) **どうやっても** 어떻게 해도

そんな判断、到底認めることはできません。

07 とにかく 여하튼, 어쨌든
(類) **なにしろ** 어쨌든, 아무튼

考えてばかりいるのではなく、とにかく行動してみなさい。

08 にっこり 생긋, 방긋

09 果たして（は） 과연, 예상대로, 역시, 정말로 (의문·가정)

この選手の中で果たして誰が優勝するのでしょうか。

10 非常に（ひじょう） 상당히
(類) **大変**（たいへん） 매우, 대단히

3人の子育ては非常に大変だった。

11 ふと 문득, 우연히, 갑자기
(類) **不意に**（ふい） 갑자기, 뜻밖에

休み時間に彼のことをふと思い出した。

12 ほぼ 대개, 거의, 대략
(類) **大体**（だいたい） 대개, 거의

この店の商品はどれもほぼ1000円だ。

13 まさに 틀림없이, 바로, 정말로, 딱
(類) **ちょうど** 바로, 딱　**本当に**（ほんとう） 정말로

結果はまさに私が思っていた通りだった。

彼女がまさにホームに着いた瞬間、電車が行ってしまった。

14 ますます 점점 더, 더욱더

会社を辞める人が増え、仕事がますます大変になった。

15 寧ろ 차라리, 오히려
  類 却って 오히려, 반대로

休日は遊園地より寧ろ近くの公園
に行く方が人も少なく楽しめる。

16 滅多に 좀처럼, 거의

彼は滅多に怒ることがない。

17 もしかしたら 어쩌면

18 もしも 만약, 만일

19 やがて 이윽고, 이제 곧
  類 そのうち 일간, 멀지 않아

今は私の側を離れようとしない息
子たちもやがて大人になり、親の
元から離れていくのだろう。

20 やや 약간, 다소 類 少し 조금

去年よりやや成績が落ちた。

21 漸く 겨우, 가까스로, 간신히, 점차
  類 かろうじて 겨우, 간신히
    やっと 겨우, 가까스로

このままいけば今年、漸く大学を
卒業することができる。

22 わざと 일부러, 고의로
  類 故意に 고의로 わざわざ 일부러, 특별히

息子は好きな女の子にわざと意地
悪するのが好きだ。

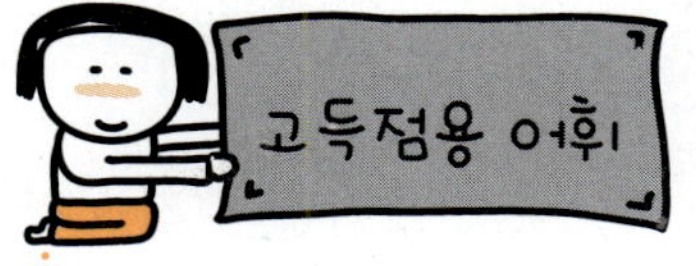

23 単に 단순히, 단지, 그저

24 常に 늘, 항상, 언제나
  類 絶えず 끊임없이, 항상

彼女の表情は常に明るい。

25 転々 전전, 여기저기 옮겨 다님

26 とっくに 훨씬 이전에, 벌써

27 なにしろ 어쨌든, 아무튼
  類 とにかく 여하튼, 아무튼

なにしろあと一時間で仕事を全て
終わらせるように！

28 ばったり (갑자기 마주치는 모양) 딱,
    (갑자기 쓰러지는 모양) 푹, 털썩,

喧嘩していた友達と道でばったり
会った。

前を歩いていた人がいきなりばっ
たりと倒れた。

29 もしかすると 어쩌면

30 要するに 요컨대, 결국
  類 つまり 결국, 즉

要するに計算方法が分かっていれ
ばこの問題は簡単に解けたわけで
す。

31 割と / 割に 생각보다는, 비교적

類 割合に 비교적, 생각보다

私は割と考える前に行動するタイプだ。

32 たちまち 금세, 순식간에, 갑자기

類 すぐ 곧, 바로　急に 갑자기

人気作家の小説は発売されると同時にたちまち売りきれた。

父の機嫌がたちまち悪くなった。

33 近々 근간, 머지않아

34 着々 착착, 순조로이

35 なんとも ① (뒤에 부정을 수반하여) 아무렇지도, 뭐라고(도) ② (감탄사적으로 쓰여서) 정말로, 참으로

これくらいの熱、なんともありませんよ。

彼の小さい頃の話はなんとも悲しいものだった。

36 残らず 남김없이, 죄다　類 全て 전부

私は小さい頃からご飯は一粒残らず食べていた。

37 のろのろ (행동이 굼뜬 모양) 느릿느릿, 꾸물꾸물

38 はきはき (말·행동이 분명하고 활발한 모양) 또렷또렷, 시원시원

39 ひとまず 우선, 일단

類 とりあえず 우선, 일단

ひとまず実際に作業してみますので見ていてください。

問題1　________の言葉の読み方として最もよいものを、１・２・３・４から一つ
選びなさい。

1　彼と話しているうちにいいアイデアが<u>次々に</u>浮かんできた。

　1　つぎつぎに　　　2　ずきずきに　　　3　じじに　　　4　しじに

2　ビルの工事は<u>着々</u>と進んでいるようです。

　1　ちゃくぢゃく　2　ちゃくちゃく　　3　ぢゃくちゃく　4　ぢゃくぢゃく

3　この職業は<u>単に</u>勉強ができれば良いというだけではなく、物事を考える力
が必要になってくる。

　1　あんに　　　　2　たんに　　　　　3　げんに　　　4　ぞんに

4　彼女は<u>割と</u>自分の気持ちを人に言わないほうだと思います。

　1　わりと　　　　2　かっと　　　　　3　わると　　　4　かつと

5　<u>果たして</u>このような自然環境のままで地球の生物たちは生き続けることが
できるのだろうか。

　1　はたして　　　2　またして　　　　3　ほたして　　4　もたして

6　大統領になるなんて<u>到底</u>実現させることのできない夢だ。

　1　とてい　　　　2　とでい　　　　　3　とうてい　　4　とうでい

7　私が楽しみにしていたドラマが<u>遂に</u>明日始まるので明日は早く家に帰って
見るつもりだ。

　1　ついに　　　　2　つねに　　　　　3　ときに　　　4　とうに

8　父は仕事のため、各地を<u>転々</u>としている。

　1　でんでん　　　2　たんたん　　　　3　だんだん　　4　てんてん

1 家ではめったに笑顔を見せない息子が、友達といるときはとても楽しそうに笑っていたのでショックを受けた。

　1 滅夕　　　　　2 減夕　　　　　3 滅多　　　　　4 減多

2 夜にたまたま見たテレビの番組に友達が出ていた。

　1 禺々　　　　　2 萬々　　　　　3 遇々　　　　　4 偶々

3 人に自分の意思を一つのこらず伝えることはとても難しい。

　1 残らず　　　　2 殆らず　　　　3 殊らず　　　　4 殖らず

4 この電気掃除機は機能がとても多くひじょうに便利です。

　1 非帯に　　　　2 非席に　　　　3 非常に　　　　4 非帝に

5 私達、ちかぢか結婚します。

　1 折々　　　　　2 近々　　　　　3 匠々　　　　　4 祈々

6 ようするに予約の変更は１ヶ月以上前にしたほうがいいということですね。

　1 栗するに　　　2 要するに　　　3 票するに　　　4 遷するに

7 退院が延びていたが、ようやく退院の日にちが決まった。

　1 漸く　　　　　2 全く　　　　　3 軟く　　　　　4 凄く

8 ラジオを高い金額で修理するのならむしろ新しいものを買ったほうがいいと思う。

　1 空ろ　　　　　2 究ろ　　　　　3 窓ろ　　　　　4 寧ろ

問題4（　　　）に入れるのに最もよいものを、１・２・３・４から一つ選び
なさい。

1 冷静になった時に（　　　）我に返る時がある。

1 ほぼ　　　　　　2 あと　　　　　　3 ただ　　　　　　4 ふと

2 こんな出会い方、（　　　）ドラマの世界だけで存在すると思っていた。

1 まさに　　　　　2 なんとも　　　　3 いずれ　　　　　4 まこと

3 お父さんとお母さんに結婚を（　　　）認めてもらえるまで僕はここを動き
ません。

1 さっそく　　　　2 たっぷり　　　　3 ぴったり　　　　4 ちゃんと

4 （　　　）と歩いていたので学校に遅刻してしまった。

1 のびのび　　　　2 ぴかぴか　　　　3 はきはき　　　　4 のろのろ

5 小さい頃私は母の注意を引くために（　　　）泣いたことがあった。

1 ざっと　　　　　2 わざと　　　　　3 いざと　　　　　4 ざんと

6 ここは危険なので（　　　）移動してから話しよう。

1 とにかく　　　　2 あるいは　　　　3 まさか　　　　　4 すなわち

7 小学校の時の担任の先生と商店街で（　　　）会った。

1 ばったり　　　　2 たっぷり　　　　3 きっちり　　　　4 うっかり

8 先生だったら（　　　）に帰ったよ。

1 そっくり　　　　2 さっき　　　　　3 とっく　　　　　4 ひっくり

 ＿＿＿＿の言葉に意味が最も近いものを、１・２・３・４から一つ選びなさい。

1 景気が悪くなり仕事につけないひとが<u>ますます</u>増加してきた。

1 ざっと　　　　2 いきなり　　　　3 さらに　　　　4 とたんに

2 今は大変でも<u>そのうち</u>仕事に慣れてきたら楽になるでしょう。

1 どうせ　　　　2 それでも　　　　3 やたら　　　　4 やがて

3 彼女は<u>常に</u>回りを気にしながら行動している。

1 時々　　　　2 めっきり　　　　3 必ず　　　　4 絶えず

4 僕が何を言ったって<u>どうせ</u>信じてもらえないんだ。

1 案外　　　　2 結局　　　　3 全然　　　　4 早速

5 <u>ひとまず</u>明日提出しなければならないところまでは出来たので良かったですね。

1 とりあえず　　　2 ざっと　　　　3 どうか　　　　4 どうせ

6 父と<u>たまたま</u>同じ電車に乗っていたので一緒に帰宅した。

1 偶然　　　　2 先程　　　　3 以前　　　　4 突然

7 <u>もしも</u>私が男に生まれていたら、どんな人生を送っていただろう。

1 恐らく　　　　2 仮に　　　　3 主に　　　　4 確か

8 <u>要するに</u>あなたは私の意見が間違っていると言いたいんですね。

1 とくに　　　　2 どうしても　　　　3 もしも　　　　4 つまり

問題6 次の言葉の使い方として最もよいものを、１・２・３・４から一つ選び
なさい。

1 とっくに

1 その問題ならとっくに私たちが解決したわよ。

2 これとっくに作ったお皿でしょ、懐かしいね。

3 社長から会議の時間を変更してほしいととっくに連絡が入りました。

4 用事が出来たならとっくに言ってよね、一時間も待ってたんだから！

2 近々

1 試験が近々始まりますので席についてください。

2 東京で働きたいと２年近く言い続けたので近々父が許してくれた。

3 近々私の好きな歌手の１年ぶりのアルバムが発売されると聞いて嬉しくなっ
た。

4 近々両親に世話になるわけにはいかないと思い、一人暮らしを始めることに
した。

3 ようやく

1 何か困ったことがあればようやく連絡してください。

2 年が明け、ようやく大学受験が迫ってきてしまった。

3 負けていたのだが、相手が反則をしたせいでようやく負けずに済んだ。

4 発表会の劇に使うセットが二ヶ月かかってようやく完成した。

Chapter 7 가타카나

01 アイデア / アイディア 생각, 착상

㊣ **思いつき** 문득 떠오른 생각

部下のアイデアはとてもいいものだった。

02 アイロン 아이론, 다리미

03 アウト 아웃, 바깥, (테니스·배구 등에서)공이 밖으로 나감, 실격, 성공하지 못함

デートにその格好はアウトだね。

04 アルバム 앨범

好きな歌手のアルバムが出たのですぐ買いに行った。

05 イコール 같음, (수학에서)등호

06 イメージ 이미지 ㊣ **印象** 인상

話している内に彼のイメージが変わった。

07 インタビュー 인터뷰

映画監督にインタビューすることになった。

08 エチケット 에티켓, 예의

㊣ **礼儀作法** 예의범절

ご飯を食べた後に歯磨きすることはエチケットだと私は思う。

09 エネルギー 에너지

㊣ **力** 힘　**活力** 활력

力仕事はエネルギーを使う。

10 エプロン 에이프런, 앞치마

11 オフィス 오피스, 사무실

㊣ **会社** 회사

12 カーブ 커브

㊣ **曲線** 곡선

カーブを曲がるときは速度を落としましょう。

13 カバー 커버, 덮개, 보충

本を読むときはいつもカバーを外して読む。

人はみんな自分の短所をカバーできる長所を持っている。

14 カラー 컬러, 색깔 ㊣ **色** 색

この中から二つ好きなカラーを選んでください。

15 キャプテン 캡틴, (팀의)주장, 선장

私の兄は野球部のキャプテンだ。

16 クーラー 냉방장치

17 クラシック 클래식

私の父はクラシック音楽をよく聞いている。

18 グラフ　그래프

このグラフは今月の気温を表した
ものです。

19 クリーニング　클리닝, 세탁

私の家はクリーニング屋を経営し
ている。

20 ケース　용기, 상자, 경우, 사례
類 入れ物　그릇, 용기　場合　경우

このケースにはビールが10本入
る。

今回のようなケースは珍しい。

21 コース　코스, 진로, 경주로
類 進路　진로　過程　과정

マラソン大会では必ずコースを間
違えて走る人がいる。

22 コート　코트, 경기장

テニス部は一週間に一回テニスコ
ートの掃除をする。

23 コミュニケーション　커뮤니케이션,
의사전달

働くうえでコミュニケーション能
力はとても重要なものだ。

24 コレクション　컬렉션, 수집

25 コンクール　콩쿠르, 경연 대회

絵のコンクールで賞をもらった。

26 サービス　서비스, 대접, 봉사
類 奉仕　봉사

この店のサービスは素晴らしい。

27 サラリーマン　샐러리맨, 봉급생활자

妹は会社勤めのサラリーマンと結
婚した。

28 シーツ　시트

29 スケジュール　스케줄
類 予定　예정　日程　일정

今週はスケジュールが詰まってい
る。

30 スタート　스타트, 출발

今日が人生のスタートだ。

31 スタイル　스타일, 양식, 복장의 형

彼の作品にはいつも独特のスタイ
ルがある。

モデルはみんなスタイルがいい。

32 スチュワーデス　스튜어디스

33 ステージ　스테이지, 무대

歌手として初めてステージに立っ
たときはとても緊張した。

34 スピーチ　스피치, 연설
類 演説　연설

今日遂にスピーチの順番が回って
くる。

35 センター 센터

㊣ 施設 시설　中央 중앙

この文化センターではたくさんの
行事が行われている。

私は今舞台のセンターに立ってい
る。

36 タイプ 타입, 유형

㊣ 型 형

妹はどちらかというと真面目なタ
イプだ。

37 タイヤ 타이어

38 ダイヤ / ダイヤモンド 다이아몬드

結婚記念日に夫からダイヤの指輪
をもらった。

39 ダイヤル 다이얼, 전화기의 숫자판

40 タオル 타월, 수건

会社の運動会の帰りに会社の名前
の入ったタオルをもらった。

問題3（　　　）に入れるのに最もよいものを、1・2・3・4から一つ選び
なさい。

1　この道はこの山で一番の登山（　　　）として知られている。

　　1　ソース　　　　　2　レース　　　　　3　コース　　　　　4　ケース

2　誕生日に母から布団（　　　）をもらった。

　　1　カバー　　　　　2　カラー　　　　　3　ランチ　　　　　4　ダンス

3　弟が全国絵画（　　　）で賞をもらった。

　　1　サービス　　　　2　コンクール　　　3　ステージ　　　　4　マンション

4　アナウンサーとして初めての仕事が選手への（　　　）だった。

　　1　エチケット　　　2　チケット　　　　3　スピーチ　　　　4　インタビュー

5　最近息子のお気に入りはご飯を（　　　）台で食べることだ。

　　1　アイロン　　　　2　イメージ　　　　3　ペンキ　　　　　4　アウト

6　庭の倉庫の整理をしていたら高校の卒業（　　　）が出てきた。

　　1　オフィス　　　　2　マスター　　　　3　スタイル　　　　4　アルバム

7　スカート2枚とシャツ1枚で（　　　）代が1500円になります。

　　1　センター　　　　2　エネルギー　　　3　エプロン　　　　4　クリーニング

8　お客様が帰られたのでベッドの（　　　）交換と部屋の掃除をお願いしま
　　す。

　　1　スタート　　　　2　シーツ　　　　　3　タイヤ　　　　　4　タイプ

1 彼の（　　　）は何度見ても飽きない。

1 テンポ　　　　　2 バランス　　　　　3 パターン　　　　　4 ステージ

2 マラソンは男子から始めますので男子の皆さんは（　　　）地点について
ください。

1 タイヤ　　　　　2 バック　　　　　3 コート　　　　　4 スタート

3 この棚に飾られている石は小さい頃から集めている（　　　）です。

1 カバー　　　　　2 コレクション　　　3 アルバム　　　　4 マスター

4 新しい商品を作らなければならないのだが、なかなか良い（　　　）が思い
付かない。

1 コース　　　　　2 テンポ　　　　　3 アイデア　　　　4 スピード

5 母の日に父が母の（　　　）をして料理していた。

1 エプロン　　　　2 マフラー　　　　　3 ブローチ　　　　4 ネックレス

6 この（　　　）を見ると月ごとの会社の売り上げがよく分かる。

1 グラフ　　　　　2 ビール　　　　　3 タオル　　　　　4 テーマ

7 他の人がどう言おうとこれが私の（　　　）だ。

1 ビタミン　　　　2 スタイル　　　　　3 コース　　　　　4 プログラム

8 （　　　）は宝石の中で一番高い。

1 マンション　　　2 ヨーロッパ　　　3 ダイヤモンド　　　4 ミシン

問題5 _______ の言葉に意味が最も近いものを、1・2・3・4から一つ選び
なさい。

1 社長のこれからの<u>予定</u>ですが、午後の2時から会議、午後の4時から第一会
社との打ち合わせとなっています。

   1 スケジュール   2 インタビュー   3 エチケット   4 パーセント

2 これから血液型と性格の関係について<u>スピーチ</u>したいと思います。

   1 演技   2 演習   3 演劇   4 演説

3 私はこの舞台を見る度に<u>エネルギー</u>をもらっている気がする。

   1 勇気   2 魅力   3 活力   4 話題

4 父の<u>会社</u>は家の近くにある。

   1 オフィス   2 ベテラン   3 トランプ   4 トンネル

5 <u>ケース</u>の中にはおいしそうなクッキーがたくさん入っていた。

   1 落し物   2 編み物   3 入れ物   4 飲み物

6 私のラッキー<u>カラー</u>は赤と緑だ。

   1 数   2 音   3 印   4 色

7 この会場の<u>中央</u>には白いピアノが置かれている。

   1 センター   2 アウト   3 ポスター   4 ロビー

8 ボールはきれいな<u>曲線</u>を描きながら遠くまで飛んでいった。

   1 チップ   2 カーブ   3 テンポ   4 スマート

1　イメージ

1　今日は久しぶりに天気がいいからか、朝から<u>イメージ</u>がいい。

2　この料理はとても辛く、辛いもの好きな私にもなかなか<u>イメージ</u>がある。

3　彼女は他の人からとても<u>イメージ</u>がある。

4　本の題名からどんな内容か大体<u>イメージ</u>がついた。

2　サービス

1　この<u>サービス</u>を希望されるお客様はこちらで手続きをしてください。

2　社長に第二会社の人との<u>サービス</u>を頼まれた。

3　旅行に行く間、友達に<u>サービス</u>の世話を頼んだ。

4　今年の冬は寒いので、母に毛皮の<u>サービス</u>をプレゼントした。

3　タイプ

1　この料理を食べるとトマト本来の味がよく<u>タイプ</u>すると思います。

2　この<u>タイプ</u>の時計には世界各地の時刻を知ることができる機能は付いていません。

3　私が将来なりたい職業は有名な<u>タイプ</u>だ。

4　この映画のジャンルは<u>タイプ</u>映画です。

01 テーマ 테마, 주제
類 **主題** 주제　**課題** 화제
今週は国際結婚をテーマにお送り
していきたいと思います。

02 テンポ 템포
この音楽のゆっくりしたテンポが
気に入った。

03 トランプ 트럼프

04 トレーニング 트레이닝, 연습, 훈련
類 **訓練** 훈련
食べてすぐトレーニングすること
は体によくない。

05 トンネル 터널
私の家の近くには日本で一番長い
トンネルがある。

06 ネックレス 목걸이
類 **首飾り** 목걸이

07 パーセント 퍼센트, 백분율
1000円の50パーセントは500
円だ。

08 ハイキング 하이킹
夏休みに友達3人と山にハイキン
グに行った。

09 パスポート 여권　類 **旅券** 여권
パスポートには5年用と10年用が
ある。

10 パターン 패턴, 유형　類 **型** 유형
生活パターンは人それぞれ違う。

11 バック 뒤, 배경, 후진
彼は海をバックに絵を描いている。

トラックがいきなりバックしてき
たのでぶつかりそうになった。

12 バランス 밸런스, 균형
類 **調和** 조화
最近仕事が忙しいせいでバランス
の良い食事ができていない。

13 パンツ 바지, 운동용 짧은 바지, 속옷

14 フライパン 프라이팬
フライパンが古くなったので新し
く買った。

15 ブローチ 브로치

16 ベテラン 베테랑, 고참자
スキーを始めて20年になる彼はベ
テランと言っていいだろう。

17 ヘリコプター 헬리콥터

18 ペンキ 페인트

家にあった木のテーブルを白いペンキで塗った。

19 ポスター 포스터

20 マーケット 마켓, 시장

母がスーパーマーケットに夕食の材料を買いに行った。

売上げを伸ばすにはマーケットの状況を掴まなければならない。

21 マスター 마스터, 주인, 숙달함, 터득함

この店のマスターは私の叔父だ。

彼は一瞬でこの手品をマスターした。

22 マフラー 머플러

彼の誕生日にマフラーをプレゼントした。

23 ユーモア 유머

彼女はとてもユーモアがある。

24 ヨーロッパ 유럽

新婚旅行はヨーロッパに行くことにした。

25 ラッシュアワー 러시아워

ラッシュアワーの時間帯に電車に乗るのはとても辛い。

26 レインコート 레인코트, 우비

雨の日に自転車に乗るとき、レインコートはとても便利だ。

27 レジャー 레저, 여가

この雑誌にはレジャー情報がたくさん載っている。

28 ロケット 로켓

息子はロケットのおもちゃが大好きだ。

29 ロッカー 로커, 사물함, 보관함

私の学校のロッカーの中はいつも汚ない。

30 ロビー 로비

友達とホテルのロビーで待ち合わせることになった。

問題3 （　　　　）に入れるのに最もよいものを、１・２・３・４から一つ選び
なさい。

1 明日から（　　　　）工事が始まるのでこの道は通れなくなる。

1 ダイヤ　　　　　　2 サラリーマン　　　3 トンネル　　　　　4 カーブ

2 この歌手はデビューして30年経つ（　　　　）歌手だ。

1 ベテラン　　　　　2 キャプテン　　　　3 カバー　　　　　　4 コレクション

3 このコーヒーの宣伝用（　　　　）はとてもおもしろく作られている。

1 フライパン　　　2 ポスター　　　　　3 シャッター　　　　4 スタイル

4 この番組の（　　　　）曲は私の叔父が作曲した。

1 テンポ　　　　　2 タイプ　　　　　　3 テーマ　　　　　　4 ブローチ

5 私はいつもごはんを中心とした食事（　　　　）になるように気を付けている。

1 パーセント　　　2 サービス　　　　　3 ダイヤル　　　　　4 パターン

6 母はいつも私達子どもの事を考えて、栄養（　　　　）のとれた料理を作って
くれる。

1 レジャー　　　　2 バランス　　　　　3 グラフ　　　　　　4 センター

7 私はお金をためて将来（　　　　）旅行に行くつもりだ。

1 トレーニング　2 ラッシュアワー　3 マーケット　　　　4 ヨーロッパ

8 初めて海外に行く時には、（　　　　）申請をしなければならない。

1 バック　　　2 パスポート　　　　3 ゼミ　　　　　　　4 ダブル

1 干していた父の（　　　　）が風に飛ばされた。

1 アルバム　　　　2 ストッキング　　3 アンテナ　　　　4 パンツ

2 息子は傘を持たせても濡れて帰ってくるので（　　　　）を着させることにした。

1 ジーンズ　　　　2 ランニング　　　3 レインコート　　4 セーター

3 私は死ぬまでに一度（　　　　）を一人で旅してみたい。

1 ヨーロッパ　　2 テニスコート　　3 ハイキング　　　4 マーケット

4 ホテルの（　　　　）に鍵を預けた。

1 プラットホーム　　　　　　2 グランド
3 スタンド　　　　　　　　　4 ロビー

5 いつか（　　　　）に乗って宇宙を旅できる時代が来るだろう。

1 モノレール　　2 ロケット　　　　3 ヘリコプター　　4 ヨット

6 友達の家に泊まりに行って朝まで（　　　　）をして遊んだ。

1 ドライブ　　2 デモ　　　　　　3 パーティー　　　4 トランプ

7 間違えて隣の（　　　　）にかばんを入れてしまった。

1 スーツケース　2 ベンチ　　　　3 ロッカー　　　　4 コート

8 この問題についての対策を何（　　　　）か考えましたので聞いてください。

1 コース　　　　2 パターン　　　　3 グラム　　　　4 パーセント

問題5 ＿＿＿＿＿の言葉に意味が最も近いものを、１・２・３・４から一つ選びなさい。

1 このグループはとても<u>調和</u>がとれている。

1 コード　　　　　2 バランス　　　　　3 メーター　　　　　4 コース

2 スポーツ選手は筋肉をつけるために毎日<u>トレーニング</u>をしている。

1 訓練　　　　　2 活動　　　　　3 維持　　　　　4 連想

3 海外に旅行する時は必ず<u>パスポート</u>が必要だ。

1 旅券　　　　　2 旅費　　　　　3 旅館　　　　　4 旅人

4 500人の<u>50パーセント</u>は250人だ。

1 全部　　　　　2 大半　　　　　3 半分　　　　　4 大体

5 私達はいつでも君の<u>後ろ</u>で応援しているからね。

1 ブック　　　　　2 ビック　　　　　3 ドック　　　　　4 バック

6 仕事を効率よくする方法を早く<u>身につけ</u>たい。

1 マスターしたい　　　　　2 アップしたい

3 イメージしたい　　　　　4 カバーしたい

7 森林をどう守っていくかがこれからの<u>課題</u>になるだろう。

1 アイデア　　　　　2 テーマ　　　　　3 ゴール　　　　　4 チーム

8 誕生日に父から真珠の<u>首かざり</u>をもらった。

1 ブローチ　　　　　2 ネックレス　　　　　3 ハンドバッグ　　　　　4 スカーフ

1　レジャー

1　休みになると<u>レジャー</u>は人が多くて十分に遊べない。

2　最近働いてばかりだったからたまには<u>レジャー</u>してもいいよね。

3　私が小さい頃は縄跳びという<u>レジャー</u>が流行っていた。

4　ここでは美しい自然と<u>レジャー</u>を楽しむことができる。

2　テンポ

1　弟はいつもご飯の<u>テンポ</u>を決めるのが速い。

2　この歌はとても<u>テンポ</u>が速くてカラオケでは歌えない。

3　友達といつも<u>テンポ</u>が合わず１年以上会えていない。

4　彼は<u>テンポ</u>が悪く何に誘っても行くと言わなかった。

3　ポスター

1　駅に夏祭りの<u>ポスター</u>が沢山貼られていた。

2　家の<u>ポスター</u>に沢山の手紙が入っていた。

3　店の<u>ポスター</u>が台風の影響で屋根から外れた。

4　<u>ポスター</u>を使って湖の絵を描くことにした。

01 あいまい 애매함

㊤ **あやふや** 애대함, 모호함

何でもあいまいに答えるのはやめ
てください。

02 当たり前 당연함, 마땅함, 보통, 예사

信じていた人に裏切られたらその
後、人を簡単に信じられなくなる
のは当たり前だ。

当たり前の感想ですが、ここの料
理は本当においしいです。

03 あらゆる 온갖, 모든

この池にはあらゆる動物が水を飲
みに来る。

04 案外 의외(로), 뜻밖(에)

㊤ **意外** 의외(로)

暗いところが怖いなんて君は案外
怖がりなんだね。

05 いきなり 갑자기, 별안간, 느닷없이

弟と妹がいきなり喧嘩を始めた。

06 意地悪 심술궂음, 심술쟁이

07 いずれ 어느 쪽, 어쨌든, 결국은, 머지않아, 곧

私の言ったことが正しいってこと
はいずれ分かるだろう。

08 一体 한 몸, 도대체

家の大掃除を家族一体で取り組ん
だ。

親のお金を黙って使うなんて一体
何を考えているの？

09 一般 일반, 광범위에 걸침, 보통, 흔히 있음

一般市民のことを考えた政治を行
ってほしい。

一般に太る原因は食べすぎと運動
不足だ。

10 一方 한 방향, 한쪽, ～하는 한편

靴下の一方が破れてしまった。

都市に人が増える一方で田舎では
人がいなくて困っている。

11 おしゃれ 멋을 냄, 치장, 세련됨

12 およそ 대체적인 것, 대충, 대체로

㊤ **大体** 대강, 개요, 대개

家から海水浴場までおよそ1時間
かかる。

13 勝手（かって） 부엌, 생계, (일할 때의)형편, 제멋대로

この電卓（でんたく）は使（つか）い勝手（がって）が悪（わる）い。

勝手（かって）に私（わたし）のカードで買（か）い物（もの）しないでよ。

14 我慢（がまん） 참음, 견딤

類 辛抱（しんぼう） 참음, 인내

ついに我慢（がまん）の限界（げんかい）に達（たっ）し、彼（かれ）に文句（くい）を言（い）いに行（い）った。

15 感心（かんしん） 감심, 감탄함, 칭찬할 만하다고 느낌

16 機嫌（きげん） 안부, 기분, 심기

類 気分（きぶん） 기분

弟（おとうと）はいつも母（はは）と話（はな）すとき機嫌（きげん）が悪（わる）い。

17 貴重（きちょう） 귀중

ここで私（わたし）はたくさんの貴重（きちょう）な経験（けいけん）をした。

18 気（き）に入（い）る 마음에 들다

19 逆（ぎゃく） 반대, 역

類 逆（さか）さま 거꾸로 됨

友達（ともだち）と私（わたし）の家（いえ）は逆（ぎゃく）方向（ほうこう）にある。

20 急（きゅう） 급함, 바쁨, 갑작스러움, 경사가 급함

類 緊急（きんきゅう） 긴급　いきなり 갑자기　急速（きゅうそく） 급속

急（きゅう）に天気（てんき）が悪（わる）くなってきた。

この道（みち）は急（きゅう）な上（のぼ）り坂（ざか）が多（おお）い。

21 安易（あんい） 안이, 손쉬움

物事（ものごと）を何（なん）でも安易（あんい）に解決（かいけつ）しようとすることがあなたの悪（わる）い癖（くせ）です。

22 一旦（いったん） 일단, 한번

23 思（おも）い切（き）り 단념, 체념, 힘껏, 마음껏

彼（かれ）はいつも思（おも）い切（き）りがよい。

夏休（なつやす）みは思（おも）い切（き）り楽（たの）しみたい。

24 快適（かいてき） 쾌적

引（ひ）っ越（こ）した家（いえ）はとても快適（かいてき）だった。

25 気（き）の毒（どく） 딱함, 가엾음

類 かわいそう 가엾음

とても可愛（かわい）がっていたペットが死（し）んでしまった時（とき）泣（な）いている娘（むすめ）を見（み）ていて気（き）の毒（どく）になった。

26 器用（きよう） 손재주가 있음, 약삭빠름

私（わたし）は手（て）が器用（きよう）な方（ほう）だ。

27 気楽（きらく） 속 편함, 홀가분함

一人暮（ひとりぐ）らしより家族（かぞく）と一緒（いっしょ）に住（す）んでいる方（ほう）が気楽（きらく）だ。

28 **けち** 인색함, 구두쇠

29 **強引** (반대·장애를 무릅쓰고)억지로 함

注射を嫌がる息子を強引に病院まで連れていった。

30 **地味** 수수함, 검소함

彼女はいつも地味な格好をしている。

35 **極端** 극단

いくら温暖化が進んでいるからといって近いうちに地球が消えてしまうとは極端な話だ。

31 **円満** 원만

この問題を円満に解決できるようにがんばります。

32 **温和** 온화

彼女はとても温和な性格だ。

33 **過剰** 과잉, 정도가 지나침

私は過剰に疲れがたまると頭が痛くなる。

34 **感無量** 감개무량

オーディションに合格できるなんて感無量です。

問題1 ＿＿＿＿の言葉の読み方として最もよいものを、1・2・3・4から一つ
選びなさい。

1 人の辞書を<u>勝手</u>に使わないでください。

1 かちで　　　　2 かって　　　　　3 かちて　　　　4 かっで

2 何でもお金で解決しようなんて<u>安易</u>な考えだ。

1 ようい　　　　2 ようえき　　　　3 あんえき　　　4 あんい

3 この魚は他の魚に比べて<u>極端</u>に種類が少ない。

1 きょうたん　　2 ごったん　　　　3 きょくたん　　4 ごくたん

4 これは日本ではあまり見ることのできない<u>貴重</u>な宝石です。

1 ほんもの　　　2 ごうか　　　　　3 こうきゅう　　4 きちょう

5 母は結婚して<u>我慢</u>強くなったと言っていた。

1 がまん　　　　2 ごうまん　　　　3 さんまん　　　4 ほうまん

6 兄は私にいつも<u>意地悪</u>をしてくる。

1 いちあく　　　2 いじわる　　　　3 いちわる　　　4 いじあく

7 彼は何でも<u>強引</u>に決めてしまうところがある。

1 ごういん　　　2 きょういん　　　3 ごうひ　　　　4 きょうひ

8 一人でいるのが寂しいなんて<u>案外</u>寂しがり屋なんだね。

1 あっげ　　　2 あんがい　　　　3 あんげ　　　　4 あっがい

252

問題2 ＿＿＿＿＿の言葉を漢字で書くとき、最もよいものを１・２・３・４から一つ選びなさい。

1 興味（きょうみ）がないと言っている友達をごういんに誘ってアイドルのコンサートに行った。

1 強引　　　2 引強　　　3 張弡　　　4 弡張

2 彼女はいったん何かを決めると、他の人が何を言おうとそれを変えようとしない。

1 一坦　　　2 一胆　　　3 一旦　　　4 一恒

3 平日にも関わらず私のコンサートにこんなに集まってくれてかんむりょうです。

1 感無糧　　　2 感無量　　　3 感無寮　　　4 感無菱

4 私の親は子どもに関心がなく何も言ってこないのでとてもきらくだ。

1 気楽　　　2 汽果　　　3 気果　　　4 汽楽

5 親が子どもの心配をするのはあたりまえのことだ。

1 あたり削　　　2 あたり前　　　3 あたり則　　　4 あたり副

6 靴の紐がすぐゆるくなるので紐をおもいきり引っ張ってきつく結んだ。

1 恩い着り　　　2 思い着り　　　3 恩い切り　　　4 思い切り

7 今日はなぜか犬のポチのきげんが悪い。

1 機減　　　2 機嫌　　　3 機現　　　4 機弦

8 彼はいつもおんわな表情を浮かべている。

1 温和　　　2 湿和　　　3 沮和　　　4 涅和

問題3 （　　　）に入れるのに最もよいものを、1・2・3・4から一つ選びなさい。

1 テレビである俳優が、夫婦（　　　）のポイントはペットを飼うことだと話していた。

  1 浪漫　　　　　2 散漫　　　　　3 円満　　　　　4 不満

2 ここからは（　　　）通行なので通れません。

  1 両方　　　　　2 横道　　　　　3 一日　　　　　4 一方

3 私は昔から（　　　）器用だったので、細かい作業をするのが苦手だ。

  1 無　　　　　2 不　　　　　3 未　　　　　4 非

4 この電気製品は（　　　）家庭用に作られたものです。

  1 一回　　　　　2 一体　　　　　3 一方　　　　　4 一般

5 三角形を反対から見ると（　　　）三角形になる。

  1 新　　　　　2 逆　　　　　3 名　　　　　4 順

6 何でも一人で決めてしまうなんて君は本当に自分（　　　）だな。

  1 回復　　　　　2 具合　　　　　3 勝手　　　　　4 最初

7 彼女は何に関しても（　　　）感心で興味を示そうとしない。

  1 無　　　　　2 不　　　　　3 大　　　　　4 小

8 息子さん足を怪我されたんですって。（　　　）気の毒です。

  1 ご　　　　　2 お　　　　　3 よ　　　　　4 と

問題4（　　　）に入れるのに最もよいものを、1・2・3・4から一つ選びなさい。

1 私は黒や茶色などの（　　　）な色の服が好きだ。

1 平凡　　　　　2 厄介　　　　　3 派手　　　　　4 地味

2 （　　　）隣の部屋で母が大きな声を出したので驚いた。

1 はたして　　　2 とにかく　　　3 いきなり　　　4 せっかく

3 （　　　）誰がこの花瓶を割ったのでしょう。

1 万一　　　　　2 一体　　　　　3 実は　　　　　4 特に

4 薬を（　　　）に飲むことは体によくない。

1 目標　　　　　2 夕方　　　　　3 過剰　　　　　4 夜間

5 先生が来て教室の中が（　　　）静かになった。

1 急に　　　　　2 今に　　　　　3 常に　　　　　4 直に

6 このお茶は（　　　）によく知られている。

1 一瞬　　　　　2 一斉　　　　　3 一般　　　　　4 一定

7 この部屋にはクーラーがあるので夏でも（　　　）暮らせそうだ。

1 親切に　　　　2 快適に　　　　3 真面目に　　　　4 退屈に

8 大学の費用を自分で働きながら出している彼を見て私は（　　　）した。

1 納得　　　　　2 賛成　　　　　3 感謝　　　　　4 感心

 ＿＿＿＿の言葉に意味が最も近いものを、１・２・３・４から一つ選びなさい。

1 いずれ答えを迫られる時が来るだろう。

1 とにかく　　　　2 そのうち　　　　3 いつでも　　　　4 ふたたび

2 宿題をしてこなかったのだから、先生に怒られるのは当然だ。

1 呑気だ　　　　2 あたりまえだ　　　3 順調だ　　　　4 卑怯だ

3 あなたの言いたいことは大体分かりました。

1 およそ　　　　2 たいして　　　　3 全然　　　　4 少々

4 遅刻するかと思い、教室まで全力で走った。

1 ひとりでに　　　2 思い切り　　　　3 同時に　　　　4 なるべく

5 彼と久しぶりに話したため気分がよくなった。

1 雰囲気　　　　2 景気　　　　　3 性格　　　　4 機嫌

6 ここは一年間ずっと温和な気候に恵まれている。

1 温度　　　　2 温室　　　　3 温暖　　　　4 温帯

7 私たちはあらゆる方向から物事を見る力を身につけなければならない。

1 一部の　　　　2 両方の　　　　3 全ての　　　　4 いずれの

8 入院中、ケーキを食べたくても食べられない彼女を見て気の毒だと思った。

1 さみしそう　　　2 うれしそう　　　3 かわいそう　　　4 おもしろそう

問題6 次の言葉の使い方として最も良いものを1・2・3・4から一つ選びなさい。

1 円満

1 結婚したら夫婦円満に過ごしたい。

2 学校で円満な生活態度を身につけることも重要だ。

3 円満な操作を行うために以下のことに注意してください。

4 円満を無事に終えた作業員たちが会社に戻ってきた。

2 けち

1 彼は特に困ったこともなくけちに明るい。

2 妹の成績はいつ見てもけちだ。

3 人を楽しませようとおもしろい顔をするとみんなにけちと言われる。

4 彼女はとてもけちで自分が食べた分のお金も払おうとしない。

3 気に入る

1 うちの会社の社長は怒ると怖いのでいつも怒らせないように気に入っています。

2 この車は値段が安くて乗りやすいのでとても気に入りました。

3 私は最近顔にしわが増えてきたことが嫌で気に入っています。

4 最近私が気に入っていることは同僚が会社をどんどん辞めていっていることです。

01 偶然 (ぐうぜん) 우연
⑳ 偶々 (たまたま) 마침, 우연히, 가끔, 간혹
偶然駅で姉の夫に出会った。

02 健康 (けんこう) 건강 ⑳ 体調 (たいちょう) 몸 상태
父はいつも健康第一と言っている。

03 豪華 (ごうか) 호화

04 高級 (こうきゅう) 고급

05 逆様 (さかさま) 거꾸로 됨 ⑳ 逆 (ぎゃく) 반대, 역
服を逆様に着たまま気付かずに会社に行ってしまった。

06 早速 (さっそく) 곧, 즉시, 바로
⑳ 直ちに (ただちに) 곧, 즉시, 당장, 바로
弁護士である父は退院したと同時に早速裁判の依頼を受けていた。

07 様々 (さまざま) 여러 가지, 가지각색
⑳ 色々 (いろいろ) 여러 가지　多様 (たよう) 다양, 여러 가지
動物園では様々な動物を見ることができる。

08 しかたがない 틀려먹다, 쓸모없다, 어쩔 수 없다, 견딜 수 없다
いくら言っても忘れ物が減らない君はしかたのない人だ。

授業中、トイレに行きたくてしかたがなかった。

09 しかも 게다가, 그런데도 불구하고
彼女は綺麗でしかも性格もいい。

10 したがって 따라서, 그러므로
今までの対策では景気はよくなりませんでした。したがって、私は新に対策を考えました。

11 重要 (じゅうよう) 중요

12 しょうがない 어찌할 도리가 없다, 할 수 없다
一緒にしてくれる人がいなければ一人でするよりしょうがない。

13 正直 (しょうじき) 정직(함), 솔직히 말해서
⑳ 誠実 (せいじつ) 성실
彼女はとても正直者だ。

14 真剣 (しんけん) 진검, 진짜 칼, 진지함

15 新鮮 (しんせん) 신선
この市場には新鮮な魚がたくさん売られている。

16 正確 (せいかく) 정확
只今の正確な時刻は午前1時43分37秒です。

17 絶対 (ぜったい) 절대, 절대로, 단연코

18 損 손, 손해　類 不利益 불이익

何も知らず株に手を出して損をした。

19 退屈 지루함, 무료함

退屈なので友達と遊ぶことにした。

20 大変 대단함, 힘듦, 고생스러움, 매우, 무척
　　類 大層 매우, 몹시, 대단히

交通事故に遭い、大変な目にあった。

舞台に誘っていただいてありがとうございました。大変楽しく拝見させていただきました。

21 純粋 순수　類 純真 순진

大人になっても純粋な心でいたい。

22 贅沢 사치, 사치스러움

たまには贅沢したいと思い、友達と海外旅行に行くことにした。

23 そっくり 모조리, 몽땅, 꼭 닮은 모양
　　類 全部 전부

あなたの言った言葉そっくりそのまま返します。

姉の電話に出たときの声は母にそっくりだ。

24 粗末 변변치 못함, 허술함, 함부로 함

両親は昔粗末な生活を送っていたらしい。

これはお父さんから借りたパソコンだから粗末に使わないでね。

25 たしか (혹시 모르지만)아마, 틀림없이

たしかここに引っ越してきたのって5年前だったよね？

26 但し 단, 다만

27 多様 다양　類 様々 여러 가지

この地域は色々な国の人が住んでいるので文化も多様だ。

28 序で / 序 (다른 일과 아울러 하기에)알맞은 기회, 순서, (「〜に」의 꼴로) 〜하는 김에

夫に序でがあれば米を買ってきてと頼んだ。

29 適度 적도, 적당한 정도

適度にお酒を飲むことは健康にいい。

30 凸凹 요철, 울퉁불퉁, 불균형

凸凹の道は自転車で走りにくい。

31 あいにく 공교롭게, 마침, 공교로움

せっかくの休(やす)みをもらえたのにその日(ひ)はあいにくの雨(あめ)だった。

32 あるいは 혹은, 또는　類 **または** 또는

こちらのレストランでは肉料理(にくりょうり)あるいは魚料理(さかなりょうり)がお楽(たの)しみいただけます。

33 いわゆる 소위, 이른바

父(ちち)は仕事以外(しごといがい)のことに興味(きょうみ)がない、これこそいわゆる仕事人間(しごとにんげん)だ。

34 大凡(おおよそ) 대강, 개요, 대체로　類 **大体(だいたい)** 대개

格好(かっこう)や皮膚(ひふ)を見(み)れば大凡(おおよそ)年齢(ねんれい)の見当(けんとう)はつく。

35 謙虚(けんきょ) 겸허

どんなに地位(ちい)が高(たか)くなっても謙虚(けんきょ)な心(こころ)を忘(わす)れずにいたい。

問題1 ＿＿＿＿の言葉の読み方として最もよいものを、1・2・3・4から一つ選びなさい。

1 カップラーメンばかり食べていると健康によくない。
　1 けんこう　　　　2 けんこ　　　　　3 がんこ　　　　　4 がんこう

2 いつの間にか友達がみんな就職が決まっていたので私も就職活動を真剣に始めることにした。
　1 しけん　　　　　2 しんけん　　　　3 じっけん　　　　4 じけん

3 日本の平均寿命を正確に調べてレポートに書いてきてください。
　1 しょうがく　　　2 しょうかく　　　3 せいがく　　　　4 せいかく

4 スーパーに行くなら序に牛肉買ってきて。
　1 ついで　　　　　2 すで　　　　　　3 とちゅう　　　　4 あわせ

5 テーブルの上には豪華な料理が並んでいた。
　1 ごうかい　　　　2 ごかい　　　　　3 ごうか　　　　　4 ごかく

6 そこまで言うんなら遊びに行っていいわ。但し、8時までには帰ってくること、いいわね。
　1 しるし　　　　　2 ただし　　　　　3 しかし　　　　　4 どうし

7 この会社の社長はとても謙虚だった。
　1 けんきゅ　　　　2 けんきゅう　　　3 けんきょう　　　4 けんきょ

8 山本山駅は普通に読んでも逆様から読んでも同じだ。
　1 さかよう　　　　2 さかさま　　　　3 ぎゃくさま　　　4 ぎゃくよう

 ＿＿＿＿＿の言葉を漢字で書くとき、最もよいものを１・２・３・４から一つ選びなさい。

1 このレストランではさまざまな国のビールを飲むことができる。

1 株々　　　　2 模々　　　　3 橦々　　　　4 様々

2 工場での作業の流れはおおよそこんな感じです。

1 大凡　　　　2 太凡　　　　3 大凪　　　　4 太凪

3 家にいてたいくつだったので一人で映画を見に行くことにした。

1 迴屈　　　　2 追屈　　　　3 退屈　　　　4 遁屈

4 弟が女の子と手を繋いで歩いているのをぐうぜん見た。

1 遇熟　　　　2 遇烈　　　　3 遇煦　　　　4 偶然

5 うちの家はいつも給料日前になるとそまつな食事になる。

1 祖未　　　　2 粗末　　　　3 祖末　　　　4 粗未

6 今日からバーゲンだと聞いて、さっそくデパートに向かった。

1 早速　　　　2 速早　　　　3 臭遅　　　　4 遅臭

7 寝すぎも体に良くないのでてきどに睡眠をとるようにしてください。

1 摘度　　　　2 滴庶　　　　3 適度　　　　4 嫡庶

8 彼は消費期限が切れたものをぜったい食べようとしない。

1 絶体　　　　2 芭対　　　　3 絶対　　　　4 芭体

問題3 （　　　）に入れるのに最もよいものを、1・2・3・4から一つ選び
なさい。

1 右畑駅の横に（　　　）マンションが建てられるらしい。

1 中級　　　　　　2 高速　　　　　　3 高級　　　　　　4 中速

2 いくら（　　　）食品だからといって、過剰にとりすぎると体に悪い影響を
与えることもある。

1 体操　　　　　　2 健康　　　　　　3 高価　　　　　　4 重要

3 彼女は（　　　）者なので嘘をつくはずがない。

1 正直　　　　　　2 厄介　　　　　　3 気楽　　　　　　4 馬鹿

4 試験では簡単な問題から早く解いていくことが（　　　）ポイントになっ
てくる。

1 大切　　　　　　2 貴重　　　　　　3 重要　　　　　　4 必死

5 このクイズを当てると（　　　）商品がもらえます。

1 立派　　　　　　2 派手　　　　　　3 地味　　　　　　4 豪華

6 年をとればとるほど（　　　）さは無くなっていく。

1 快適　　　　　　2 純粋　　　　　　3 感情　　　　　　4 努力

7 色々な国の人が行き来することにより、国の文化は多様（　　　）していく。

1 化　　　　　　　2 性　　　　　　　3 的　　　　　　　4 心

8 弟が競馬で大（　　　）したと泣きながら帰ってきた。

1 得　　　　　　　2 金　　　　　　　3 損　　　　　　　4 当

1 友達がみんな忙しく付き合ってくれなかったので（　　　）1人で映画を見に行った。

1 ざっと　　　　2 そうっと　　　　3 ためしに　　　　4 しょうがなく

2 母は「あと10分早く行けば果物が割引だったのに…高い値段で買って（　　　）した」と言っていた。

1 害　　　　2 損　　　　3 得　　　　4 涙

3 （　　　）の道は転びやすいので、みなさん気をつけて歩いてください。

1 じたばた　　　　2 でこぼこ　　　　3 かたがた　　　　4 めちゃくちゃ

4 結婚する人は性格がよく（　　　）お金持ちの人がいい。

1 しかも　　　　2 あくまで　　　　3 あるいは　　　　4 しまいに

5 主人は（　　　）まだ帰宅していません。

1 あいにく　　　　2 現に　　　　3 多くとも　　　　4 たまたま

6 家が農家なのでいつでも（　　　）野菜を食べることができる。

1 新たな　　　　2 贅沢な　　　　3 大小の　　　　4 新鮮な

7 私は今まで一度も（　　　）レストランに行ったことがない。

1 高度　　　　2 高級　　　　3 高額　　　　4 高等

8 生まれた赤ちゃんは目と鼻が母親（　　　）だ。

1 びっくり　　　　2 がっくり　　　　3 ゆっくり　　　　4 そっくり

問題5 ＿＿＿＿の言葉に意味が最も近いものを、１・２・３・４から一つ選びなさい。

1 葉書を読んで父がたいへん喜んでいたと母が言っていた。

　1 ふと　　　　　　2 大層　　　　　　3 比較的　　　　　4 なんとなく

2 国ごとに様々な挨拶の表現がある。

　1 多様な　　　　　2 莫大な　　　　　3 複数の　　　　　4 膨大な

3 偶然にも友達と一緒の電車に乗っていたのだが、全く気付かなかった。

　1 突発　　　　　　2 近々　　　　　　3 偶々　　　　　　4 自然

4 あなたの言いたいことは大体想像がつきます。

　1 大いに　　　　　2 悠々と　　　　　3 僅かに　　　　　4 大凡

5 約束が延期されてすることがなくなってしまい暇になった。

　1 退屈　　　　　　2 幸い　　　　　　3 損　　　　　　　4 中途

6 安いからといって電子辞書を適当に扱わないでください。

　1 適切　　　　　　2 強気　　　　　　3 単純　　　　　　4 粗末

7 夫が会社の同僚を家に連れてくるという話を聞いて早速準備を始めた。

　1 せっせと　　　　2 やたら　　　　　3 たちまち　　　　4 直ちに

8 家にいるときでも防犯対策として窓を開けたままにしないことが大切だ。

　1 重要　　　　　　2 微妙　　　　　　3 道徳　　　　　　4 格別

 次の言葉の使い方として最も良いものを1・2・3・4から一つ選びなさい。

1 絶対

1 水泳だけは他の人に<u>絶対</u>負けたくない。

2 作品の出来が悪く、<u>絶対</u>不満だった。

3 彼女がとても謝るので<u>絶対</u>許してあげようと思った。

4 いくら頭で理解していても<u>絶対</u>にやってみれば難しいことが沢山ある。

2 適度

1 環境に<u>適度</u>する力は社会にでれば重要になってくる。

2 上司の<u>適度</u>な指示のせいで問題を早く処理することができなかった。

3 朝に<u>適度</u>な運動をすると体が軽くなるとテレビで言っていた。

4 社長に君は営業の仕事に<u>適度</u>があると言われた。

3 あるいは

1 この食堂は安く、<u>あるいは</u>サービスもよい。

2 この欄（らん）に進学したい大学、<u>あるいは</u>将来なりたい職業を書いてください。

3 ここは私が育った、<u>あるいは</u>故郷だ。

4 この店はどのケーキもおいしいが、<u>あるいは</u>チーズケーキが好きだ。

01 唯 오직, 그저, 단지, 단, 다만

類 ひたすら 오직, 단지　但し 단, 다만

私はいつも唯成功することだけを考えて一生懸命研究している。

今はお前の好きなようにしろ。

唯、危ない真似だけはしないでくれ。

02 偶 드물게, 간혹, 어쩌다, 모처럼

03 直接 직접

類 直に 직접, 바로

有名な歌手に直接指導を受けた。

04 同様 같음, 다름없음

05 突然 돌연, 갑자기

類 不意に 느닷없이, 갑자기

突然母が倒れたとの連絡が入った。

06 馬鹿 어리석음, 바보, 어처구니없음, 엉터리, 쓸모없음

旅館の隣の部屋で馬鹿騒ぎをしてたのでうるさくて眠れなかった。

人の財布を盗むなんて本当に馬鹿な事をしたね。

07 秘密 비밀

類 内緒 은밀, 비밀

社長の秘密を偶然にも知ってしまった。

08 微妙 미묘

09 評判 평판, 세평, 소문남

類 評価 평가　噂 소문　人気 인기

この本がおもしろいと評判になっている。

10 貧乏 가난함, 빈곤함

類 貧困 빈곤

父が病気がちであまり働きにいけなかったのでうちは貧乏だった。

11 不景気 불경기

12 無事 무사함, 아무 일 없음

父は登山に行く前に必ず寺に行き、無事を祈る。

13 不思議 불가사의, 이상함

類 奇妙 기묘

不思議なことに夏になるとみんな怖い話をする。

14 普段 평소, 평상시

類 普通 보통　常に 늘, 항상, 평소에, 언제나

普段私は甘いものを食べない。

15 不満（ふまん） 불만
類 不平（ふへい） 불평
最近社員の社長に対する不満が大きくなっている。（さいきんしゃいん しゃちょう たい ふまん おお）

16 別々（べつべつ） 따로따로임, 제각기임

17 豊富（ほうふ） 풍부

18 まさか 당장, 눈 앞, 설마
まさか彼女がこんなに早く結婚するなんて！（かのじょ はや けっこん）

19 満足（まんぞく） 만족
試合で優勝できたことにとても満足した。（しあい ゆうしょう まんぞく）

20 見事（みごと） 훌륭함, 멋짐, 뛰어남
見事難しい試験に合格した。（みごと むずか しけん ごうかく）

21 でたらめ 엉터리, 무책임함, 되는대로 함
そうやってでたらめばかり言ってると人に信用されなくなりますよ。（い ひと しんよう）

22 独特（どくとく） 독특
この国の料理は独特の香りがする。（くに りょうり どくとく かお）

23 生意気（なまいき） 건방짐, 주제넘음
親に向かってなんて生意気な口の聞き方をするんだ。（おや む なまいき くち き かた）

24 呑気（のんき） 낙관적이고 느긋함, 무사태평함
忙しい生活を送っているとたまに呑気に暮らせたらなと考えることがある。（いそが せいかつ おく のんき く かんが）

25 派手（はで） 화려함, 정도가 심함
彼女の化粧はいつも派手だ。（かのじょ けしょう はで）

26 皮肉（ひにく） 비꼼, 빈정거림, 얄궂음
彼は最近皮肉っぽいことしか言わない。（かれ さいきん ひにく い）
全く興味がないのにアイドルとして人気を得てしまった僕の人生は何て皮肉なんだろう。（まった きょうみ にんき え ぼく じんせい なん ひにく）

27 貧困（ひんこん） 빈곤

28 物騒（ぶっそう） 위험스러움, 뒤숭숭함

29 平気（へいき） 아무렇지도 않음, 태연함
類 冷静（れいせい） 냉정
これくらいの怪我、平気です。（けが へいき）

30 平凡（へいぼん） 평범
私は今まで常に平凡に生きてきた。（わたし いま つね へいぼん い）

31 主要（しゅよう） 주요

君（きみ）はこの会社（かいしゃ）で主要（しゅよう）な社員（しゃいん）だ。

32 すなわち 즉, 다시 말하면, ～하면 언제나 반드시

類 つまり 즉

韓国（かんこく）で一番（いちばん）人口（じんこう）が多（おお）い場所（ばしょ）は首都（しゅと）すなわちソウルだろう。

33 そのうえ 게다가, 또한

類 さらに 보다 더, 더욱이

この家（いえ）は日（ひ）当（あ）たりもいいし、そのうえ交通（こうつう）の便（べん）もよい。

34 断然（だんぜん） 단연, 단연코

この二人（ふたり）なら私（わたし）は断然（だんぜん）右（みぎ）の人（ひと）が格（かっ）好（こう）いいと思（おも）う。

35 手際（てぎわ） 솜씨, 수완

類 要領（ようりょう） 요령　腕前（うでまえ） 솜씨

仕事（しごと）は時間（じかん）を短（みじか）く、手際（てぎわ）よくした方（ほう）がいい結果（けっか）が出（で）ると思（おも）う。

問題1 ＿＿＿＿＿の言葉の読み方として最もよいものを、1・2・3・4から一つ
選びなさい。

1 その庭はきれいに手入れされていてとても<u>見事</u>なものだった。

1 けんし　　　　2 みこと　　　　3 みごと　　　　4 けんじ

2 この国には石油などの資源が<u>豊富</u>にある。

1 ほうふ　　　　2 ほふう　　　　3 こふう　　　　4 こうふ

3 弟は10歳も下なのにとても<u>生意気</u>だ。

1 なまいげ　　　　2 ないき　　　　3 いくじ　　　　4 なまいき

4 電車が来た時間が予定より<u>微妙</u>に遅かった。

1 きみょう　　　　2 びみょう　　　　3 ぜつみょう　　　　4 しんみょう

5 私は料理をする時、<u>手際</u>が悪いのか人よりも時間がかかる。

1 しゅぎわ　　　　2 しゅさい　　　　3 てさい　　　　4 てぎわ

6 私はよく姉に<u>馬鹿</u>と言われる。

1 まが　　　　2 ばか　　　　3 まか　　　　4 ばが

7 <u>皮肉</u>にも友達と同じ人を好きになってしまった。

1 しにく　　　　2 しいく　　　　3 ひにく　　　　4 ひいく

8 私は<u>唯</u>戦争がない世の中になることだけを祈っている。

1 やだ　　　　2 はだ　　　　3 まだ　　　　4 ただ

問題2　＿＿＿＿＿の言葉を漢字で書くとき、最もよいものを１・２・３・４から一つ選びなさい。

1 このカフェの<u>どくとく</u>な雰囲気が好きでよく通っている。

　　1 狆特　　　　　2 独特　　　　　3 独侍　　　　　4 狆侍

2 世の中はますます<u>ぶっそう</u>になってきている。

　　1 物騒　　　　　2 物掻　　　　　3 物蚤　　　　　4 物嫂

3 ＡデパートとＢデパートなら<u>だんぜん</u>Ｂデパートの方が安い。

　　1 団全　　　　　2 段善　　　　　3 断然　　　　　4 暖前

4 私も皆さんと<u>どうよう</u>、この商品が売れるように宣伝していきたいと思います。

　　1 司洋　　　　　2 同洋　　　　　3 司様　　　　　4 同様

5 彼は昼休みが終わっても<u>のんき</u>に昼食を食べていた。

　　1 看気　　　　　2 呑気　　　　　3 否気　　　　　4 各気

6 今回の試験はどの科目も<u>まんぞく</u>な点数をとることができた。

　　1 満足　　　　　2 満疋　　　　　3 満是　　　　　4 満畏

7 私の母は昔から<u>はで</u>な格好をするのが好きだった。

　　1 脈手　　　　　2 脈千　　　　　3 派千　　　　　4 派手

8 彼女は独特な考えをいつも持っていて、クラスの中でも<u>ふしぎ</u>な存在だ。

　　1 不思儀　　　　2 不思義　　　　3 不思議　　　　4 不思犠

1 （　　　）都市の人口は年々増えてきている。

1 景色　　　　　2 研究　　　　　3 社会　　　　　4 主要

2 撮影だからといって緊張せずに普段（　　　）に動いてください。

1 通り　　　　　2 沿い　　　　　3 帰り　　　　　4 任せ

3 私は（　　　）学生なのでアルバイトを3つやりながら生活費と学費を作っている。

1 優勝　　　　　2 貧乏　　　　　3 一般　　　　　4 親切

4 父が経営しているレストランが雑誌に紹介されて（　　　）評判になった。

1 紙　　　　　　2 不　　　　　　3 大　　　　　　4 新

5 妹は（　　　）正直に何でも言うのでいつも親に怒られている。

1 無事　　　　　2 偶然　　　　　3 素直　　　　　4 馬鹿

6 私は自分の事を何も話そうとしない（　　　）主義の人は苦手だ。

1 積極　　　　　2 秘密　　　　　3 真面目　　　　　4 無料

7 世の中にはお金がなく（　　　）生活をしなければならない人が大勢いる。

1 貧困　　　　　2 大変　　　　　3 慎重　　　　　4 腰掛け

8 最近（　　　）景気が続いていて店の経営が傾いてきた。

1 不　　　　　　2 低　　　　　　3 急　　　　　　4 未

問題4（　　　）に入れるのに最もよいものを、1・2・3・4から一つ選び
なさい。

1 将来のことを何も考えていないなんて君は本当に（　　　）だな。

　1 健気　　　　　2 陽気　　　　　3 元気　　　　　4 呑気

2 レポートは（　　　）木下教授に渡してください。

　1 直接　　　　　2 実際　　　　　3 不意に　　　　4 まっすぐ

3 私たちのグループは解散してそれぞれ（　　　）の道を進むことにした。

　1 元々　　　　　2 別々　　　　　3 転々　　　　　4 淡々

4 この歌には（　　　）のテンポがある。

　1 独身　　　　　2 独立　　　　　3 独断　　　　　4 独特

5 （　　　）自分が学級委員長に選ばれるとは思っていなかった。

　1 まさか　　　　2 もし　　　　　3 すでに　　　　4 まるで

6 この料理を作る時に重要なことは火の調節（　　　）火加減を注意して見る
ことです。

　1 なお　　　　　2 よって　　　　3 すなわち　　　　4 また

7 私は今だに飛行機が空を飛べることが（　　　）でしょうがありません。

　1 当たり前　　　2 不思議　　　　3 哀れ　　　　　4 不通

8 大雨のせいで時間は少し遅れましたが（　　　）出発しました。

　1 無事に　　　　2 安泰に　　　　3 まさに　　　　4 相当に

問題5 ＿＿＿＿＿の言葉に意味が最も近いものを、１・２・３・４から一つ選びなさい。

1 泊めてもらっただけでも<u>満足</u>なのに、夕ごはんまでご馳走になった。

1 十分　　　　2 意識　　　　3 連想　　　　4 理解

2 夜中遊びに行ったことはお母さんに<u>秘密</u>にしてね。

1 目標　　　　2 目印　　　　3 内緒　　　　4 独言

3 <u>偶に</u>父は会社を休んで釣りに行く。

1 次々　　　　2 時々　　　　3 所々　　　　4 別々

4 会社の近所で<u>物騒</u>な事件が起きた。

1 険しい　　　　2 荒い　　　　3 めでたい　　　　4 怖い

5 父は結婚する前までお金は貯金しないで<u>派手</u>に使っていたようだ。

1 贅沢　　　　2 大雑把　　　　3 手頃　　　　4 懸命

6 この絵は家に飾ればいいことがあると<u>評判</u>の絵だ。

1 印象　　　　2 魅力　　　　3 題名　　　　4 人気

7 彼は会社を辞めさせられ、<u>そのうえ</u>家も出て行かなければならなくなった。

1 もっと　　　　2 いよいよ　　　　3 さらに　　　　4 また

8 お酒を飲み過ぎないように<u>普段から</u>意識している。

1 常に　　　　2 元旦　　　　3 本来　　　　4 今後

問題6 次の言葉の使い方として最も良いものを１・２・３・４から一つ選び
なさい。

1 　同様

1 この書類にも先ほどの書類と同様に名前と住所、電話番号を記入してくだ
さい。

2 母に「お父さんと同様に電話してこないでよ」と言われた。

3 私は人は地球環境についてもっと考えなければならないという彼の意見に
同様だ。

4 マラソン大会で一位の人と同様でゴールした。

2 　でたらめ

1 学年が変わり友達とクラスがでたらめになった。

2 掃除をしたので、部屋の中がでたらめになった。

3 知らない人に電話番号を聞かれたのだが、怖かったのででたらめな番号を
教えた。

4 友達が遊びに来たのは良かったのだが、部屋をでたらめにされた。

3 　断然

1 事故現場の周辺の雰囲気は断然としていた。

2 同じ職場でも仕事の内容が違えば給料も違ってくるのは断然だ。

3 彼は私の話に断然興味を示さない。

4 道が混んでいる時はバスで行くより歩いて行ったほうが断然速い。

01 ～位 (계급 · 위계 · 등급의) ～위, (계산 상의)자리

運動会の綱引きで私のクラスが１位だった。

02 ～期 ～기(기간)

２学期は１学期より成績が良かった。

03 ～気味 ～기미, ～경향, ～기색

２日間遅くまで働いたので、疲れ気味だ。

04 ～場 ～장(장소)

運動場にはたくさんの生徒がいた。

05 ～状 ～상(형상 · 문서)

友達に結婚式の招待状を送った。

06 ～だらけ ～투성이

ベッドの下を見ると埃だらけだった。

07 ～向け ～을 대상으로 함, ～로 보냄

最近男性向けの化粧品が増えている。

08 無駄 헛됨, 쓸데없음
㊜ **無意味** 무의미

家にあるものを新しく買ってしまったとき、お金を無駄にしたなと感じる。

09 迷惑 폐, 귀찮음

おばあさんになっても人に迷惑をかけないように暮らしたい。

10 面倒 귀찮음, 성가심, 보살핌, 돌봄
㊜ **厄介** 귀찮음, 성가심, 신세

姉はいつも面倒なことは私にやらせていた。

母と叔母が交代で祖母の面倒を見ている。

11 尤も 지당함, 당연함, 그렇다고는 하지만, 하기는, 다만
㊜ **当然** 당연　**ただし** 단, 다만

寒いなか散歩しに行こうと母を誘う父を見て母が嫌がるのも尤もだと思った。

明日の試合は外で行われます。尤も雨が降れば室内で行われる可能性もありますが。

12 愉快 유쾌
㊜ **陽気** 명랑함, 밝고 쾌활함

隣の教室から愉快な音楽が流れてきた。

| 13 | 余計 _{よけい} 쓸데없음, 한층 더, 더욱 |

君が余計なことを言うから場の雰囲気が悪くなっちゃっただろ！

| 14 | 楽 _{らく} 편안함, 안락함, 쉬움 |

これくらいの問題、楽に解けます。

| 15 | 〜毎 _{ごと} 〜마다 |

私は納豆を食べる毎に好きになる。

| 16 | 〜丁目 _{ちょうめ} (거리 구획을 이르는 말)〜가(街) |

私の住んでいる町は1丁目から6丁目まである。

| 17 | 〜費 _ひ 〜비(경비·비용) |

日本は韓国よりも交通費が高い。

| 18 | 自ら _{みずか} 몸소, 스스로, 자기 자신 |
| 類 | 自分 _{じぶん} 자신　手ずから _て 손수, 몸소 |

彼はどんな問題にも自ら進んで行おうとする。

| 19 | 妙 _{みょう} 묘, 절묘함, 이상함 |

諺には言い得て妙だなと思うものが多い。

この事件はとても妙なところが多い。

| 20 | 夢中 _{むちゅう} 꿈속, 열중함 |

私はこの漫画に夢中になった。

| 21 | めちゃくちゃ 뒤죽박죽임, 엉망진창임 |
| 類 | めちゃめちゃ 뒤죽박죽임 |

最近豚が畑をめちゃくちゃにし、問題になっている。

| 22 | 優秀 _{ゆうしゅう} 우수 |

彼はとても優秀な成績を納めた。

| 23 | 幼稚 _{ようち} 유치 |

彼の考えはとても幼稚だ。

| 24 | わがまま 제멋대로 함, 방자함, 버릇없음 |
| 類 | 自分勝手 _{じぶんかって} 제멋대로임 |

いつまでもそんなわがままが通用すると思っているんですか！

| 25 | ほんの〜 아주, 극히, 불과 |

まだ全部解けていないのに終了時間までほんの僅かしか残っていなかった。

26 真っ先 맨 앞, 제일 먼저

有名なスポーツ選手と言えば真っ先に誰の顔が浮かびますか。

27 万が一 만일, 만에 하나

万が一大きさが合わなければ交換することもできます。

28 やたらに / やたらと 함부로, 마구, 몹시

(類)**無闇** 무턱 댐, 마구 함, 터무니없음

やたらと大きい荷物も抱えて祖母が家に来た。

29 厄介 귀찮음, 신세, 폐

私は厄介な仕事を頼まれてしまった。

30 欲張り 욕심 부림, 욕심쟁이

何でも手にいれたいと思うのは欲張りだ。

31 余程 상당히, 어지간히, 자칫, 하마터면

今まで涙一つ見せず頑張ってきた彼女が泣くなんて余程のことがあったに違いない。

問題1 ________の言葉の読み方として最もよいものを、１・２・３・４から一つ選びなさい。

1 彼女は給料をもらったら<u>真っ先</u>にこの靴を買いたいと言った。

1 まっさき　　　　2 あっせん　　　　3 まっせん　　　　4 あっさき

2 親に<u>迷惑</u>をかけてきた分これからは親に楽をさせてあげたいと思っている。

1 みわく　　　　2 めいわく　　　　3 ぎわく　　　　4 おもわく

3 彼は少々太り<u>気味</u>だ。

1 げみ　　　　2 きみ　　　　3 ぎみ　　　　4 けみ

4 私が働いている出版会社は主に<u>子供向け</u>の本を扱っている。

1 こどもうっけ　　　　　　　　2 こどもむけ
3 こどもむうけ　　　　　　　　4 こどもうけ

5 大学の発展に貢献したとして大学から<u>感謝状</u>をもらった。

1 かんしゃじょう　　　　　　　2 かんしゃしょう
3 かんしゃじょ　　　　　　　　4 かんしゃしょ

6 あなたが口を挟むから状況が<u>余計</u>に悪くなっちゃったじゃない！

1 もけい　　　　2 とけい　　　　3 かけい　　　　4 よけい

7 犯人<u>自ら</u>警察に来て自分が犯人であることを認めた。

1 みきから　　　　2 みちから　　　　3 みせから　　　　4 みずから

8 弟は今人気のゲームに<u>夢中</u>になっている。

1 むしょう　　　　2 むしゅう　　　　3 むじゅう　　　　4 むちゅう

 ＿＿＿＿＿の言葉を漢字で書くとき、最もよいものを１・２・３・４から一つ選びなさい。

1 妹は私が何かを買う度に自分もほしいと言うので、よく母によくばりだと怒られている。

　　1 浴張り　　　　2 欲張り　　　　3 浴弦り　　　　4 欲弦り

2 今日の試合のゆうしゅう選手は山下選手です。

　　1 榎季　　　　　2 優季　　　　　3 榎秀　　　　　4 優秀

3 父の体を心配して病院に行けと言う母の意見はもっともだ。

　　1 尤も　　　　　2 犬も　　　　　3 太も　　　　　4 之も

4 試合の後一人であんなに泣くなんて、よほど悔しかったのだろう。

　　1 余呈　　　　　2 余程　　　　　3 余逞　　　　　4 余里

5 これはトムとゆかいな仲間達の友情と愛の物語です。

　　1 愉決　　　　　2 愉訣　　　　　3 愉决　　　　　4 愉快

6 あなたはいつもそんなようちな考えしかできないんですか。

　　1 用知　　　　　2 要地　　　　　3 幼稚　　　　　4 様智

7 会社の社員が増えたために前より仕事がらくになった。

　　1 棠　　　　　　2 桑　　　　　　3 梨　　　　　　4 楽

8 警察官の父は最近みょうな事件が起きていると言っていた。

　　1 妙　　　　　　2 妖　　　　　　3 姓　　　　　　4 妨

問題**3**（　　　）に入れるのに最もよいものを、１・２・３・４から一つ選び
なさい。

1 娘はいつも学校に行くのが（　　　）くさいと言っている。

　1 面倒　　　　　　2 駄目　　　　　　3 大変　　　　　　4 厄介

2 これは赤山１（　　　）の地図です。

　1 冊　　　　　　2 軒　　　　　　3 段階　　　　　　4 丁目

3 ある日、息子が傷（　　　）で帰ってきたので驚いた。

　1 済み　　　　　　2 だらけ　　　　　　3 過ぎ　　　　　　4 のめり

4 引っ越した場所が会社から遠くなったので交通（　　　）が２倍かかる。

　1 整理　　　　　　2 台　　　　　　3 費　　　　　　4 時刻

5 いつもそんなに（　　　）使いするからお金がたまらないのよ。

　1 最低　　　　　　2 混乱　　　　　　3 無駄　　　　　　4 気分

6 最近、私が出かける（　　　）に知らない人に声をかけられる。

　1 様　　　　　　2 向け　　　　　　3 側に　　　　　　4 毎

7 ここの駐車（　　　）は料金が高いのでいつも止まっている車が少ない。

　1 地　　　　　　2 代　　　　　　3 用　　　　　　4 場

8 ストレスは体に悪い影響を及ぼす（　　　）者だ。

　1 厄介　　　　　　2 おでかけ　　　　　　3 田舎　　　　　　4 おしゃべり

 （　　　　）に入れるのに最もよいものを、1・2・3・4から一つ選び
なさい。

1 私は部屋の整理が苦手でいつも机の上や引き出しの中が（　　　　）になって
しまいます。

　1 さかさま　　　　2 めちゃくちゃ　　　3 でたらめ　　　　4 ちぐはぐ

2 来年のオリンピックはこの競技（　　　）で行われる予定だ。

　1 場　　　　　2 祭　　　　　3 戦　　　　　4 料

3 全ての科目で100点を取るなんて君はとても（　　　）なんだね。

　1 有名　　　　2 柔軟　　　　3 有利　　　　4 優秀

4 （　　　）私に何かあったら後のことはよろしくお願いします。

　1 すでに　　　　2 思わず　　　　3 まさに　　　　4 万が一

5 マラソンが苦手な私はいつも後ろから10（　　　）以内だった。

　1 位　　　　　2 行　　　　　3 勝　　　　　4 足

6 この小学校は学（　　　）ごとに担任教師が変わる。

　1 業　　　　　2 色　　　　　3 期　　　　　4 団

7 彼女のスピーチは（　　　）長かった。

　1 くれぐれも　　　2 やたらに　　　3 さっさと　　　4 まんがいち

8 私が目をはなした（　　　）数秒の間に自転車をとられた。

　1 やっと　　　　2 より　　　　3 ほんの　　　　4 まさか

問題5 ＿＿＿＿の言葉に意味が最も近いものを、１・２・３・４から一つ選びなさい。

1 人に認めてもらえなければこんなことやっても<u>無駄</u>だ。

1 無意識　　　　2 無意味　　　　3 無関心　　　　4 無愛想

2 どう考えても昨日の彼の行動は<u>妙だった</u>。

1 怪しかった　　2 厳しかった　　3 悔しかった　　4 正しかった

3 本当にこの仕事は複雑で<u>面倒</u>なんですよね。

1 心配　　　　　2 困難　　　　　3 地味　　　　　4 厄介

4 学校は団体で行動しなければならないので<u>自分勝手</u>な行動はしないように。

1 わがまま　　　2 強引　　　　　3 欲張り　　　　4 乱暴

5 子供のうちは遊ぶことが仕事だという母の意見は<u>尤も</u>だと思う。

1 適度　　　　　2 常識　　　　　3 当然　　　　　4 無理

6 静かな場所では<u>やたらに</u>大きな声を出さないでください。

1 主に　　　　　2 無暗に　　　　3 突然に　　　　4 大いに

7 こんな短い台詞、10分あれば<u>楽に</u>覚えられますよ。

1 堂々と　　　　2 どうにか　　　3 余裕で　　　　4 普通に

8 担任の先生はいつも<u>愉快</u>に話しをしながら授業をするので授業がとてもおもしろい。

1 陽気　　　　　2 快適　　　　　3 素敵　　　　　4 便利

 次の言葉の使い方として最もよいものを、1・2・3・4から一つ選び
なさい。

1 余程

1 私が生まれる余程前から人間は存在していた。
2 彼女は今日からの海外旅行が余程楽しみだったのか昨日全く眠れなかった
　　らしい。
3 鈴木さんならつい余程出掛けましたよ。
4 彼は誰に何を言われようと余程気にしていないようだ。

2 だらけ

1 体の弱い弟は冬になると学校を休みだらけになる。
2 女だらけを出すためには歩き方をもう少し変えたほうがいいと思います。
3 私は性格が男だらけな人が好きです。
4 帰ってきた息子の服を見ると泥だらけだった。

3 幼稚

1 大学の授業ともなると、とても幼稚でわからない。
2 彼は授業中幼稚ないたずらをしてくる。
3 まだまだ未熟な私ですが、皆さんの足を引っ張らないように幼稚に頑張り
　　たいと思います。
4 彼女の言うことに幼稚にも騙されてしまった。

문제유형		유형 설명	문항수
問題7	문법형식 판단	괄호 안에 들어갈 가장 알맞는 문법적 기능어를 찾아 문장을 완성하는 문제	12
問題8	문장 조합	선택지로 주어진 1~4의 어휘를 나열하여 문장을 완성한 후, ★ 표시가 된 부분에 들어갈 표현을 찾는 문제	5
問題9	문장 속 문법	글을 읽고 빈칸에 들어간 표현을 찾는 문제	5

문법 문제 유형 이해하기

1. 문장 중간에 오는 기능어 1

2. 문장 중간에 오는 기능어 2

3. 문장 중간에 오는 기능어 3

4. 문장 중간에 오는 기능어 4

5. 문장 끝에 오는 기능어 1

6. 문장 끝에 오는 기능어 2

문법 파트에서는 문제7 유형이 12문항, 문제8과 9 유형이 각 5문항씩 출제된다.

문제7 유형은 문장 안에 들어갈 문법적 기능어를 찾아 넣는 형식으로, 문법 공부만 착실하게 한다면 빠른 시간 안에 해결할 수 있을 뿐만 아니라, 공부한 만큼 점수를 기대할 수도 있는 부분이다.

문제8 유형은 문장을 문맥에 맞게 조합해야 하고, 문제9 유형은 독해문을 읽고 빈칸에 들어갈 알맞은 어휘를 찾아야 하는 문제로, 비교적 시간이 많이 소요되는 문제가 출제된다. 하지만, 많은 문제를 풀어봄으로써, 문제 푸는 요령만 몸에 익힌다면, 어려움 없이 문제에 대응할 수 있을 것이다.

그럼, 본격적으로 문법 문제를 분석해보자.

問題7 문법형식 판단

問題7 次の文の （　　　　） に入れるのに最もよいものを、 １・２・３・４から 一つ選びなさい。

1　私は好きな仕事をしているので忙しい （　　　） 充実した毎日を送って いると思う。

1 がてら　　　　2 とあって　　　　3 ながらも　　　　4 そばから

정답은 3번이다.

'문법형식 판단' 문제는 문맥에 맞게 괄호 안에 들어갈 알맞은 문법 형식을 찾는 문제로, 12문제 출제된다. 기능어(문법)의 의미와 접속 방법 등을 외워서 준비하면 큰 어려움 없이 대응할 수 있을 것으로 판단된다.

問題8 次の文の ＿＿＿★＿＿ に入る最もよいものを、1・2・3・4から一つ選びなさい。

1 景品を先着順に ＿＿＿ ＿＿＿ ＿★＿ ＿＿＿ から多くの人で溢れかえって
いた。

1 もらえる　　　　　2 オープン前　　　3 デパートの前は　4 だけあって

문제로 주어진 문장을 선택지를 이용해 완성하면 다음과 같다.

景品を先着順に 1 もらえる　4 だけあって　3 デパートの前は　2 オープン前
　　　　　　　　　　　　　　　　　　　　★

から多くの人で溢れかえっていた。

'★' 부분에 들어가는 표현을 찾으면, 정답은 3번이 된다.

'문장 조합' 문제는 '쓰는 능력'을 측정할 수 있는 문제로, 5문제 출제된다.

주어진 선택지 4개를 문법과 의미가 통하도록 문장을 재배열하여 '★'표에 해당하는 선택지가 정답이
된다. 문제를 풀 때는 실제로 문장을 써서 눈으로 확인하는 것이 좋다. 일단 선택지 4개 중에 서로 앞
뒤에 올 수 있는 것을 묶어 두고, 그 다음 첫 칸에 올 수 있는 선택지와 마지막 칸에 올 수 있는 선택지
를 정해두면 2번째와 3번째에 오는 선택지를 정하기 쉬워진다.

問題9 **문장 속 문법**

問題9 次の文章を読んで、 1 から 5 の中に入る最もよいものを、 1・2・
　　　3・4の中から一つ選びなさい。

　私たちは、おたがいの心を想像しながら生活しています。相手に期待し、
相手からの期待にこたえようとします。ときには、そこにズレが生じます。
これが悩みのひとつの種になることも多いでしょう。ここで大切なことは、
そもそも人が心に関心をもたなければ、悩みは生まれない、ということで
す。あたりまえといわれれば、それまでですが。

　他者の心を推測し、自分の心をふりかえる。これは、ある意味で、とても
人間らしい行動といえるでしょう。その過程の中で、悩みが生じるとすれ
ば、悩みも人間らしさの一部と　1　。そして、このような「心への関心」
は、ある年齢にぐんと発達することがわかってきたのです。

　ここで、自分の成長を思い出してください。はじめて心に関心をもったの
は、いったい何歳ぐらいでしょうか。

　現在の心理学者たちは、四歳前後というひとつの目安を提唱してしていま
す。この時期を境に、他者の心を推測する力が伸びてくるのです。たとえ
ば、「　2-a　がほしがっているから、　2-b　も使いたいけど、おもちゃを貸
してあげよう」とか、「こんなプレゼントをあげると、お母さんがよろこぶだ
ろうな」というふうに。「怒られるから」「決まりだから」というのではな
く、他者への配慮、共感、思いやりがはっきりとあらわれ、それにあわせて
自分の行動もコントロールできるというわけです。心とのはじめての出会い
は四歳　3　。

　もうひとつ大切なことは、四歳ぐらいから、嘘をつきはじめる、というこ
とです。みなさんはすぐに、「嘘はよくない」と思うかもしれませんね。しか
し、心理学的にいえば、嘘はじつに高度なコミュニケーションなのです。考
えてみれば、嘘というのは、相手の裏をかく行動です。　4　、相手が何を
考えているのか、その心を想像できなければなりません。そのうえで、「意地
悪してやろう」「困らせてやろう」「驚かせてやろう」というわけですから、
　5　が必要です。子供たちは、「嘘」と「ほんとう」のあいだを、あんがい自
在に楽しんでいるのかもしれませんよ。

[1]

1 いえるかもしれません　　　　　2 いえばそれまでです
3 いうほかしかたがありません　　4 いわずにはおきません

[2]

1 a 他人 ／ b 友だち　　　　　2 a 友だち ／ b 自分
3 a 自分 ／ b 友だち　　　　　4 a 親 ／ b 自分

[3]

1 といったらないでしょう　　　　2 といってもいいでしょう
3 にはあたらないでしょう　　　　4 にかかわらないでしょう

[4]

1 ですから　　　　　　　　　　　2 けれども
3 ならびに　　　　　　　　　　　4 つまり

[5]

1 単純な思考　　　　　　　　　　2 無駄な思考
3 簡潔な思考　　　　　　　　　　4 複雑な思考

정답은 '[1]-1, [2]-2, [3]-2, [4]-1, [5]-4'다.
'문장 속 문법'에서는 문장에 흐름에 맞는 어휘 및 기능어를 선택하는 문제로, 5문제 출제된다. 얼핏 보기에는 독해 문제처럼 보이지만, 문장 속에서 접속사의 형태, 어휘와 문법이 문장 흐름에 맞게 되어 있는지를 묻는 문제다. 풀이 방법은 문장 전체의 흐름보다는 ☐ 전후의 내용을 정독해서 답을 구하는 것이 효율적이다. 답을 생각하기 보다는 선택지를 하나하나 적용시켜서 틀린 것을 제거하는 것이 시간 절약에 유효하다.

01 **〜あげく(に)** ~한 끝에

접속 동사 た형 ‖ 명사-の

遅_ち刻_{こく}したあげく宿_{しゅく}題_{だい}も忘_{わす}れたとは言_いえない。

02 **〜かぎり(は) / 〜かぎりでは / 〜ないかぎり**

① **〜かぎり(は)** ~하는 동안(은)

접속 동사 사전형 ‖ い형용사-い ‖ な형용사-な ‖ 명사-の / である

時_じ間_{かん}があるかぎり最_{さい}後_ごまで諦_{あきら}めるな。

② **〜かぎりでは** ~하는 한(범위)

접속 동사 사전형·た형

私_{わたし}の知_しっているかぎりでは今_{いま}まで成_{せい}功_{こう}した人_{ひと}はいません。

③ **〜かぎり** ~(하)는 한(한계)

접속 동사 사전형 ‖ 명사-の

体_{たい}力_{りょく}のあるかぎり走_{はし}り続_{つづ}けたい。

④ **〜ないかぎり(は)** ~하지 않는 한

접속 동사 ない형 ‖ い형용사-く ‖ な형용사-で ‖ 명사-で

プロ選_{せん}手_{しゅ}でないかぎりあの球_{たま}を打_うつことはできないだろう。

03 **〜を通_{つう}じて / 〜を通_{とお}して** ① ~에 걸쳐서 (기간·구간)

② ~을 통해서 (직접적이지 않고 무언가를 사이에 넣어서)

접속 명사

日_に本_{ほん}の家_{いえ}は四_し季_きを通_{つう}じて過_すごしやすく建_たてられている。

社_{しゃ}長_{ちょう}と話_{はな}したいのなら一_{いち}度_ど私_{わたし}に話_{はなし}を通_{とお}してからだ。

04 **～を抜きにして(は) / ～は抜きにして** ~을 빼고서(는) / ~은 빼고서

[接続] 명사

難しい話は抜きにして今日は楽しみましょう。

05 **～をもとに(して)** ~을 근거로 (하여), ~을 토대로 (하여)

[接続] 명사

この映画は有名な小説をもとにして作られました。

06 **～(か)と思うと / ～(か)と思ったら** ~하나 싶더니, ~했는가 생각했더니

[接続] 동사 た형 ‖ 명사

犬かと思ったら大きな猫だった。

07 **～か～ないかのうちに** ~하자마자

[接続] 동사 사전형·た형 + か + 동사의 ない형 + ないかのうちに

授業が終わるか終わらないかのうちに彼は教室を出た。

08 **～から～にかけて** ~부터 ~에 걸쳐서

[接続] 명사 + から + 명사 + にかけて

この酒は百年から二百年にかけて作られる。

09 **～からいうと / ～からいえば / ～からいって** ~로 보면 / ~로 보면 / ~로 봐서

[接続] 명사

今回の結果からいえばこの結論は間違っていたと言える。

10 **～からして** ~부터가, ~로 미루어 보아

[接続] 명사

彼女の言い方からして今日は大変なことがあるのであろう。

11 **〜あまり** _{〜한 나머지}

[接続] 동사 た형·사전형 ‖ 명사－の

悲^{かな}しさの**あまり**涙^{なみだ}が出^でた。

12 **〜からすると / 〜からすれば** _{〜입장에서 보면, 〜로부터 판단하면}

[接続] 명사

先生^{せんせい}の立場^{たちば}**からすると**この意見^{いけん}には賛成^{さんせい}できないだろう。
息子^{むすこ}**からすれば**複雑^{ふくざつ}な気持^{きも}ちだ。

13 **〜からには / 〜からは** _{〜한 이상은, 〜할 바에는}

[接続] 동사 사전형·た형
[説明] 뒤에는 의무, 권유, 명령, 추량 등의 표현이 온다.

あそこまで言^いう**からには**自信^{じしん}があるのだろう。
部長^{ぶちょう}になった**からは**、しっかりと部員^{ぶいん}をまとめなくてはいけない。

14 **〜から見^みると / 〜から見^みれば / 〜から見^みて(も)**

_{〜관점에서 보면 / 〜관점에서 보면 / 〜관점에서 보아(도)}

[接続] 명사

ここ**から見^みると**分^わかりやすい。
違^{ちが}う角度^{かくど}**から見^みれば**この答^{こた}えも間違^{まちが}ってはいない。
私^{わたし}にはどこ**から見^みても**同^{おな}じに見^みえる。

15 **〜げ** _{〜한 듯함}

[接続] い형용사 어간 ‖ な형용사 어간
[説明] い형용사에 접속하면 「〜げ」는 な형용사가 된다.

彼^{かれ}は一番早^{いちばんはや}く問題^{もんだい}を解^といて自慢^{じまん}**げ**である。

16 ～ことから ～데에서, ～것에서

[접속] 「동사·い형용사·な형용사」의 명사수식형 ‖ 명사－である

私は春に生れたことから「さくら」という名がついた。

17 ～ことだから ～이니까

[접속] 명사－の

[설명] 모두가 알고 있는 이유를 나타내는 낼 때 쓰는 표현이다. 뒤에 추량 표현이 주로 온다.

君のことだからまた家に忘れてきたのだろう。

18 ～ことなく ～하지 않고, ～하는 일 없이

[접속] 동사 사전형

諦めることなく最後まで頑張りなさい。

19 ～以上(は) ～한 이상(은)

[접속] 「동사·い형용사·な형용사」의 명사수식형 ‖ 명사－である ‖ な형용사－である

[설명] 뒤에 의무·금지·요구·추량의 표현 등이 오는 경우가 많다.

約束した以上、時間までにこの仕事を終えなければならない。

20 ～ことに(は) ～하게(도)

[접속] 동사 た형 ‖ い형용사－い ‖ な형용사－な

[설명] 앞에 감정을 나타내는 표현이 와서 강조의 의미를 나타낸다.

交通事故にあったが、幸いなことに怪我はなかった。

問題7 次の文の（　　　　）に入れるのに最もよいものを、1・2・3・4から
一つ選びなさい。

1　彼女は授業中ずっと寝てばかりいたが、驚いた（　　　）成績は一番だった。

　　1 かに　　　　　　　2 にしたら　　　　　3 から見れば　　　4 ことには

2　かき氷を勢いよく食べた（　　　）頭が痛くなってしまった。

　　1 あまり　　　　　　2 上で　　　　　　　3 にしろ　　　　　4 あげく

3　道に迷った（　　　）結局、本屋は見つからなかった。

　　1 あげく　　　　　　2 まい　　　　　　　3 っけ　　　　　　4 つつある

4　君が言い出した（　　　）最後まで責任を持ってもらうよ。

　　1 ものの　　　　　　2 以上は　　　　　　3 に反して　　　　4 通して

5　彼の言い方（　　　）今日も私の料理は失敗しているのだろう。

　　1 に相違ない　　　　2 ものだ　　　　　　3 からして　　　　4 ないかのうち

6　私はいつも母を（　　　）父と会話する。

　　1 ぬく　　　　　　　2 向けだ　　　　　　3 だけに　　　　　4 通して

7　事故が起こる（　　　）大会が終わって良かった。

　　1 ことなく　　　　　2 べきだ　　　　　　3 まいか　　　　　4 ことから

8 この機械はあなたの顔写真を（　　　　）あなたの顔の絵を描いてくれます。

1 もとにして　　　　2 からいうと　　　　3 つつも　　　　4 ところを

9 僕が一口食べるか食べ（　　　　）に彼女はすでに食べ終わっていた。

1 に加えて　　　　2 ないかのうち　　　　3 に先立つ　　　　4 ことだから

10 韓国ドラマを見るようになった（　　　　）韓国留学を目指すようになった。

1 ことから　　　　2 にしても　　　　3 のは　　　　4 からには

11 昨日の夜から今日の朝に（　　　　）雪が降っていたようだ。

1 かけて　　　　2 あまり　　　　3 げ　　　　4 ことに

12 姉から（　　　　）私の悩みなど小さいのだろう。

1 見れば　　　　2 に違いない　　　　3 うえに　　　　4 かぎり

13 前回の実験結果（　　　　）、彼女の意見は間違っているといえる。

1 からいって　　　　2 に応じ　　　　3 における　　　　4 からには

14 結婚する（　　　　）妻を一生大切にしなくてはいけない。

1 ものの　　　　2 から見ても　　　　3 とみえて　　　　4 からには

15 お父さんの（　　　　）今日もお酒を飲んで帰ってくるだろう。

1 ことから　　　　2 末の　　　　3 かと思うと　　　　4 ことだから

16 さっきの話し（　　　　）、私が準備しなくてはいけないのだろうか。

1 にせよ　　　　2 に例える　　　　3 ところを　　　　4 からすると

17 4才の息子が習ったばかりの歌を得意（　　　　）に歌っている。

1 ことなく　　　　　　2 かぎり　　　　　　3 げ　　　　　　　4 つつ

18 彼が外国に引っ越ししたら、もう彼と一緒に遊べないの（　　　　）急に寂しくなった。

1 かねると　　　　　　2 から見ても　　　　3 からすると　　　4 かと思うと

19 彼を（　　　　）この物語は語れないだろう。

1 に応じても　　　　　2 ぬきにしては　　　3 向けだ　　　　　4 から見れば

20 相当練習しない（　　　　）、これ以上上手くなることはない。

1 たところ　　　　　　2 ながら　　　　　　3 かぎり　　　　　4 をもとに

問題8 次の文の ＿＿★＿＿ に入る最もよいものを、1・2・3・4から一つ選びなさい。

1 何千回にわたる ＿＿＿＿ ＿＿＿＿ ＿★＿ ＿＿＿＿ 作ることに成功した。

1 遂に　　　　　　　　2 実験の　　　　　　3 新しい香りを　　4 あげく

2 このドラマは ＿＿＿＿ ＿＿＿＿ ＿＿＿＿ ＿★＿ 製作された。

1 出来事を　　　　　　2 もとにして　　　　3 あった　　　　　4 実際に

3 高校最後の夏休みが ＿＿＿＿ ＿＿＿＿ ＿★＿ ＿＿＿＿ なんとなく寂しくて仕方ない。

1 あと一週間で　　　　2 しまう　　　　　　3 終わって　　　　4 と思うと

4 彼女のこれまでの ＿＿＿ ＿★＿ ＿＿＿ ＿＿＿ おかしくはない。

1 任されても　　　　2 実績から　　　　3 社長を　　　　4 いえば

5 彼に対してあまり良い印象をもたないのは ＿＿＿ ＿＿＿ ＿★＿ ＿＿＿ いないからだ。

1 コミュニケーションの　　　　2 きちんとして
3 基本である　　　　4 挨拶からして

6 学校の ＿＿＿ ＿＿＿ ＿★＿ ＿＿＿ 残せるようベストを尽くします。

1 からには　　　　2 良い成績を　　　　3 代表選手に　　　　4 選ばれた

7 彼女の20年前のファッションは ＿＿＿ ＿★＿ ＿＿＿ ＿＿＿ 言えるだろう。

1 現代の私達　　　　2 あると　　　　3 センスが　　　　4 から見ても

8 ＿＿＿ ＿＿＿ ＿★＿ ＿＿＿ すぐ慣れてうまくやっていけるだろう。

1 誰とでも　　　　2 彼のことだから
3 新しい環境にも　　　　4 仲よくできる

9 わが社は ＿＿＿ ＿＿＿ ＿★＿ ＿＿＿ 豊富に出してくれる社員を歓迎します。

1 とらわれる　　　　2 独自のアイディアを
3 常識に　　　　4 ことなく

10 北海道への ＿＿＿ ＿★＿ ＿＿＿ ＿＿＿ 寒い冬を越すかを真面目に考えなければならない。

1 どうやって　　　　2 引っ越しを　　　　3 以上　　　　4 決めた

　次の文章を読んで、　1　から　10　の中に入る最もよいものを、
　　　　　１・２・３・４の中から一つ選びなさい。

　　男性から見た女性の好感度(注1)の高いファッションは、「その人に似合っている」ものだということが最近の調査　1　明らかになった。そして同時に「ブランド品で身を固め」たり、「流行を追いすぎ」ているファッションに対する評価の低さが目立った。この　2　、ファッション業界の関係者や芸能人は　3　、一般的には男性が「経済観念」と「品の有無」を女性のファッションの中にみているのだということが分かる。　4　評価の低かった後者の２つについての厳しい意見は20代後半　5-a　30代後半　5-b　の、いわゆる結婚適齢期(注2)の年齢層から出てきたという。ファッションにある程度お金をかけるのは男女とも変わらない。ただ、一般的には、女性のファッションの方が様々なアレンジが可能な　6　どうしても支出が多くなるのだろう。確かに、ブランド商品は高価であり、また、１年　7　終わってしまう流行にのられては、よほど経済的に余裕のある夫婦　8　負担以外のなにものでもない。次に「品」であるが、それはブランド品を身につければ良いというものではない。たまにファッションショーの招待客の服装をテレビなどで目にするが、全身を同じブランドで身をつつみ　9　いる姿を見て、　10　開いた口がふさがらないことがある。もちろんそのブランドを着て行くことはデザイナーに対する礼儀なのかもしれないが、それがその人に似合った格好でなければ違和感がある場合もある。つまり、洋服も人を選ぶということだ。ファッションは身を飾るだけでなく人の内面を映す鏡でもあるということを今回の調査結果を通じ、改めて感じた。

（注１）好感度：よい印象を与える程度
（注２）適齢期：それをするのにふさわしい年ごろ

　1

　　１　には　　　　　　　　　　　２　をしたからには
　　３　を通じて　　　　　　　　　４　をしたとたん

2

1 ことからすると　　　　2 反面
3 に先立って　　　　　　4 はともかく

3

1 しかし　　　　　　　　2 冗談にしても
3 反抗するかと思うと　　4 抜きにして

4

1 分析のあまり　　　　　2 面白いことに
3 乱暴なことに　　　　　4 結婚したいのかと思うと

5

1 a から / b にかけて　　　　2 a を抜きにして / b にかけて
3 a でなく / b に限って　　　4 a から / b　止まり

6

1 理由として　　2 はずなのに　　3 あげく　　　4 ことから

7

1 経ったことからして　　2 があっという間に
3 経つか経たないうちに　4 経ったからには

8

1 であれば　　　　　　　2 ではないものの
3 でない限り　　　　　　4 にとっては

9

1 存在して　　　　　　　2 満足げにして
3 流行して　　　　　　　4 他の人と競って

10

1 センスの無さのあまり　2 統一感があって
3 品の良さに　　　　　　4 美しさのあまり

21 〜際（は）／ 〜際に ～(할) 때(는) ／ ～(할) 때에

[接続] 동사 사전형·た형 ‖ 명사−の

日本へお越しの際はぜひ、わが家へお越しください。

22 〜さえ〜ば ～만 ～(하)면

[接続] ① 동사 ます형 + さえ + すれば / しなければ
　　　② い형용사−く ‖ な형용사−で ‖ 명사−で + さえ + あれば / なければ
　　　③ 명사 さえ + 「동사·い형용사·な형용사·명사」의 ば형

君さえいれば他に何もいらない。

23 〜次第 ／ 〜次第だ ／ 〜次第で(は)

① 〜次第 ～하자마자, ～하는 대로

[接続] 동사 ます형

体調が回復次第、出社します。

② 〜次第だ ～한 것이다, ～나름이다

[接続] 「동사·い형용사·な형용사」의 명사수식형

お急ぎのようでしたので、とりあえず用件だけお伝えした次第です。

③ 〜次第だ ／ 〜次第で(は) ～에 의해 결정되다 / ～에 따라서(는)

[接続] 명사

良いも悪いも君の考え方次第だ。

24 ～だけ / ～だけあって / ～だけに / ～だけの

접속① 「동사·い형용사·な형용사」의 명사수식형 ‖ 명사 : ～만큼(～에 걸맞게, ～이기 때문에 더)

このりんごは高いだけあって美味しい。

접속② 「동사·い형용사·な형용사」의 명사수식형 : ～만큼(～의 한계까지)

この仕事は努力するだけの価値がある。

25 ～たところ ～했더니

접속 동사의 た형

설명 결과를 나타낼 때 사용하는 표현이다.

図書館に行ってみたところ今日は休みだった。

26 ～つつ / ～つつも ① ～하면서 (병렬) (～つつ) ② ～하면서도(역접) (～つつ/～つつも)

접속 동사 ます형

彼は私と話しつつ違う事を考えているように見えた。
太ると分かりつつもお菓子を食べるのをやめられない。

27 ～一方 / ～一方で(は) ～하는 한편 / ～하는 한편으로(는)

접속 「동사·명사·い형용사·な형용사」의 명사수식형

兄は頭の固い考え方をする一方、妹は自由な考え方をする。

28 ～てからでないと / ～てからでなければ ～하고 나서가 아니면

접속 동사의 て형

설명 뒤에는 부정적인 표현이 온다.

ごはんを食べてからでないと、おやつは食べてはいけません。

29 ～というと / ～といえば / ～といったら ～라고 하면

접속 「동사·い형용사·な형용사」의 보통형 ‖ 명사

日本といえば温泉だね。

30 〜どころか ~은커녕, ~은 물론이고

접속「동사・い형용사・な형용사」의 보통형 ‖ 명사

해외 な형용사・명사는 「〜だ」가 붙지 않는다.

手伝(てつだ)うどころか邪魔(じゃま)をしている。

31 〜ところに / 〜ところへ / 〜ところを ~인 때에 / ~인 때에 / ~인 것을(의 장면을)

접속 동사의 사전형・た・ている ‖ い형용사-い

설명「〜ところに / 〜ところへ」는 앞의 어느 단계의 상황을 변화시키는 사건이 뒤에 일어나는 경우 사용한다.
　　「〜ところを」는 앞의 상황에 대해 직접적인 작용을 가하는 동작이 뒤에 이어진다.

大食(おおぐ)いに挑戦(ちょうせん)しているところを友(とも)だちに見(み)られた。

32 〜ないことには ~(하)지 않으면

접속 동사 ない형 ‖ い형용사-く ‖ な형용사-で ‖ 명사-で

설명 뒤에는 부정적 의미의 표현이 온다.

本人(ほんにん)から事情(じじょう)を聞(き)かないことには納得(なっとく)できない。

33 〜ながら ~(하)면서(도)

접속 동사ます형・ない형-ない ‖ い형용사-い ‖ な형용사 어간 / 명사

彼女(かのじょ)は笑(わら)いながら怖(こわ)い話(はなし)をする。

34 〜にあたって / 〜にあたり ~에 즈음하여

접속 동사 사전형 ‖ 명사

卒業(そつぎょう)するにあたり卒業生(そつぎょうせい)を代表(だいひょう)し挨拶(あいさつ)させて頂(いただ)きます。

35 〜において(は) / 〜においても / 〜における ~에 있어서(는) / ~에 있어서도 / ~에 있어서의

접속 명사

설명 장소・시간을 나타내는 명사에 접속한다.

この本(ほん)は現代(げんだい)においてもベストセラーである。

36 ～に応じて(は) / ～に応じ /　～に応じても / ～に応じた

～에 따라서(는) / ～에 따라 / ～에 따라서도 / ～에 따른

접속 명사

話によっては要求に応じてもかまわない。

37 ～にかかわらず / ～にかかわりなく / ～にはかかわりなく

～에 상관없이 / ～에 상관없이 / ～에는 상관없이

접속 동사 사전형 · ない형–ない ‖ 명사

年齢、性別にかかわりなく、メンバーを募集します。

38 ～うえ / ～うえに　～인데다가

접속 「동사 · い형용사 · な형용사 · 명사」의 명사수식형

財布を落としたうえに風邪までひくなんて最近はついていない。

39 ～にもかかわらず　～에도 불구하고

접속 「동사 · い형용사 · な형용사」의 보통형 ‖ 명사

大雨にもかかわらず彼は何で傘を持ってこなかったのだろうか。

40 ～に限って / ～に限り / ～に限る / ～に限らず

～에 한해서 / ～에 한해 / ～가 제일이다 / ～뿐만 아니라

접속 명사

해의 「～に限る」는 동사 사전형과 ない형에도 접속한다.

私の息子に限って悪い事をするはずありません。

問題7 次の文の（　　　）に入れるのに最もよいものを、1・2・3・4から一つ選びなさい。

1　今回の舞台は経験に（　　　）役者を募集します。

　　1 わたって　　　　　2 だけあって　　　　3 かかわりなく　　4 た末の

2　この先生は花の知識に（　　　）大変有名な先生です。

　　1 げ　　　　　　　　2 おいて　　　　　　3 あげく　　　　　4 ことに

3　この大会の成績（　　　）は次の大会も出られるかもしれない。

　　1 以上　　　　　　　2 に沿った　　　　　3 に反し　　　　　4 次第で

4　今回に（　　　）この値段で販売致します。

　　1 限り　　　　　　　2 上での　　　　　　3 拝借　　　　　　4 一方

5　彼は偉そうなことを言う（　　　）その分野の知識は誰よりもあった。

　　1 だけあって　　　　2 かけだ　　　　　　3 よりほかない　　4 においては

6　彼女がどこに行ったのかと彼に訪ねてみ（　　　）彼も分からなかった。

　　1 つつある　　　　　2 ばかりに　　　　　3 たところ　　　　4 における

7　彼はふざけた態度をとる（　　　）真面目な一面も見せる不思議な男だ。

　　1 一方　　　　　　　2 つつ　　　　　　　3 次第では　　　　4 上の

8 こっそり一人でケーキを食べている（　　　）息子が帰ってきた。

1 にあたって　　　2 ものだ　　　3 ところへ　　　4 ということだ

9 このクラスで運動ができる人（　　　）彼女でしょう。

1 頂戴いたす　　　2 といったら　　　3 かけの　　　4 たところ

10 せっかくの休みなのに休む（　　　）朝から忙しかった。

1 どころか　　　2 かねない　　　3 あげく　　　4 つつも

11 お父さん、ご飯を食べ（　　　）新聞を読むのはやめてください。

1 べきだ　　　2 ながら　　　3 かぎり　　　4 だけに

12 宿題をやって（　　　）遊びに行ってはいけません。

1 というものだ　　　2 ところへ　　　3 からでないと　　　4 ばかりに

13 テレビのご利用に（　　　）以下のことをご注意下さい。

1 あたり　　　2 ながら　　　3 あげく　　　4 あまり

14 彼は働き（　　　）勉強もしている。

1 つつ　　　2 っけ　　　3 げ　　　4 うえ

15 先生が来（　　　）授業は始められない。

1 ないことには　　　2 ぬきでは　　　3 のみならず　　　4 といったら

16 ソースは必要に（　　　）かけてください。

1 上は　　　2 際は　　　3 の末　　　4 応じて

17 検査の（　　　）この検査着に着替えてください。

1 以上　　　　　　　2 際は　　　　　　　3 に加え　　　　　4 一方

18 状況をしっかりと確認の（　　　）報告してくれたまえ。

1 うえ　　　　　　　2 つつ　　　　　　　3 げ　　　　　　　4 だけ

19 この本（　　　）あれば明日の試験は完璧だ。

1 ながら　　　　　　2 あげく　　　　　　3 さえ　　　　　　4 からは

20 冬にも（　　　）彼女は夏服を着ている。

1 ものだ　　　　　　2 どころか　　　　　3 かかわらず　　　4 にあたって

問題**8** 次の文の ＿★＿ に入る最もよいものを、1・2・3・4から一つ選びなさい。

1 ＿＿＿ ＿＿＿ ＿★＿ ＿＿＿ にご注意ください。

1 傘のお忘れ物　　　2 電車を　　　　　　3 になる際は　　　4 お降り

2 海外旅行の時は ＿＿＿ ＿＿＿ ＿＿＿ ＿★＿ あとは何とかなります。

1 基本的な　　　　　　　　　　　　　　2 いれば

3 知ってさえ　　　　　　　　　　　　　4 10個の英単語を

3 飲酒運転は ＿＿＿ ＿＿＿ ＿＿＿ ＿★＿ が後をたたない。

1 してしまう人　　　2 いけないことだ　　3 と認識しつつ　　4 しては

4 　私のパソコンはとても古く＿＿＿＿ ＿＿＿＿ ★＿＿＿ ＿＿＿＿動かない。

1 正しく　　　　　　　2 からでないと　　　　3 スイッチを入れて　4 5分経って

5 　薬をきちんと＿＿＿＿ ＿＿＿＿ ＿＿＿＿ ★＿＿＿一方だ。

1 治るどころか　　　　2 飲んでいるのに　　3 悪くなる　　　　　4 体調が

6 　＿＿＿＿ ＿＿＿＿ ★＿＿＿ ＿＿＿＿周囲が勧めたところで良い成果は期待できない。

1 いくら　　　　　　　2 ことには　　　　　3 がない　　　　　　4 本人の興味

7 　＿＿＿＿ ★＿＿＿ ＿＿＿＿ ＿＿＿＿はない。

1 入国カードの　　　　2 記入の必要　　　　3 にあたって　　　　4 トルコ入国

8 　成績などに＿＿＿＿ ＿＿＿＿ ★＿＿＿ ＿＿＿＿ボーナスが支払われる契約をインセンティブ契約という。

1 応じて　　　　　　　2 とは　　　　　　　3 基本給　　　　　　4 別に

9 　私は人に＿＿＿＿ ＿＿＿＿ ＿＿＿＿ ★＿＿＿一度は聴いてみることにしている。

1 ジャンルに　　　　　2 音楽は　　　　　　3 かかわらず　　　　4 勧められた

10 　家のプリンターは ★＿＿＿ ＿＿＿＿ ＿＿＿＿ ＿＿＿＿悪くなる。

1 忙しい　　　　　　　2 調子が　　　　　　3 限って　　　　　　4 時に

　私はつい最近まで、料理　1　作り手の　2　味が決まると思っていた。しかし、実はそれが全てではないようなのだ。先日、いとこが仕事でイギリス出張へ行くというので、私の好きな紅茶を買ってきて欲しいと　3　、分刻みの忙しいスケジュール　4　、購入直後に送ってくれたようで、彼の出発から10日後には包みが届いた。開けてみると色々な種類の紅茶に加えてクッキーが　5　、丁寧にボトル入りの水まで詰められていた。紅茶はイギリス王室御用達(注1)のブランド　6　見るからに高級な感じがして美味しそうだった。ただ、なぜわざわざ水まで送ってくれたのか不思議に思って　7　ちょうど彼から包みが届いたかという確認の電話が入った。水を送ってくれた理由について聞くと、彼は「紅茶が好きな割りに大事なことを知らないんだね」と笑いながら、なぜ日本では野菜の煮物が美味しくできるのかについて話し始めた。彼の説明によるとそれは日本の水が癖のない質の良い軟水(注2)だからだそうだ。

　8　、硬水(注3)の多いヨーロッパでは野菜を水で煮ると、カルシウムがたんぱく質を硬くまずくしてしまうので、水の代わりにワインや牛乳、生クリームなどを加えて煮る料理が発達したという。水の質が味を左右するというのは　9　においても同じことで、軟水の日本ではお茶が、硬水のイギリスでは紅茶が美味しく飲めるというのだ。それでわざわざ硬水を買いに行かなくても美味しい紅茶を飲めるように一緒に送ってくれたそうだ。若い　10　よく気がきくいとこの親切に感心しながら豊かな紅茶の味わいと香りを楽しんだ。

（注1）御用達：王室、官庁などへ用品を納めること

（注2）軟水：カルシウム(Ca)、マグネシウム(Mg)などが含まれている量が少ない水

（注3）硬水：カルシウム(Ca)、マグネシウム(Mg)などを比較的多く含んでいる水

1

　　　１　にもかかわらず　　　２　にあたって　　　３　さえすれば　　　４　というと

2

   1 腕次第で   2 お腹の空き具合い

   3 足によって   4 顔の良さで

3

   1 頼まれたところ   2 頼んだのはいいが

   3 頼んだところ   4 頼んだとしても

4

   1 なので   2 にもかかわらず

   3 に応じて   4 に限らず

5

   1 入っていたうえに   2 入っていたので

   3 入っているどころか   4 入っていると

6

   1 だけあって   2 である一方

   3 のあまり   4 にはかかわりなく

7

   1 いても   2 いたので   3 いたところへ   4 いるのに

8

   1 片方   2 後方   3 一方   4 外方

9

   1 アジア   2 飲み物   3 ヨーロッパ   4 食べ物

10

   1 がために   2 ことから   3 限り   4 ながらも

---

41 ～にかけては / ～にかけても ～에 관해서는 / ～에 관해서도

[접속] 명사

[설명] 뒤에는 좋은 평가를 나타내는 표현이 온다.

彼女のことにかけては彼が一番よく知っているだろう。

---

42 ～に加えて / ～に加え ～에 덧붙여, ～에 더하여

[접속] 명사

このメンバーに加えて彼も参加することとなった。

---

43 ～にこたえて / ～にこたえ / ～にこたえる ～에 부응해서 / ～에 부응해 / ～에 부응하는

[접속] 명사

期待にこたえて優勝した。

---

44 ～に際して / ～に際し / ～に際しての ～에 즈음하여 / ～에 즈음해 / ～에 즈음해서의

[접속] 동사 사전형 ‖ 명사

火災に際しての説明を始めます。

---

45 ～に先立って / ～に先立ち / ～に先立つ ～에 앞서서 / ～에 앞서 / ～에 앞서는

[접속] 명사

式に先立ちましてお二人の出会いについてお話しいたします。

---

46 ～にしたがって / ～にしたがい ～에 따라서 / ～에 따라

[접속] 동사 사전형 ‖ 명사

裁判は法律にしたがい行われる。

47 **〜にしたら / 〜にすれば / 〜にしても** 〜에게는 / 〜에게는 / 〜에게라도

접속 명사

先生にしたら、この問題は簡単に解けるだろう。

48 **〜にしろ / 〜にせよ / 〜にもせよ** ① 설령 〜라고 해도 ② 〜라도, 〜라도

접속 「동사 · い형용사 · な형용사」의 보통형 ‖ 명사

彼が居なかったにしろこの成績はなんだ。

犬にせよ猫にせよこのマンションでは飼えません。

49 **〜上で / 〜上の / 〜上では / 〜上でも / 〜上での**

접속① 동사 た형 ‖ 명사−の : 〜(한)뒤에 / 〜뒤의 / 〜뒤에는 / 〜뒤에도 / 〜뒤에서의

설명 시간적인 전후관계를 나타낸다.

それはこの仕事が終わった上での話だろう。

접속② 동사 사전형 : 〜하는 경우(과정)에서 / 〜경우(과정)에 / 〜경우(과정)에는 / 〜경우(과정)에도 / 〜경우(과정)에서의

설명 '무언가를 하는 경우', 혹은 '그 과정에서'의 의미로, 그 경우와 과정상의 문제점·유의점 등을 나타낼 때 사용한다.

この漫画は英語の勉強の上でも役立つだろう。

50 **〜に沿って / 〜に沿い / 〜に沿う / 〜に沿った** 〜에 따라서 / 〜에 따라 / 〜에 따르는 / 〜에 따른

접속 명사

この講義は初めに渡しましたテキストに沿って進めていきます。

51 **〜につけ / 〜につけては / 〜につけても**

접속① 명사 : 〜에 관련하여

勉強につけ楽しむことが大切だ。

접속② 동사 사전형 + につけ : 〜할 때마다

休みをとるにつけ海外旅行に行く。

접속③ 동사 사전형 ‖ い형용사−い ‖ 명사 + につけ : 〜의 경우도

설명 「〜につけ」앞에는 각각 대비되는 말이 온다.

あの歌手は嬉しいにつけ悲しいにつけ心にひびく歌を歌う。

52 〜に伴って / 〜に伴い / 〜に伴う

接続① 동사 사전형 ‖ 명사 : 〜에 따라서

天気が悪くなるのに伴って風が強くなってきた。

接続② 명사 : 〜와 함께, 〜와 동시에

店の名前が新しくなるのに伴い、設備も新しくしようと思います。

53 〜に反して / 〜に反し / 〜に反する / 〜に反した

〜에 반해서 / 〜에 반해 / 〜에 반하는 / 〜에 반한

接続 명사

彼女はみんなの意見に反して一人違う意見を述べた。

54 〜に基づいて / 〜に基づき / 〜に基づく / 〜に基づいた

〜에 기초해서 / 〜에 기초해 / 〜에 기초하는 / 〜에 기초한

接続 명사

この意見は歴史に基づいて述べられている。

55 〜にわたって / 〜にわたり / 〜にわたる / 〜にわたった

〜에 걸쳐서 / 〜에 걸쳐 / 〜에 걸치는 / 〜에 걸친

接続 명사

説明 시간적·공간적으로 그 범위 전체에 걸친다.

この成功は長きにわたる研究の成果だ。

56 〜ぬきで(は) / 〜ぬきに(は) / 〜ぬきの 〜없이(는) / 〜없이(는) / 〜없는

接続 명사

社長ぬきでは話が進められない。

57 ～<ruby>上<rt>うえ</rt></ruby>は ～하는(한) 이상은

[接続] 동사 사전형·た형

<ruby>社長<rt>しゃちょう</rt></ruby>になった<ruby>上<rt>うえ</rt></ruby>は<ruby>会社<rt>かいしゃ</rt></ruby>をしっかりと<ruby>運営<rt>うんえい</rt></ruby>して<ruby>行<rt>い</rt></ruby>かなくてはいけない。

58 ～の<ruby>末<rt>すえ</rt></ruby>(に) / ～た<ruby>末<rt>すえ</rt></ruby>(に) / ～た<ruby>末<rt>すえ</rt></ruby>の ～끝(에) / ～한 끝(에) / ～한 끝(의)

[接続] 명사－の ‖ 동사 た형

この<ruby>映画<rt>えいが</rt></ruby>は<ruby>苦<rt>くる</rt></ruby>しみの<ruby>末<rt>すえ</rt></ruby>に<ruby>幸<rt>しあわ</rt></ruby>せを<ruby>手<rt>て</rt></ruby>にいれる<ruby>男<rt>おとこ</rt></ruby>と<ruby>女<rt>おんな</rt></ruby>の<ruby>話<rt>はなし</rt></ruby>だ。

59 ～のみならず ～뿐 아니라

[接続] 「동사·い형용사·な형용사」의 보통형 ‖ 명사

<ruby>母<rt>はは</rt></ruby>のみならず<ruby>父<rt>ちち</rt></ruby>まで<ruby>反対<rt>はんたい</rt></ruby>するとは<ruby>思<rt>おも</rt></ruby>わなかった。

60 ～のもとで / ～のもとに ～의 하에서 / ～의 하에

[接続] 명사

<ruby>先生<rt>せんせい</rt></ruby>のもとで10<ruby>年間勉強<rt>ねんかんべんきょう</rt></ruby>させて<ruby>頂<rt>いただ</rt></ruby>きました。

問題7 次の文の（　　　　）に入れるのに最もよいものを、1・2・3・4から一つ選びなさい。

1 このゲームは子供（　　　）大人も楽しめるらしい。

1 にすれば　　　　　　　　　　　　　2 わけがない

3 のみならず　　　　　　　　　　　　4 てはいられない

2 その店ならこの線路に（　　　）行けばありますよ。

1 例える　　　　　2 沿って　　　　　3 上でも　　　　　4 頂戴する

3 この分野に（　　　）あの先生より詳しい人はいないだろう。

1 かけては　　　　2 べきだ　　　　　3 ぬく　　　　　4 まいか

4 貴校に入学した（　　　）貴校の教育目的にそって正しい学園生活を送ることを誓います。

1 上は　　　　　2 としても　　　　　3 に違いない　　　　　4 ものの

5 みんなの応援に（　　　）べく、野球部は頑張った。

1 こたえる　　　　2 したがい　　　　3 もとで　　　　　4 ぬきで

6 開会に（　　　）大会委員長よりご挨拶があります。

1 ながら　　　　　2 あげく　　　　　3 うえに　　　　　4 先立って

7 この物語は彼女の人生を（　　　）作られました。

1 あげく　　　　　2 だけに　　　　　3 ものなら　　　　　4 もとに

8 母に（　　　）ピアノを始めたのだが、本当に意味があるのだろうか。

1 したがって　　　　2 はともかく　　　　3 からして　　　　4 からいえば

9 父に（　　　）姉の彼氏など、どんな男が来ても反対なのだろう。

1 わたり　　　　2 つけても　　　　3 すれば　　　　4 ことに

10 真剣な話し合いは二日間に（　　　）。

1 わたった　　　　2 沿った　　　　3 基づいた　　　　4 こたえた

11 彼女にしろ君（　　　）何でさっきから笑ってるんだ？

1 にしても　　　　2 にしろ　　　　3 わけはない　　　　4 に例える

12 この台風に（　　　）町の被害は深刻だ。

1 相違ない　　　　2 上は　　　　3 伴う　　　　4 加え

13 それはまだ企画の（　　　）話で、実際に実行するにはまだ変更が必要だ。

1 伴う　　　　2 以上　　　　3 上での　　　　4 向けの

14 演技（　　　）何よりも日常の様々な経験が大切だ。

1 かぎり　　　　2 つつある　　　　3 にこたえ　　　　4 につけ

15 彼は上司の指示に（　　　）真実を述べ始めた。

1 反し　　　　2 を通じて　　　　3 次第　　　　4 のみならず

16 新しい企画のスタートに（　　　）いくつか質問があるのですが。

1 から見れば　　　　2 の末に　　　　3 際して　　　　4 わたって

17 この本は事実に（　　　　）書かれた小説である。

   1 基づいて　　　　　　2 一方で　　　　　　3 拝見　　　　　　4 かのようだ

18 肉（　　　　）のカレーは寂しい。

   1 上での　　　　　　2 ぬき　　　　　　3 のもとに　　　　　　4 つつ

19 頑張った（　　　　）結果であれば、どんな結果であろうが受け止めよう。

   1 末の　　　　　　2 上は　　　　　　3 ばかりか　　　　　　4 まいか

20 次に塩を少しだけ鍋に（　　　　）ください。

   1 加えて　　　　　　2 際して　　　　　　3 伴って　　　　　　4 反して

問題8 次の文の ＿★＿ に入る最もよいものを、1・2・3・4から一つ選びなさい。

1 この商品は、自然保護だけに ＿＿＿＿ ＿＿＿＿ ＿★＿ ＿＿＿＿。

   1 製品の保護　　　　　2 とどまらず　　　　　3 優れている　　　　　4 にかけても

2 私を市長に選んでくださった ＿＿＿＿ ＿＿＿＿ ＿＿＿＿ ＿★＿ 心豊かで、生き生き
と暮らせる町づくりを目指します。

   1 市民の皆様方の　　　2 からには　　　　　3 こたえ　　　　　4 信頼と期待に

3 結婚式場を選ぶに ＿★＿ ＿＿＿＿ ＿＿＿＿ ＿＿＿＿ したうえで、最低5箇所は見て
回りましょう。

   1 最初から明確に　　　2 際し　　　　　3 費用と　　　　　4 外せない点を

4 早起き週間に ＿＿＿＿ ＿＿＿＿ ★ ＿＿＿＿ やるべきことを頭のなかで整理することが重要だ。

   1 先立つ　　　　　　2 身につける　　　　3 早寝習慣を　　　4 ためには

5 大学受験にしろ ＿＿＿＿ ★ ＿＿＿＿ ＿＿＿＿ 暗記に要する時間は膨大である。

   1 にしろ　　　　　　2 資格取得　　　　　3 受験生が　　　　4 試験科目の

6 あの映画は絵の美しさ ★ ＿＿＿＿ ＿＿＿＿ ＿＿＿＿ いい作品に仕上がっている。

   1 沿った内容で　　　2 非常に　　　　　　3 のみならず　　　4 原作に

7 ＿＿＿＿ ＿＿＿＿ ★ ＿＿＿＿ 、その骨量は減少していく。

   1 伴って　　　　　　2 骨は老化し　　　　3 とるのに　　　　4 年を

8 ＿＿＿＿ ＿＿＿＿ ＿＿＿＿ ★ 使いやすく快適な住まいを提供致します。

   1 豊富な経験と　　　2 実績　　　　　　　3 当社は　　　　　4 に基づいた

9 その教授は自分の ＿＿＿＿ ＿＿＿＿ ★ ＿＿＿＿ を年間最低でも100本を、それも映画館で観るようにと指示した。

   1 講義　　　　　　　2 上は　　　　　　　3 に参加する　　　4 映画

10 最近やっと会話ができるようになった3才の娘は ＿＿＿＿ ＿＿＿＿ ★ ＿＿＿＿ 連発する。

   1 何かに　　　　　　2 「だって」を　　　3 「どうして?」と　4 つけては

次の文章を読んで、 1 から 10 の中に入る最もよいものを、1・2・3・4の中から一つ選びなさい。

先日、学校の授業の一環で「芸能人の名前を公表しての寄付活動」についてどう考えるかという議論をした。正直、寄付は個人が自分の心に 1 する活動なのに名前を公表する、しないについて、他人がとやかく口を挟む必要があるのかと思い、議論にはならないテーマである気がした。ところが、私の 2 クラスの半分ほどは反対の立場であった。彼ら 3 イメージ管理が大切な芸能人が 4 寄付をするなどあり得ないと考えるのが自然だったのだ。実際、イメージアップのために寄付をする人も中にはいるだろう。反対にそういった中傷を避けるため名前を伏せて寄付する芸能人もいる。ただ、寄付の目的はその対象を救うことである。芸能人が名前を公表する場合、その本人の賛同(注) 5 、ファンの賛同も得やすく、より多くの人に影響を与えることができるという利点の方が大きいように思う。民間団体よりも芸能人や歌手の 6 集まる寄付金やボランティア数がどれだけ多いかは説明の必要は無いだろう。私達がそう返したところ相手側は、「その人を好きだという理由だけでよく考えずに行動してしまうのがファンの心理であり、それを利用するのは良くない」という意見が返ってきた。確かに一理ある。予定の1時間をこえ、2時間余り 7 激しい議論の 8 、「芸能人は注目を集めやすい性質上、寄付の対象について信頼に足る機関か、寄付金がどのように使われたかの報告があるか等、自分自身が正しい理解を 9 名前を公表するべきである」という結論に落ち着いた。非常に頭を使って疲れたが、テーマが何であれ、議論は自分の考えが整理される 10 様々なものの見方に触れられるという知の成長の場であると感じた2時間であった。

(注)賛同：他人の意見・提案などに賛成・同意すること

1

1 したがって　　2 つけて　　　　3 伴って　　　　4 際して

2

1 気分からいくと　　　　　　2 意見によって

3 予測に反して　　　　　　　4 心配はさておき

3

1 の主張は　　　　　　　　　2 に限って

3 にしてみれば　　　　　　　4 にするとしたら

4

1 したくもない　　　　　　　2 損得勘定抜きの

3 イメージアップのための　　4 名前を公表しない

5

1 とは違って　　2 の代りに　　3 と違い　　　4 のみならず

6

1 努力による　　　　　　　　2 呼び掛けのもとに

3 感謝が　　　　　　　　　　4 信頼は薄いものの

7

1 にわたる　　2 以上の　　3 からして　　4 しかない

8

1 端　　　　　2 先　　　　3 末　　　　4 隅

9

1 したあげく　　　　　　　　2 するばかりか

3 すればするほど　　　　　　4 した上で

10

1 ことこそ　　　2 ことに加え　　3 としても　　4 ものなら

61 **～ばかりか / ～ばかりでなく** ～뿐만 아니라 / ～뿐 아니라

접속 「동사・い형용사・な형용사」의 명사수식형 ‖ 명사

妹ばかりか兄までも遊びに行ってしまって留守番は私一人だ。

62 **～ばかりに** ～탓으로

접속 「동사・い형용사・な형용사」의 명사수식형 ‖ 명사－である

妹のケーキを黙って食べたばかりに宿題を手伝わされた。

63 **～はともかく / ～はともかくとして** ～은 어찌되었든, ～은 그렇다치고

접속 명사

1年生達はともかく3年生達ならやって悪い事ぐらい分かるだろう。

64 **～ものだから** ～하기 때문에, ～하므로

접속 「동사・い형용사・な형용사」의 명사수식형 ‖ 명사－な

君が酷い事を言うものだから彼女は泣いたんじゃないか。

65 **～ものなら**

접속① 동사 사전형 : ～하다면

설명 실현가능성이 희박하거나 불가능한 일에 사용한다. 가능동사와 함께 사용되는 경우가 많다.

もし戻れるものなら10年前に戻りたい。

접속② 동사 의지형 : ～하려고 하면

설명 다소 과장된 조건을 나타낸다. 뒤에는 '큰 일이 일어난다'는 내용이 오는 것이 일반적이다.

僕が自転車の練習をしようものなら弟もすぐ真似しようとする。

66 ～ものの ～지만

접속 「동사 · い형용사 · な형용사」의 명사수식형

駅から走ってきたものの結局遅刻した。

67 ～てはじめて ～해서야 비로소

접속 동사 て형

探検とは成功してはじめて称賛されるものだ。

68 ～とみえて ～인 듯이, ～했는지

접속 동사 た형

설명 어떤 사실을 근거로 하여 그로부터 추측되는 것을 말하는 표현이다.

今日の出来事が楽しかったとみえて、寝ながらも笑っている。

69 ～たところで ～해 보았자, ～한들

접속 동사 た형

설명 역접의 가정표현이다. 가정한 내용이 소용없거나 도움이 되지 않는다는 판단을 나타낸다.

私がいくら説明したところで、彼女は理解してくれないだろう。

70 ～わけにはいかない / ～わけにもいかない ～할 수는 없다 / ～할 수도 없다

접속 동사 사전형

설명 '(이유가 있어서) ～하는 것은 불가능하다'는 의미다. 동사의 ない형에 연결되면 「～なければならない ～하지 않으면 안 된다(의무)」의 의미가 된다.

彼の頼みを断るわけにはいかない。
こんな状態なのだから病院に行かないわけにはいかない。

問題7 次の文の（　　　）に入れるのに最もよいものを、１・２・３・４から一つ選びなさい。

1 あんなに小さな子供が手伝っているのに高校生の僕が手伝わない（　　　）。

1 に応じる
2 はともかくとしている
3 てならない
4 わけにはいかない

2 今私がここで泣いた（　　　）状況が変わるわけではない。

1 だけに　　　2 というものだ　　　3 ところで　　　4 ものなら

3 あなたの帰りが遅い（　　　）子供たちは寝てしまいましたよ。

1 からいって　　　2 ものだから　　　3 ぬきの　　　4 てはじめて

4 私がこの研究を（　　　）彼女はこれ以上の研究をしようとするだろう。

1 からすれば
2 てはじめて
3 ことに
4 しようものなら

5 電車で眠ってしまった（　　　）降りる駅を逃してしまった。

1 ばかりに　　　2 つつ　　　3 にすれば　　　4 につけても

6 最初は厳しい練習について行けた（　　　）最近はついて行けなくなってきた。

1 ものの　　　2 あげく　　　3 に例える　　　4 ばかりか

7 病院というものは患者が（　　　）成り立つものだ。

1 いるけど　　　2 いたとしたら　　　3 いるばかりに　　　4 いてはじめて

8 小説の内容は（　　　）中の絵はとても綺麗だったよ。

1 かけの　　　　　　2 かねる　　　　　　3 ともかく　　　　　4 違いない

9 彼女は相当怒っている（　　　）僕と話をしてくれない。

1 とみえて　　　　　　　　　　　　2 ながら
3 一方だ　　　　　　　　　　　　　4 はともかくとして

10 うちの子供は背が高く顔が可愛い（　　　）よく話すので近所の奥さん達の
人気者だ。

1 からは　　　　　　　2 ばかりか　　　　　3 て初めて　　　　4 ことに

問題8 次の文の ___★___ に入る最もよいものを、1・2・3・4から一つ選びなさい。

1 人間の体は約200の骨と500の筋肉から構成されているがその中で ＿＿＿＿
＿＿＿＿ ＿★＿ ＿＿＿＿ なっている筋肉もある。

1 ほとんど　　　　　　　　　　　　2 どころか
3 ブレーキに　　　　　　　　　　　4 役割を果たさない

2 この曲は ＿＿＿＿ ＿★＿ ＿＿＿＿ ＿＿＿＿ になってしまう女の子の気持ちをユーモ
ラスに歌っている。

1 「お下がり」　　　　2 ばかりに　　　　　3 三女である　　　　4 なにもかも

3 そういった情報は専門家は ＿＿★＿ ＿＿＿＿ ＿＿＿＿ ＿＿＿＿ ではありません。

1 ともかくとして　　　2 には　　　　　　　3 一般の人　　　　　4 役立つもの

4 　彼があまりにも平気な顔で ＿＿＿ ＿★＿ ＿＿＿ ＿＿＿ 塞がらなかった。

1 つくものだから　　2 驚いて　　　　3 開いた口が　　　　4 大きな嘘を

5 　40度近くの熱を出し、苦しそうに呼吸をしている息子を見て ＿＿＿ ＿＿＿ ＿★＿ ＿＿＿ と思った。

1 かわって　　　　　2 やりたい　　　3 ものなら　　　　4 かわれる

6 　＿＿＿ ＿＿＿ ＿＿＿ ＿★＿ が感じられる良い試合だった。

1 ものの　　　　　　　　　　　　　2 練習の効果

3 内容的には　　　　　　　　　　　4 負けてしまった

7 　困難に ＿＿＿ ＿★＿ ＿＿＿ ＿＿＿ 分かるものだ。

1 ぶつかって　　　　2 その人の　　　3 はじめて　　　　4 真の実力が

8 　彼女は幼い頃から両親に ＿＿＿ ＿＿＿ ＿★＿ ＿＿＿ とてもわがままだ。

1 甘やかされて　　　2 相当　　　　　3 育った　　　　　4 とみえて

9 　選挙の投票率の低さは、＿＿＿ ＿★＿ ＿＿＿ ＿＿＿ という国民の諦めを反映している。

1 大きく変わらない　2 誰に投票　　　3 したところで　　　4 政治は

10 　一度本人に誕生日を聞いたのに忘れてしまったが ＿＿＿ ＿＿＿ ＿★＿ ＿＿＿ 彼女の親しい友達に聞くことにした。

1 いかず　　　　　　2 聞くわけにも　　3 悩んだあげく　　　4 もう一度

問題9 次の文章を読んで、　1　から　10　の中に入る最もよいものを、
1・2・3・4の中から一つ選びなさい。

　私は外へ出ると人間観察を楽しむのだが、ある日、比較的空いた電車の中で若い男女2人組が立って話しているのを見かけた。しばらくして男性が話に夢中になったと　1　無意識に女性側に近づいて話し続けた。しかし、それを受けて女性は表情が　2　後ろへ一歩下がり、男性との距離を元に戻した。男性はそれに驚いた様子で、その後、二人の間に微妙な雰囲気が漂っていたようであった。二人が親しそうで、お似合い　3　、私はてっきりカップルかと思って　4　、彼女が距離を取ったところをみるとただの友達だったらしい。このように人は無意識のうちに、他人との間に距離をとって快適な空間を保とうとする。そしてこの空間は「パーソナルスペース」と呼ばれる。かくいう私も、その電車　5　明らかに遅刻決定という場合は　6　、パーソナルスペースの全くない満員電車に乗ることはなるべく避けるようにしている。このパーソナルスペースには個人差があり、社会文化や民族によっても異るらしい。ゆえにお互いの間に多少距離のある二人を　7　ところで親しくないと　8　が、一般的にごく親しい人に許される距離が0〜45センチと言われるのを考えると、前述の二人はやはりカップルでないと考えるのが自然だ。男性は自分の話に夢中になって　9　女性と自分の間の見えない距離を感じる結果となったのである。家族、友達、恋人、会社等どんな関係であっても、相手のパーソナルスペースを確保してあげられて　10　自分と一緒にいることの快適さを感じてもらえるといえるのではないだろうか。

1

1 いえども　　　　2 みえて　　　　3 みて　　　　4 して

2

1 変わるとたんに　　　　　　　2 おかしくなったと言って

3 一生懸命で　　　　　　　　　4 険しくなったばかりか

3

1 だったものだから　　　　　　2 だと聞いて

3 のみならず　　　　　　　　　4 に基づいて

4

1 いると　　　　2 確認したら　　　3 いたものの　　　4 以来

5

1 に乗らずとも　　　　　　　　2 を逃したところ

3 に乗り遅れることこそ　　　　4 を逃そうものなら

6

1 ともかく　　　　2 捨てて　　　　3 もちろん　　　　4 構わず

7

1 知った　　　　2 見た　　　　3 眺めた　　　　4 占った

8

1 疑わずにはいられない　　　　2 言わざるをえない

3 決めつけるわけにはいかない　4 考えるのが当然だ

9

1 しまうと　　　　　　　　　　2 たまらなく

3 からでないと　　　　　　　　4 しまったばかりに

10

1 はじめて　　　　2 まず　　　　3 つぎに　　　　4 おわりに

01 ～かけだ / ～かけの / ～かける

① ～かけだ / ～かけの ～하다 만 것이다 / ～하다 만

[접속] 동사 ます형

やりかけの仕事がまだ残っていることを忘れていた。

② ～かける ① ～에 영향을 끼치다(작용하다) ② 중도까지 ～하다

[접속] 동사 ます형

母親がまだ話ができない赤ん坊に優しい声で語りかける。

02 ～かのようだ ～인 듯하다, ～인 것 같다

[접속] 「동사・い형용사・な형용사」의 보통형 ‖ 명사

[설명] 실제로는 그렇지 않지만 '마치 ～인 것 같다'는 의미다. 앞에 「まるで 마치」가 오는 경우가 있다.

彼女の話し方は、まるで実際に見てきたかのようだ。

03 ～かねる ～하기 어렵다, ～하려 해도 할 수 없다

[접속] 동사 ます형

その意見には賛成しかねる。

04 ～かねない ～하기 쉽다, ～할지도 모른다

[접속] 동사 ます형

[설명] 좋지 않은 결과가 될 가능성이 있을 때 사용하는 표현이다.

冬なのにその服では風邪をひきかねないよ。

05 ～きる / ～きれる / ～きれない 완전히 ～하다 / 다 ～할 수 있다 / 다 ～할 수 없다

[접속] 동사 ます형

彼女のことがどうしても諦めきれない。

06 **〜ことか** 의미 ~인가, ~던가

접속 「동사・い형용사・な형용사」의 명사수식형

설명 주로 감탄(感歎)이나 탄식(歎息)의 의미다.

両親に連絡してください、それだけでどんなに喜ぶことか。

07 **〜ことだ** ~것이다, ~것이 좋다, ~해야 한다

접속 동사 사전형・ない형

설명 권유하거나 가볍게 충고하는 경우에 사용하는 표현이다.

上手くなりたいのであれば、もっと練習することだ。

08 **〜ざるをえない** ~하지 않을 수 없다

접속 동사 ない형

예외 「する」는 「せざるをえない」가 된다.

私が作ったのだから、まずくても食べざるをえない。

09 **〜ずにはいられない** ~하지 않고서는 있을 수 없다, ~하지 않을 수 없다

접속 동사의 ない형

예외 「する」는 「せずにはいられない」가 된다.

彼が頑張っている姿を見れば自分も頑張らずにはいられない。

10 **〜っけ** ~던가, ~였지

접속 「동사・い형용사・な형용사」의 보통형 ‖ 명사-だ(だった)

あれ？ 彼女、結婚してたっけ？

11 **〜つつある** ~하고 있다

접속 동사 ます형

설명 주로 문장체에서 사용하는 표현이다.

彼が入ったことによってチームが変化しつつある。

12 **〜てしょうがない** ~해서 어쩔 수 없다

접속 동사 て형 ‖ い형용사-くて ‖ な형용사-で

試験前だが、ゲームがしたくてしょうがない。

13 **〜てたまらない** ~해서 참을 수 없다

接続 동사 て형 ‖ い형용사－くて ‖ な형용사－で

私はこの本の犯人を知っているので、言いたくてたまらない。

14 **〜てならない** ~해서 견딜 수 없다, 매우 ~하다

接続 동사 て형 ‖ い형용사－くて ‖ な형용사－で

説明 「〜てたまらない」보다 좀 더 격식 차린 표현이다. 「思える」「思い出される」 등의 자발동사는 「〜てたまらない」로 바꾸어 쓸 수 없다.

あの時、自分がいればと考え出すと、悔しくてならない。

15 **〜ということだ** ~라고 한다

接続 「동사・い형용사・な형용사・명사」의 보통형

昨日の天気予報によると、来週から寒くなるということだ。

16 **〜というものだ** ~라는 것이다

接続 「동사・い형용사・な형용사・명사」의 보통형

説明 '~하는 것이 당연하다'는 자신의 주장을 나타낸다.

君の彼女に対する気持ち、それが愛というものだ。

17 **〜というものではない / 〜というものでもない** ~라는 것은 아니다 / ~라는 것도 아니다

接続 「동사・い형용사・な형용사・명사」의 보통형

ここまで壊しておいて、謝ればいいというものではない。

18 **〜一方だ** ~하기만 하다

接続 (변화를 나타내는)동사 사전형

隣の家の猫は痩せてきたのに、うちの猫は、ますます太る一方だ。

19 **〜どころではない / 〜どころではなく** ~할 상황이 아니다 / ~할 상황이 아니라

接続 동사의 사전형 ‖ 명사

あまりに忙しすぎて、昼ご飯など食べているどころではない。

20 **〜ないことはない / 〜ないこともない** ~하긴 하다 / ~하기도 하다

接続 동사 ない형 ‖ い형용사－く ‖ な형용사－で ‖ 명사－で

よく考えてみたら、彼の言っていることは理解できないこともない。

問題7 次の文の（　　　）に入れるのに最もよいものを、1・2・3・4から一つ選びなさい。

1 思い出してみたら、言われた気がし（　　　）な。

1 ないこともない　　　　　　　　2 わけにもいかない

3 というものではない　　　　　　4 ないことには

2 今その質問には回答し（　　　）。

1 かねる　　　　2 げ　　　　3 以上　　　　4 っけ

3 さすがに大自然に囲まれた土地だけあって、空は数え（　　　）星で覆われている。

1 るほどの　　　　2 がたい　　　　3 きれない　　　　4 かねない

4 あなたが無事だと分かっただけで、みんながどれだけ喜ぶ（　　　）。

1 かぎり　　　　2 とみえて　　　　3 ことに　　　　4 ことか

5 値段が高いからといって良い物だと（　　　）と思う。

1 いうものではない　　　　　　　2 てからでないと

3 ものだから　　　　　　　　　　4 からには

6 酒が飲みたいのであれば早く二十歳になる（　　　）。

1 ことだ　　　　2 ことなく　　　　3 どころか　　　　4 ないことには

7 さっき先生にあれだけ怒られたのに、彼の表情はまるで何もなかった（　　　）。

1 につけてる　　　　2 かのようだ　　　　3 にかけてる　　　　4 たところだ

8 りんごは嫌いだが、子供が見ている前では食べ（　　　）。

1 ざるをえない　　　　　　　　　　2 にすれば

3 べきだ　　　　　　　　　　　　　4 ということだ

9 初めての孫が父は可愛く（　　　）ようだ。

1 にかかわりなく　　　　　　　　　2 につけては

3 をもとにして　　　　　　　　　　4 てたまらない

10 一生懸命戦う姿を見てしまったら彼を応援せ（　　　）。

1 てしょうがない　　　　　　　　　2 どころではなく

3 ないことには　　　　　　　　　　4 ずにはいられない

11 反対方面の電車に乗ったことに気付き、ドアが閉り（　　　）瞬間に飛び降りた。

1 つつ　　　　　　　2 かけた　　　　　　3 気味の　　　　　　4 さえすれば

12 明日誰が当番だ（　　　）？

1 っけ　　　　　　　2 以上　　　　　　　3 ものの　　　　　　4 一方だ

13 家で祖母に聞いてみたところ、昔はこのあたりは畑だった（　　　）。

1 にこたえる　　　　　　　　　　　2 ということだ

3 どころではなく　　　　　　　　　4 てからでないと

14 このまま何もしないでいたら時間は過ぎていく（　　　　）。

1 一方だ　　　　　　　2 に限って　　　　　3 拝受　　　　　　　4 頂戴する

15 時代が進むつれ、世界は変わり（　　　　）。

1 かねる　　　　　　　2 つつある　　　　　3 きれる　　　　　　4 べきだ

16 昨日の夜、蚊に刺されて朝から指の先がかゆく（　　　　）。

1 一方だ　　　　　　　2 かのようだ　　　　3 きれない　　　　　4 てたまらない

17 大好きな役者が出ると聞いて新しいドラマが見たく（　　　　）ようだ。

1 てならない　　　　　2 というものだ　　　3 かぎりでは　　　　4 だけあって

18 子供とは知らぬ間に育っている（　　　　）。

1 てしょうがない　　　2 てならない　　　　3 というものだ　　　4 ぬく

19 あの距離を歩こうなんて普通は考えないが、彼女ならやり（　　　　）と思う。

1 べきだ　　　　　　　2 向けの　　　　　　3 かねない　　　　　4 をもとに

20 今自分の子供が生まれるという時に、仕事などやっている（　　　　）。

1 てたまらない　　　　2 どころではない　　3 にもかかわらず　　4 に限る

問題8 次の文の ___★___ に入る最もよいものを、1・2・3・4から一つ選びなさい。

1 娘が雨が降っているのに傘を忘れたと電話をかけてきたので ____ ____ ___★___ ____ 迎えに行った。

1 駅まで　　　　　　2 洗濯物を　　　　　3 畳みかけの　　　　4 放り出して

2 ____ ___★___ ____ ____ についてはこの場をお借りして謝罪いたします。

1 発言が　　　　　　2 あったこと　　　　3 差別に　　　　　　4 なりかねない

3 2歳の甥は ____ ____ ___★___ ____ 保育園のない週末は泣き出すくらいだ。

1 保育園が　　　　　　2 たまらない　　　　3 楽しくて　　　　　4 ようで

4 何気なく買ったCDだったが、聞いてみたらあまりに ____ ____ ___★___ ____ だった。

1 一枚　　　　　　　　　　　　　　2 素晴らしく

3 いられない　　　　　　　　　　　4 人に勧めずには

5 あれっ、何の ____ ____ ___★___ ____。

1 していて　　　　　　　　　　　　2 この話に

3 話を　　　　　　　　　　　　　　4 なったんだっけ?

6 授業中、先生の話に ____ ___★___ ____ ____。

1 眠くて眠くて　　　　2 集中しようと　　　3 しても　　　　　　4 しょうがない

7 パリに行きながらエッフェル搭に登らずに ＿＿＿ ＿＿＿ ＿＿＿ ＿★＿ 。

　　1 ことが　　　　　　2 帰ってきた　　　　3 ならない　　　　4 悔やまれて

8 その調査によれば、ブログ利用者は ＿＿＿ ＿＿＿ ＿★＿ ＿＿＿ 。

　　1 全体の　　　　　　　　　　　　　2 63.3％と

　　3 いうことだ　　　　　　　　　　　4 インターネットユーザー

9 人口減少と高齢化が加速する中、医師不足が ＿＿＿ ＿＿＿ ＿★＿ ＿＿＿ 。

　　1 縮小する　　　　　　2 地域交通網も　　　3 深刻化し　　　　4 一方だ

10 値段が高ければ ＿＿＿ ＿★＿ ＿＿＿ ＿＿＿ ものがたまたま値のはるものだっ
たということはよくある話だ。

　　1 いいと　　　　　　2 気に入った　　　　3 でもないが　　　　4 いうもの

問題9 次の文章を読んで、 1 から 10 の中に入る最もよいものを、
1・2・3・4の中から一つ選びなさい。

　数年前、「片付けができない人々が　1　」という特集がテレビや雑誌で組まれ、「片付ける方法」について　2　多くの本が書店の特設コーナーに並んでいたのを覚えている。「片付けができない人々が増えた」というと、家庭のしつけに原因がある　3　が、単純な怠惰(注)ではなく、「捨てられないもの」が多い人が増えたのだという見方もある。捨てられないがゆえに、空間にものが溢れてしまうということだ。

　私自身の部屋はというと、いつ誰が来てもすぐに通せるというほどきれいではないが、比較的片付いていると　4　。ある時、客を自宅に招待するのと、その後すぐに長期で家を空ける予定ができたので、一度大掃除を　5　状況になり、クローゼットの中の一つ一つの箱や紙袋にも手をつけた。要るものと要らないものを分けるためだ。しかしその中の、日常生活で使う機会はないが簡単には　6　「思い出の品」の多さにどれだけ驚いた　7　。懐かしい写真や手紙、人からのプレゼント等が次から次へと現われ、もう　8　。思い出に浸りすぎて掃除が完全に終わったのは3日後であった。部屋をきれいにすっきり保つには使わないものはおかず、洋服なら2年着なかったのであれば少し惜しいと思うものでもリサイクルに出すか　9　というが、「思い出の品」ほど捨てるには惜しい　10　。いつもその存在さえ忘れていたくらいだから、いっそのこと中身を見ずに処理してしまえばもっと片付けがスムーズにいくということは分かっているのだがそれができない私は「捨てられないものが多い人」なのだろう。あなたはどちらだろうか。

(注)怠惰：怠けてだらしないこと、またそのさま

1

　　1 悪い　　　　　　2 増えつつある　　　3 加わっている　　　　4 生れた

2

1 勉強には向かない　　　　　　2 必要以上に

3 呆れたのは　　　　　　　　　4 数えきれない程

3

1 かのようだ　　　　　　　　　2 と考えるかもだ

3 ということだ　　　　　　　　4 というものだ

4

1 いえないこともない　　　　　2 いう

3 見ているということだ　　　　4 思えてならない

5

1 してもいい　　2 しかけた　　3 せざるをえない　　4 しかねない

6

1 いかない　　2 やられない　　3 捨てきれる　　4 捨てかねる

7

1　と思うか　　2　ことか　　3　ことだ　　4　っけ

8

1　仕方がない　　　　　　　　　2 最高な気分だった

3　見たいというものでもない　　4 掃除どころではない

9

1　捨ててしまうことだ　　　　　2 もう一度着ることだ

3　クリーニングに出すことだ　　4 作り直してみることだ

10

1 と聞いた　　　2 そうだ　　　3 というものだ　　4 かのようだ

21 **〜ないではいられない** 〜않고는 있을 수 없다

[접속] 동사 ない형

[설명] 「〜ずにはいられない」와 같은 의미다.

明日の面接のことを考えると、緊張しないではいられない。

22 **〜に相違ない** 〜에 틀림없다

[접속] 「동사・い형용사・な형용사・명사」의 보통형

[의미] な형용사와 명사는 「〜だ」가 붙지 않는다.

この作文を書いたのは彼に相違ない。

23 **〜に違いない** 〜에 틀림없다

[접속] 「동사・い형용사・な형용사・명사」의 보통형

[의미] な형용사와 명사는 「〜だ」가 붙지 않는다.

こんないたずらをするなんて息子が犯人に違いない。

24 **〜にほかならない** 바로 〜이다

[접속] 「동사・い형용사・な형용사・명사」의 보통형

私が言葉を覚えられたのは、先生の努力にほかならない。

25 **〜ぬく** 끝까지 〜하다, 몹시 〜하다

[접속] 동사 ます형

君なら最後まで走りぬくと思っていたよ。

26 **〜べき / 〜べきだ / 〜べきではない** 〜해야 할 / 〜해야 한다 / 〜해서는 안 된다

[접속] 동사 사전형

[의미] 「する」의 경우 「すべき」도 사용한다.

人の為になることなのだから、実行すべきだ。

27 　**〜ほか(は)ない / 〜よりほか(は)ない / 〜ほかしかたがない**

〜밖에(는) 없다 / 〜밖에(는) 없다 / 〜밖에 방법이 없다

接続 동사 사전형

この怪我では、今回の試合は諦めるほかしかたがない。

28 　**〜まい / 〜まいか**

接続 동사 사전형

① 부정추량 : 〜하지 않을 것이다 / 〜하지 않을 것인가
　　　落としたパスポートが詐欺に利用されまいか心配でならない。

② 부정의지 : 〜하지 않겠다

해외 2그룹 동사와 3그룹 동사는 ない형에도 접속가능하다.「する」는「すまい」「しまい」의 형태도 있다.

　　　彼と同じ失敗は自分はするまい。

29 　**〜得る / 〜得ない** 〜할 수 있다 / 〜할 수 없다

接続 동사 ます형

本学は社会の変化に柔軟に対応し得る人間の育成を目指します。

30 　**〜向きだ / 〜向きに / 〜向きの** 〜에 적합하다 / 〜에 적합하게 / 〜에 적합한

接続 명사

グループや家族向きの宿としてぜひご利用をお待ち申し上げます。

31 　**〜向けだ / 〜向けに / 〜向けの** 〜용이다 / 〜용으로 / 〜용의

接続 명사

설명 '〜에 적합하도록 특별히 만든 것'이라는 의미다.

子供向けの本ならあっちにあるよ。

32 　**〜ものがある** 〜하는 점이 있다

接続 「동사・い형용사・な형용사」명사수식형의 현재형

今の話は自分にとって考え深いものがある。

33 　～ものか　～할까보냐

[접속] 「동사 · い형용사 · な형용사」의 명사수식형 ‖ 명사-な

[설명] 강한 부정의 의미를 나타낸다. 회화체에서는 「～もんか」가 사용된다.

他の誰に負けても彼にだけは負ける**ものか**。

34 　～ものだ / ～ものではない

[접속①] 「동사 · い형용사 · な형용사」의 명사수식형 : ～한 것이다 (감탄 · 탄식)

９才で大学に受かるとはたいした**ものだ**。

[접속②] 「동사 · い형용사 · な형용사」의 명사수식형 : ～하는 것이 당연하다 (당연함 · 상식)

信号はきちんと守る**ものだ**。

[접속③] 동사 사전형 : ～해야 한다 (조언 · 가벼운 명령)

何でも暴力で解決する**ものではない**。

[접속④] 「동사 · い형용사 · な형용사」보통형의 과거형 : ～하곤 했다, ～했던 것이다 (과거 회상)

昔はよくこの公園で遊んだ**ものだ**。

35 　～わけがない / ～わけはない　～리가 없다 / ～리는 없다

[접속] 「동사 · い형용사 · な형용사 · 명사」의 명사수식형

まだ赤ちゃんなのに一人で外に出かける**わけがない**でしょう。

36 　～わけだ / ～わけではない / ～わけでもない

① ～わけだ　～할 만도 하다, ～하게 되는 것도 당연하다

[접속] 「동사 · い형용사 · な형용사 · 명사」의 명사수식형

トイレに行きたかったのか、どうりで落ち着いていなかった**わけだ**。

② ～わけではない / ～わけでもない　～라는 것은 아니다 / ～라는 것도 아니다

[접속] 「동사 · い형용사 · な형용사 · 명사」의 명사수식형

昨日は喧嘩になったが、けっして彼女が嫌いな**わけではない**。

37 　～てはいられない　～해서는 있을 수 없다, ～하고는 있을 수 없다

[접속] 동사 て형

もうこれ以上黙っ**てはいられない**。

38 **～に例える** ～에 비유하다

[접속] 명사

あの先生は人をすぐに動物に例える。

39 **～にあたる** ～에 해당하다

[접속] 명사

この板は現在のノートにあたる役割をしていました。

40 **～ことにはならない** ～인 것으로는 되지 않는다, ～로 되지 않는다

[접속] 동사 사전형·た형

いくら謝ったところで、今日の遅刻が無かったことにはならない。

41 **おこしになる / おこしくださる / おこしください**

오시다, 가시다 / 와주시다, 가주시다 / 와주세요, 가주세요

先生がこの試合におこしになるとは思ってもいなかった。

42 **頂戴する / いたす**

① '받음', '얻음'의 겸양어

こちらのお花は社長より頂戴しました。

② '받아서 먹다(마시다)'의 겸양어

美味しそうなお菓子ですね、家族みんなで頂戴します。

43 **拝～**

拝見 배견, 삼가봄　　　　拝見する(いたす) 삼가 보다, 배견하다 (「見る」의 겸양어)

拝借 삼가 빌려 씀　　　　拝借する(いたす) 삼가 빌려 쓰다 (「借りる」의 겸양어)

拝受 배수, 삼가 받음　　　拝聴 배청, 삼가 들음

拝読 배독, 삼가 읽음　　　拝顔 배안, 만나 뵘

その小説、私も拝見させてもらえますか。

問題7 次の文の（　　　　）に入れるのに最もよいものを、1・2・3・4から
一つ選びなさい。

1 届きました電報を代表致しまして私が（　　　）させて頂きます。

1 拝読　　　　　　2 一方　　　　　　3 上で　　　　　　4 以上

2 この道でかばんを盗まれたのに（　　　）です。

1 加えて　　　　　2 相違ない　　　　3 向きの　　　　　4 たまらない

3 この男の人は母の弟に（　　　）。

1 あたる　　　　　2 つつある　　　　3 ぬきで　　　　　4 あげく

4 今日の空の様子なら、雨が降るに（　　　）だろう。

1 次第では　　　　2 違いない　　　　3 に沿った　　　　4 に加えて

5 一つの事をやり（　　　）ことによって見えてくるものがある。

1 ぬく　　　　　　2 かける　　　　　3 かねる　　　　　4 っけ

6 約束は守る（　　　）が、病気で来れないのはしかたがない。

1 ばかりに　　　　2 べきだ　　　　　3 とみえて　　　　4 かねない

7 これこそ私たちが探していた動物に（　　　）。

1 から見れば　　　　　　　　　　　2 に沿って

3 ほかならない　　　　　　　　　　4 わけにもいかない

8 あの綺麗な建物の素材がゴミだなんて、言われないかぎり想像でき（　　　）。

1 まい　　　　　　　2 っけ　　　　　　　3 げ　　　　　　　4 ものの

9 先生からお言葉を（　　　）とは夢のようです。

1 に加えて　　　　　2 頂戴する　　　　　3 に応じて　　　　4 得ない

10 各国が原子力の利用および研究開発を進めていくに際して、1ヶ国のみでは
解決（　　　）問題が生じてくる。

1 し得ない　　　　　　　　　　　　2 する際には

3 し次第　　　　　　　　　　　　　4 する上は

11 子供（　　　）作られた洋服雑誌が、今小学生の間で大人気た。

1 拝聴　　　　　　　2 一方だ　　　　　3 向けに　　　　　4 得ない

12 彼はお金がない（　　　）のに、いつも同じ服を着ている。

1 にほかならない　　　　　　　　　2 わけではない

3 べきではない　　　　　　　　　　4 ことなく

13 事件を通して社会が学ぶべき（　　　）と私は思う。

1 からいうと　　　2 どころか　　　　3 に加えて　　　　4 ものがある

14 何てまずい料理を出す店だ、こんなとこ二度と来る（　　　）。

1 ものか　　　　　　2 上は　　　　　　3 ことなく　　　　4 あげく

15 君もあの場にいたのだから、分からない（　　　）だろう。

1 ぬきにしては　　　　　　　　　　2 てからでないと

3 わけがない　　　　　　　　　　　4 にしたがい

16 友だちが殴られたのに黙っ（　　　）。

1 てからでない　　　　　　　　　　2 はともかく

3 てはいられない　　　　　　　　　4 かぎりではない

17 本を一度読んだからといって、内容を理解できた（　　　）。

1 ことにはならない　　　　　　　　2 にわたって

3 べきではない　　　　　　　　　　4 たところで

18 お客様は3時に（　　　）予定です。

1 てしょうがない　　　　　　　　　2 たところで

3 ものだから　　　　　　　　　　　4 おこしになる

19 車を人で（　　　）とエンジン部分は心臓にあたる。

1 向きの　　　　　2 例える　　　　　3 得ない　　　　　4 に加え

20 背中が痒すぎて掻か（　　　）。

1 ことだから　　　　　　　　　　　2 かぎりは

3 のもとで　　　　　　　　　　　　4 ないではいられない

21 昨日の結果をもうまとめたのかい？ 本当に君の熱意はたいした（　　　）。

1 ものだ　　　　　2 にせよ　　　　　3 かぎりは　　　　　4 ぬきの

22 人がいないのであれは、今いる人間だけで頑張る（　　　）。

1 つつある　　　　　2 にかけても　　　　　3 にすれば　　　　　4 ほかない

23 明日は遠足（　　　）天気になりそうで良かった。

1 かけの　　　　　2 っけ　　　　　3 向きの　　　　　4 うえに

1 この申込書に記載した内容は ____ ____ __★__ ____ 。

 1 相違ないことを 2 全て   3 事実に   4 誓います

2 母親が子どもを ____ ____ __★__ ____ 。

 1 愛情が   2 他ならない 3 あるからに 4 しかるのは

3 「____ __★__ ____」____ 多くの小学校の教育目標となっている。

 1 最後まで 2 というのは 3 考え抜く 4 子ども

4 自分は __★__ ____ ____ ____ テスト結果によれば、私の適性は秘書や事務らしい。

 1 というのは 2 勝手な   3 営業向きだ 4 思い込みで

5 家では ____ ____ __★__ ____ 決めていた私が妹と喧嘩すると、泣いていないというだけでいつも私が悪いとされた。

 1 ものかと 2 心に   3 決して   4 泣く

6 ここで頑張れないのに ____ ____ ____ __★__ 。

 1 うまくいく 2 行って   3 わけがない 4 他のところに

7 私の姉は休日でも ____ ____ __★__ ____ 病気の時以外家にいたためしがない。

 1 性格で   2 家のなかで 3 いられない 4 じっとしては

8 夫は ＿＿＿ ＿＿＿ ＿＿＿ ＿★＿ とよく言われるらしい。

1 動物に　　　　　　　　　　　　2 馬に

3 例えると　　　　　　　　　　　4 良く似ている

9 氏名、生年月日、住所などの個人を ＿★＿ ＿＿＿ ＿＿＿ ＿＿＿ といえる。

1 あたる　　　　　2 情報は　　　　　3 特定できる　　　　4 個人情報に

10 習ったことを他の人に説明できなくては ＿＿＿ ＿＿＿ ＿★＿ ＿＿＿。

1 本当に　　　　　2 ならない　　　　3 ことには　　　　4 分かった

11 当店では ＿★＿ ＿＿＿ ＿＿＿ ＿＿＿ おもてなしをご用意しております。

1 ために　　　　　2 お客様の　　　　3 お越しくださる　　4 様々な

12 メールでのお問い合わせの場合、＿＿＿ ＿＿＿ ＿★＿ ＿＿＿ ございます。

1 ご返信までに　　2 頂戴する　　　　3 ことが　　　　　4 お時間を

13 思春期の子どもとの良い対話の仕方 ＿＿＿ ＿＿＿ ＿＿＿ ＿★＿ と考えて
おります。

1 について　　　　2 お知恵を　　　　3 拝借したい　　　4 皆様の

問題9　次の文章を読んで、　1　から　10　の中に入る最もよいものを、
　　　　　1・2・3・4の中から一つ選びなさい。

　今日、携帯電話によるメールやネットの普及による若者の活字離れには危機迫る　1　。この影響は新聞の購買数の減少や書籍の売れ行きの悪さに　2　。ついに映画会社の洋画の字幕づくりにまで余波が及んできたという。これまで「洋画といえば字幕」がスタンダード、吹き替え版といえば子ども向けのファンタジーに限ったことだと思っていたが、最近では観客離れを防ぐためには、　3　実写映画でさえ吹き替え版を導入　4　というのが現状のようだ。確かに吹き替え版による上映の場合、字幕に神経をとられることなく作品に集中　5　。しかし一方で演じる俳優の生の声が聞こえなくなるし、特に外国語がもつ雰囲気や言回しを完全に日本語で同じように　6　ので、違和感があるため吹き替えに　7　ではないという声も聞かれる。このため、映画会社は字幕づくりにあたっては文字数を減らすだけでなく漢字の使用を最小限にし、極力ふりがなを振る気の遣いよう。ただし字幕だけで全て解決する　8　ようだ。ある映画会社の製作担当者は「スパイ系作品の試写会後『ソ連って何ですか?』『ナチスって何ですか?』といった感想が寄せられ　9　でした。」と打ち明けた。字幕以前に、歴史上の史実すらも分からない若者が増えているとなると、いくら字幕より多くを表現できる吹き替えといえどもそのうち全ては説明しきれなくなる日を　10　と少々不安になる。

1

　1　ものがある　　　2　かのようだ　　　3　ものだ　　　　　4　ことか

2

　1　留まりきれない　　　　　　　　2　留まってはいられない

　3　留まるものではない　　　　　　4　留まるということだ

3

1 子どもが好きな 2 大人が好きな
3 子ども向けの 4 大人向けの

4

1 してはならない 2 するより他はない
3 することにはならない 4 するかのようだ

5

1 できてしょうがない 2 できるに違いない
3 しかける 4 しつつある

6

1 表現し得ない 2 表現しぬく
3 表現いたす 4 表現するどころではない

7

1 すべき 2 するわけ 3 するはず 4 することばかり

8

1 ことは無理にあたる 2 ことは相違ない
3 ほか仕方ない 4 わけではない

9

1 感心してはいられません 2 驚かないではいられません
3 呆れるというもの 4 調べなければなりません

10

1 待っているものか 2 来るんだっけ
3 迎えるのではあるまいか 4 迎えてたまらない

모의고사

제1회

言語知識
（文字・語彙・文法）

 ________の言葉の読み方として最もよいものを、1・2・3・4から一つ選びなさい。

1 彼女はピアノを半年前から始めたので、まだまだ素人だ。
　　1 しろうと　　　　2 すろうと　　　　3 しろと　　　　4 すろと

2 ここに車を止めることは違反です。
　　1 いばん　　　　2 いはん　　　　3 ちばん　　　　4 ちはん

3 秋は、食欲の秋ともいわれている。
　　1 しくよく　　　　2 じきよく　　　　3 しょくよく　　　　4 しゃくよく

4 このページを、印刷してください。
　　1 いんざつ　　　2 いんさつ　　　3 えんさつ　　　4 えんざつ

5 客から依頼を受けて調査を始めた。
　　1 いるい　　　　2 あらい　　　　3 いらい　　　　4 あるい

 ＿＿＿＿＿の言葉を漢字で書くとき、最もよいものを１・２・３・４から一つ選びなさい。

6 私の父は<u>しんぞう</u>が悪く、来月手術をしなければならない。
   1 心蔵　　　　　2 心臓　　　　　3 芯臓　　　　　4 芯蔵

7 子供が手を<u>はなした</u>すきに、持っていた風船が空にとんでいった。
   1 放した　　　　2 施した　　　　3 族した　　　　4 旅した

8 この本の<u>ちょしゃ</u>は、世界でも有名だ。
   1 著者　　　　　2 芭者　　　　　3 者著　　　　　4 著吉

9 明日の<u>まつり</u>には、浴衣を着て行こうと思う。
   1 祭り　　　　　2 際り　　　　　3 擦り　　　　　4 察り

10 5月は<u>つゆ</u>のため、<u>しっけ</u>が多い。
   1 湿気　　　　　2 湿汽　　　　　3 温気　　　　　4 温汽

11　突然、犬が道路に飛び（　　　）きた。

　　1 かって　　　　　2 かえって　　　　　3 だして　　　　　4 でって

12　彼はチームを3回も優勝させた（　　　）監督^{かんとく}だ。

　　1 真　　　　　　　2 新　　　　　　　　3 名　　　　　　　4 悪

13　カレーを作りすぎたので3日間カレーを食べ（　　　）。

　　1 つづけた　　　　2 つづいた　　　　　3 かけた　　　　　4 かきた

14　夏休みに積極（　　　）にボランティアに参加した。

　　1 難　　　　　　　2 的　　　　　　　　3 性　　　　　　　4 化

15　難しいと言われていた仕事を最後まで一人でやり（　　　）。

　　1 なおした　　　　2 なおった　　　　　3 きろた　　　　　4 きった

16　今の時代、テレビがない生活は（　　　）できない。
1　予測　　　　　　2　予感　　　　　　3　想像　　　　　　4　予期

17　さるといえば、バナナを（　　　）します。
1　空想　　　　　　2　放送　　　　　　3　編集　　　　　　4　連想

18　（　　　）サービスに申し込まれますと、変更できませんので、申し込む前
によくお考えください。
1　一旦<ruby>いったん</ruby>　　　2　一斉<ruby>いっせい</ruby>　　　3　一般　　　　　　4　一層

19　この問題を一人ずつ（　　　）に解いてもらいましょう。
1　順調　　　　　　2　調子　　　　　　3　番号　　　　　　4　順番

20　モデルや俳優<ruby>はいゆう</ruby>など、テレビで活躍<ruby>かつやく</ruby>する人のおおくは年齢を重ねても
（　　　）。

1　わかわかしい　　2　たのもしい　　　3　やさしい　　　　4　おそろしい

21　この店は安いと（　　　）の店だ。
1　批判<ruby>ひ はん</ruby>　　　2　評価<ruby>ひょう か</ruby>　　　3　評判<ruby>ひょうばん</ruby>　　　4　批評<ruby>ひ ひょう</ruby>

22　私の今年の（　　　）は、毎朝7時に起きることだ。
1　目標<ruby>もくひょう</ruby>　　　2　目的　　　　3　標準<ruby>ひょうじゅん</ruby>　　　4　的確<ruby>てきかく</ruby>

23 彼女は毎日厳（きび）しい練習をしてダンス大会に出場したのに優勝できず気の毒だ。

    1 痛そう   2 楽しそう   3 怒りそう   4 かわいそう

24 彼は理科の実験でよく失敗して先生に怒られていた。

    1 メモ   2 サイン   3 ミス   4 ランニング

25 さっきまで晴れていたのに、突然雷（かみなり）が鳴り出した。

    1 急に   2 はっきり   3 しだいに   4 じょじょに

26 地方の特色をだしたことで観光客が増えた。

    1 特殊（とくしゅ）   2 特長   3 独特   4 独身（どくしん）

27 ここは最近急速に発達した都市だ。

    1 発行   2 発展（はってん）   3 開放（かいほう）   4 成人

28 せき

1 外から帰ったらせきをしなさい。

2 暑いところにずっといると、せきがおこります。

3 せきがひどいので、マスクをして外に出ます。

4 とても眠くて、せきがとまりません。

29 そうっと

1 夜遅く家に帰ったので、家族を起こさないようにそうっと家に入った。

2 3ヶ月かかってそうっと実験が成功した。

3 私は酒を飲んだ日はそうっと眠ることができる。

4 私の会社の同僚はそうっと遅刻をするので、よく部長に怒られている。

30 自ら

1 彼女の自ら陽気な性格は周りを明るくさせた。

2 私はバスケットボールの試合で自ら優勝した。

3 この事件の犯人は自ら罪を認めたそうです。

4 このビルを自ら爆発させた。

31 発売

1 工場の煙突から煙が発売している。

2 私は今日の授業中に課外活動について発売しなければなりません。

3 最近家の中で虫を発売しました。

4 雑誌の新刊が今日発売されました。

32 サービス

1 科学の進歩のサービスは急速だ。

2 この化粧品のサービスはこちらです。

3 この店の支払いのサービスが分からない。

4 農産物の配達サービスは客の評判が良い。

33 不思議な（　　）、学校に行くと頭痛がおきます。

1　ことに　　　　　　　　　　　　2　ようで
3　ばかりに　　　　　　　　　　　4　ところに

34 法律の改正に（　　）、どの法律を改正したらよいか皆さんの意見を聞きたいと思います。

1　限って　　　　　　　　　　　　2　あたり
3　かかわらず　　　　　　　　　　4　かけては

35 彼の演説は声が小さい（　　）、おおざっぱな内容だったので、ほとんど理解できなかった。

1　やら　　　　　　　　　　　　　2　ように
3　はんめん　　　　　　　　　　　4　うえに

36 私が意見を変えない（　　）、この問題は解決しない。

1　かぎり　　　　　　　　　　　　2　ついでに
3　といっても　　　　　　　　　　4　ものの

37 今深刻な環境問題（　　）、酸性雨、地球温暖化などがあげられる。

1　からすると　　　　　　　　　　2　といえば
3　に比べて　　　　　　　　　　　4　にしたがって

38 給料は能力（　　　）決定します。

1　を通じて　　　　　　　　　　　2　ばかりに

3　におうじて　　　　　　　　　　4　にわたって

39 今、とても辛い時期だが、ここで（　　　）。

1　負けるわけにはいかない　　　　2　負けるわけがない

3　負けるよりほかない　　　　　　4　負けるものだ

40 この電子辞書が売れるかどうかは宣伝（　　　）。

1　のせいだ　　　　　　　　　　　2　のおかげだ

3　がきっかけだ　　　　　　　　　4　次第だ

41 現状のままではこの地域は発展（　　　）ので、対策を考えなければなりません。

1　せずにはいられない　　　　　　2　しがたい

3　するわけでもない　　　　　　　4　するほかない

42 末っ子のあなたに長女の辛さは（　　　）ので口を出さないでください。

1　分かりっこない　　　　　　　　2　分かってならない

3　分かるというものだ　　　　　　4　分かるっけ

43 自分がつらい経験を（　　　　　）人の痛みがわかるようになった。

1　したかぎり　　　　　　　　　　2　したものなら

3　したところで　　　　　　　　　4　してはじめて

44 彼は英語を勉強（　　　　）アメリカに留学できないと言った。

1　してからでないと　　　　　　　2　しつつあるので

3　してたまらなく　　　　　　　　4　したにしろ

（問題例）

あそこで ＿＿＿ ＿＿＿ ＿★＿ ＿＿＿ は山田さんです。

　１ テレビ　　　　　２ 見ている　　　　３ を　　　　　４ 人

（解答の仕方）

1. 正しい文はこうです。

あそこで ＿＿＿＿＿ ＿＿＿＿＿ ＿★＿＿＿ ＿＿＿＿＿ は山田さんです。
　　　　　１ テレビ　　３ を　　２ 見ている　　４ 人

2. ＿★＿ に入る番号を解答用紙にマークします。

（解答用紙）　（例）① ● ③ ④

45 私はかわいいが少し高い ＿＿＿ ＿＿＿ ＿★＿ ＿＿＿ 買ってしまった。

1 バッグを　　　　2 あげく　　　　3 長い間　　　　4 迷った

46 この ＿＿＿ ＿＿＿ ＿★＿ ＿＿＿ テレビで言っていた。

1 夏にかけて　　　2 魚は　　　　　3 春から　　　　4 おいしいと

47 私の父は酒に酔うと、人目もかまわず ＿＿＿ ＿＿＿ ＿★＿ ＿＿＿ 歌いだす。

1 あろうと　　　　2 大声で　　　　3 歌を　　　　　4 どこで

48 車で会社に行く途中、＿＿＿ ＿＿＿ ＿★＿ ＿＿＿ 警察に捕まった。

1 あまり　　　　　2 スピードを　　3 急ぐ　　　　　4 出しすぎて

49 家のふすまに穴が空いて風が ＿＿＿ ＿＿＿ ＿★＿ ＿＿＿ たまらない。

1 通り抜ける　　　2 家中を　　　　3 ため　　　　　4 寒くて

問題9 次の文章を読んで、[50] から [54] の中に入る最もよいものを、1・2・3・4から一つ選びなさい。

　日本で [50] 寿司、ラーメン、パスタなど色々あるが、私が今日紹介したいのはラーメンと寿司だ。まずラーメンだが、最近冷たいラーメンなど変わった商品も出てきてますます注目を集めている。ラーメンは元々中国の料理で、日本でも初め中華料理店で売られていた。しかし、最近は中国のラーメンとは違った日本独特の食文化として発展してきている。ラーメンと言う名前は元々中国語の「ハオ・ラー」（お待たせいたしました）のラーや、「ラ・ミエン」の発音からきているという説があるが本当のところはまだ分かっていない。日本のラーメンの代表的なスープはしょう油、塩、みそ、とんこつ（注1）味だ。しょう油味はあっさり（注2）したものとこってり（注3）したものがあり、地方によって異なる場合がある。塩味は基本的にあっさりしているので油っこい（注4）ものが苦手な人 [51] 、みそ、とんこつ味は逆にこってりしているのであっさりした味が苦手な人に好まれる。

　[52] 寿司だが、寿司は酢と混ぜたご飯の上に魚のさしみを乗せ握った日本料理で、昔から国民に愛されている料理だ。そして寿司は健康食品としても全世界に [53] 。寿司はにぎり寿司や手巻き寿司など色々種類があり、様々な形で楽しめる。また、寿司屋に行くとそこでだけで使われる専門用語がある。例えば、お茶の事をアガリ、わさびの事をナミダと言うようにだ。

　中国から来たものを独自（注5）の文化として取り入れられている（注6） [54-a] 、また昔からの伝統の味を引き継がれている（注7） [54-b] 。これからもこの二つは愛され続けるだろう。

（注1）とんこつ：だしの材料にする豚の骨
（注2）あっさり：物の状態などがしつこくないこと
（注3）こってり：味や色が濃く、しつこいこと
（注4）油っこい：食品などのあぶら気が強いこと
（注5）独自：他と違って、それだけにあること
（注6）取り入れる：外にあるものを取って中に入れること
（注7）引き継ぐ：何かしているものをあとの人に渡すこと

50

1 人気がある料理かと思ったら
2 人気がある料理といっても
3 人気がある料理をはじめ
4 人気がある料理といえば

51

1 次第で　　　　2 限りで　　　　3 向けで　　　　4 以上で

52

1 次に　　　　2 始めに　　　　3 そのうちに　　　　4 最初に

53

1 だまされている　　　　2 知られている
3 頼られている　　　　4 嫌われている

54

1 a ラーメン／b 寿司　　　　2 a 寿司／b パスタ
3 a パスタ／b ラーメン　　　　4 a 寿司／b ラーメン

모의고사

제 2 회

言語知識
（文字・語彙・文法）

 ＿＿＿＿＿の言葉の読み方として最もよいものを、1・2・3・4から一つ選びなさい。

1 水道管が凍り、水が出なくなってしまった。

　1　すいどうかん　　　　　　　　　2　すいとうがん

　3　ずいどうかん　　　　　　　　　4　すいとうかん

2 レポートに自分の考えや評価も述べるようにしてください。

　1　とべる　　　　2　よべる　　　　3　こべる　　　　4　のべる

3 台風などに備えて非常食などを準備しておくことは大切だ。

　1　そろえて　　　　2　そなえて　　　　3　ととのえて　　　　4　こしらえて

4 私の趣味は週末に鉄道番組を見ることだ。

　1　てつどう　　　　2　てつぼう　　　　3　てっきょう　　　　4　てっきん

5 今日は学校で片仮名を勉強した。

　1　がな　　　　2　かみょう　　　　3　かな　　　　4　かめい

 ＿＿＿＿＿の言葉を漢字で書くとき、最もよいものを１・２・３・４から一つ選びなさい。

6 地震のせいでかべに大きな穴が開いてしまった。

1 璧　　　　2 避　　　　3 癖　　　　4 壁

7 有名な画家の結婚式だけあり、多くの有名人がまねかれた。

1 昭かれた　　2 詔かれた　　3 招かれた　　4 召かれた

8 大きな音と同時にビルがばくはつした。

1 暴浇　　　　2 爆発　　　　3 爆浇　　　　4 暴発

9 コンビニで飲み物を買うと高いので、すいとうにお茶などを入れて持ち歩くようにしている。

1 水筒　　　　2 氷筒　　　　3 水箇　　　　4 氷箇

10 最近女性の間でどろパックが流行っているらしい。

1 泥　　　　2 氾　　　　3 況　　　　4 泯

（　　　）に入れるのに最もよいものを、1・2・3・4から一つ選びなさい。

11　私はいつも光熱費を銀行から払い（　　　）いる。

1　戻して　　　　　2　込んで　　　　　3　切って　　　　　4　除けて

12　この店は一度テレビでうまい店として紹介されて以来（　　　）評判になった。

1　大　　　　　2　新　　　　　3　反　　　　　4　山

13　今撮影の（　　　）最中なのでスタジオに入らないでください。

1　真っ　　　　　2　未っ　　　　　3　不っ　　　　　4　無っ

14　この絵からは力（　　　）が感じられる。

1　強さ　　　　　2　持ち　　　　　3　遣い　　　　　4　行き

15　電子辞書の電池がなくなったので新しい電池と取り（　　　）。

1　違えた　　　　　2　掛かった　　　　　3　返した　　　　　4　替えた

16 私達はお腹をすかせるために（　　　）して家に帰った。

1 通り道　　　　　2 回り道　　　　　3 坂道　　　　　4 山道

17 （　　　）はまだ5歳なのに兄が嫁に出すのは嫌だととても先の事を話して
いたので笑ってしまった。

1 甥　　　　　　2 息子　　　　　3 姪　　　　　4 叔母

18 （　　　）腹の立つようなことを言うのはやめてください。

1 すなわち　　　　2 わざと　　　　3 とっくに　　　　4 ゆいいつ

19 雑誌に「この先地球環境がますます危険！」という（　　　）が載ってい
た。

1 記号　　　　　2 解説　　　　　3 見出し　　　　　4 記者

20 今日は月曜日で燃えるゴミを出さなければならないのに（　　　）して燃え
ないゴミを出してしまった。

1 失望　　　　　2 字引き　　　　3 変更　　　　　4 勘違い

21 うちの会社では春と冬に給料とは別に（　　　）が支給される。

1 チャンス　　　　2 リットル　　　　3 マンション　　　　4 ボーナス

22 （　　　）と自分の言葉でものが言える彼が羨ましい。

1 はきはき　　　　　　　　　　2 のろのろ

3 てんてん　　　　　　　　　　4 ちゃくちゃく

23 父の病状は徐々に回復してきている。

1 悪いままだ　　　　　　　　　　2 良いままだ

3 良くなってきている　　　　　　4 悪くなってきている

24 夫が検査入院をすることになり、夫婦で経営していた店をしばらく息子夫婦に預けることにした。

1 配る　　　　　　2 迎える　　　　　3 貸出しする　　　　4 任せる

25 今日は皆様から多くの貴重なご意見を承りました。

1 貰いました　　　2 あげました　　　3 知りました　　　4 回しました

26 この講座はキャリアウーマンを目指している人にいいと思います。

1 大人　　　　　　2 男性　　　　　　3 女性　　　　　　4 幼児

27 彼は日本の名を世界中に広めた立派な画家だ。

1 優勝な　　　　　2 偉大な　　　　　3 陽気な　　　　　4 平凡な

28 垂直

1 腕を<u>垂直</u>にぶら下げる運動は肩こりに効く。

2 この坂は急に見えるが、<u>垂直</u>にはそうではない。

3 お酒を飲み始めるまで彼は<u>垂直</u>な大学生だった。

4 工事中の道は<u>垂直</u>で歩きづらい。

29 もともと

1 テレビをまだ<u>もともと</u>見たことがない人はいるのか。

2 <u>もともと</u>若かった頃に戻れたら今とは違う人生を送っているだろう。

3 この家は<u>もともと</u>祖母が住んでいたのですが、祖母が亡くなった後は兄夫
婦が住んでいます。

4 彼はこの道を<u>もともと</u>進んでいった。

30 スピーチ

1 今、男性の間でスカートをはく<u>スピーチ</u>が流行っている。

2 会場の<u>スピーチ</u>では有名な歌手が集まって挨拶（あいさつ）をしている。

3 会社で働いていると<u>スピーチ</u>が溜（た）まることが多い。

4 では森さん、<u>スピーチ</u>を始めてください。

31 またぐ

1 私は酒癖が悪いので会社の飲み会などでは<u>またがない</u>ように気をつけている。

2 父がトイレの前の廊下で寝ていたので父を<u>またいで</u>トイレに入った。

3 会議を欠席した同僚に会議の資料を<u>またいだ</u>。

4 マラソンで一人の選手が10人連続<u>またいで</u>ニュースになった。

32 見かけ

1 父は家族のためという<u>見かけ</u>で自分がしたいことをやっている。

2 人を<u>見かけ</u>で判断してはいけないと小さい頃から親に言われてきた。

3 私は外見より<u>見かけ</u>を磨くことのほうが大事だと思う。

4 月の<u>見かけ</u>には白い部分と黒い部分があると授業で先生が言っていた。

 次の文の（　　　）に入れるのに最もよいものを、1・2・3・4から一つ選びなさい。

33 電車の中で男性が新聞を読みながら（　　　）。

1 寝てはいられない　　　　　　　　2 寝たにほかならない

3 寝かけていた　　　　　　　　　　4 寝るまい

34 何回も練習した（　　　）、舞台の本番では台詞を間違えることなく言うことができた。

1 うえに　　　　　　　　　　　　　2 ばかりに

3 といったら　　　　　　　　　　　4 だけあって

35 地震が起きた時は先生の指示に（　　　）、慌てず行動してください。

1 加えて　　　　　　　　　　　　　2 したがい

3 先立って　　　　　　　　　　　　4 関わらず

36 何事も失敗しても最後まで（　　　）ことが大切だと思う。

1 やりぬく　　　　　　　　　　　　2 やりかける

3 やりかねない　　　　　　　　　　4 やりさえしない

37 写真家がこの写真を見せることによって私たちに何かを訴えている（　　　）。

1 せいだ　　　　　　　　　　　　　2 ではない

3 べきではない　　　　　　　　　　4 かのようだった

38 私が一生懸命考えてアイデアを出し（　　　）選ばれることはないだろう。

1 たところで　　　　　　　　　　　　2 てはじめて

3 たといえば　　　　　　　　　　　　4 た末に

39 道でバッグを盗まれた（　　　）、自転車とぶつかっておおけがをした。

1 ともなれば　　　　　　　　　　　　2 からには

3 ものなら　　　　　　　　　　　　　4 あげく

40 危ない目に（　　　）のでここからできるだけ離れてください。

1 遭いかける　　　　　　　　　　　　2 遭いかねない

3 遭うものがある　　　　　　　　　　4 遭うわけない

41 部長はなぜか私が忙しい時（　　　）仕事を頼んでくる。

1 に沿って　　　　　　　　　　　　　2 に応じて

3 に限って　　　　　　　　　　　　　4 に渡って

42 毎日の生活が忙しい（　　　）、自分の趣味などを楽しむ時間を見つける
ことは重要だ。

1 にしろ　　　　　　　　　　　　　　2 ばかりか

3 とみえて　　　　　　　　　　　　　4 あまり

43 ではお土産を遠慮なく（　　　）。

1 ちょうだいになります　　　　　　2 ちょうだいします

3 ちょうだいされます　　　　　　　4 ちょうだいください

44 この商品は会議で何回も慎重（しんちょう）に検討（けんとう）した（　　　）発売へと進める必要が
ある。

1 ものなら　　　　2 上で　　　　　　3 かぎりでは　　　4 あげく

 次の文の ＿★＿ に入る最もよいものを、１・２・３・４から一つ選び
なさい。

（問題例）

　　あそこで ＿＿＿ ＿＿＿ ＿★＿ ＿＿＿ は山田さんです。

　　１ テレビ　　　　　２ 見ている　　　　３ を　　　　　　４ 人

（解答の仕方）

1. 正しい文はこうです。

> あそこで ＿＿＿＿＿＿ ＿＿＿＿＿＿ ＿★＿＿＿ ＿＿＿＿＿＿ は山田さんです。
> 　　　　　１ テレビ　　　３ を　　　２ 見ている　　４ 人

2. ＿★＿ に入る番号を解答用紙にマークします。

（解答用紙）　（例）　① ● ③ ④

---

45 仕事が ＿＿＿ ＿＿＿ ＿★＿ ＿＿＿ 仕事を任された。

1 新しい　　　　　　　　　　　　2 終わらないか

3 のうちに　　　　　　　　　　　4 終わるか

46 結婚式の当日に花嫁（はなよめ）に逃げられてしまった。

＿＿＿ ＿＿＿ ＿★＿ ＿＿＿。

1 諦（あきら）めるより　　　　　　　2 ほかはない

3 もう　　　　　　　　　　　　　　4 この結婚は

47 今日、朝から ＿★＿ ＿＿＿ ＿＿＿ ＿＿＿ 辛くなってきた。

1 悲しげに　　　　　　　　　　　2 見えて

3 僕（ぼく）まで　　　　　　　　　4 妻の表情が

48 カーテンを閉じるのを忘れて寝てしまったので、＿＿＿ ＿＿＿ ＿★＿ ＿＿＿。

1 太陽の光が　　　　　　　　　　2 朝

3 たまらなかった　　　　　　　　4 眩（まぶ）しくて

49 社長が社員会議で ＿＿＿ ＿＿＿ ＿★＿ ＿＿＿ いるのを聞いて感動した。

1 嬉（うれ）しくて　　　　　　　　2 社員の成長が

3 おっしゃって　　　　　　　　　4 たまらないと

 次の文章を読んで、 50 から 54 の中に入る最もよいものを、１・２・
３・４から一つ選びなさい。

　人間の食べ物は、馬や牛の食べ物とは違う。その理由は人間は食べ物を料理
して食べるからである。料理とは言うまでもなく、物をおいしく食べるための
仕事である。 50 、私は何もここまで堅苦しく(注1)料理の説明をしようとは思
わない。ただ一ついっておきたいことは、医者とか料理の専門家が、料理につ
いては議論しているが、誰一人として料理と食器について、はっきりした見解
を述べている人がいないということだ。言うまでもなく、食器なくして料理は
成立しない。昔の人は食べ物を柏の葉(注2)に載せて食べたと言われているが、
柏の葉に載せたことが食器の必要性を物語っている。

　例えば、カレーライスを新聞紙の上に載せて出せば、 51 誰も食べようとす
るものはいないだろう。しかし、美しい皿に盛ったカレーライスは、喜んで食
べるだろう。そのことから料理 52 食器がどんなに重要な役目をするかが分
かる。

　料理をするものの立場からいえば、自分の料理はこういう食器に盛りたいと
か、こういう食器を使う場合には、料理をこういう風にする必要があるなど、
53 、食器を含めて全体としての料理を考える。それで、優れた判断力が広く
高くなってくる。もっと別な方面から考えてみると、よい食器のある時代は、
よい料理のあった時代、料理の進んでいた時代であると言える。

　料理をおいしく食べようとすれば、その料理に合う食器を選ぶ必要がある。
54 、料理は食べる部屋の雰囲気や飾りなど全ての要素がこれに伴ってくる
が、そのもっとも関係の深い食器について気を配ることを、まず、今日の料理
家に望みたい。

（注１）堅苦しい：自由がなく思うままにできない
（注２）柏の葉：食べものを盛るのに用いた木の葉

50

　　1 そして　　　　2 だが　　　　　3 だから　　　　4 さらに

51

　　1 おそらく　　　2 絶対　　　　　3 もしも　　　　4 ただし

52

　　1 のあげく　　　2 どころか　　　3 のものなら　　4 において

53

　　1 いわれなく　　2 いわば　　　　3 いわれ　　　　4 いわく

54

　　1 必ずしも　　　2 しかし　　　　3 もちろん　　　4 ところで

모의고사

제 3 회

言語知識
（文字・語彙・文法）

 ＿＿＿＿＿の言葉の読み方として最もよいものを、1・2・3・4から一つ
選びなさい。

1 日本の完全失業率が少し改善された。

   1 しつきょうりつ　　　　　　　　2 しつぎょうりつ
   3 しっぎょうりつ　　　　　　　　4 しつぎょうり

2 おいしいものを食べて満足感を得る。

   1 まんぞくかん　　　　　　　　　2 まんそくかん
   3 まんぞっかん　　　　　　　　　4 まんぞくがん

3 引っ越しをすると荷物の整理が大変だ。

   1 ぜいり　　　　　2 すうり　　　　　3 せいり　　　　　4 せんり

4 会社の同僚にお土産を買う。

   1 どうりょう　　　2 とうりょう　　　3 どうりょ　　　　4 とうりょ

5 ゲーム制作には莫大な費用がかかります。

   1 ほうだい　　　　2 ばくたい　　　　3 ぼうだい　　　　4 ばくだい

6 パンを食べようと思ったら<u>きげん</u>が切れていた。

1 期間　　　　　2 機嫌　　　　　3 期阮　　　　　4 期限

7 <u>どくしん</u>生活も明日で終わりだ。

1 独心　　　　　2 独身　　　　　3 狆身　　　　　4 獨心

8 <u>じしん</u>が起きても割れないガラスがあるといいな。

1 地雷　　　　　2 地雨　　　　　3 地震　　　　　4 地雲

9 <u>あこがれ</u>の女性は既に結婚していた。

1 撞　　　　　2 憧　　　　　3 童　　　　　4 瞳

10 僕の理想の女性は心が<u>じゅんすい</u>で穏やかな人だ。

1 屯粋　　　　　2 沌粋　　　　　3 純粋　　　　　4 枊粋

11 彼女の服装はいつも大人（　　　）素敵だ。

　　1 らしい　　　　　　2 みたい　　　　　3 っぽくて　　　　4 を感じ

12 遅い車を追い（　　　）ときは周囲の状況を確認する。

　　1 掛ける　　　　　　2 越す　　　　　　3 払う　　　　　　4 つく

13 親友と喧嘩したが話し（　　　）て仲直りした。

　　1 合っ　　　　　　　2 とぎれ　　　　　3 こまれ　　　　　4 にくく

14 新商品がとても人気で問い（　　　）が増えた。

　　1 悩み　　　　　　　2 囲い　　　　　　3 合わせ　　　　　4 かけ

15 これから毎日、美味しい料理を作ろうと（　　　）いる。

　　1 はりきって　　　　2 はりあって　　　3 はらいこんで　　4 はりついて

16 会社に入社するには、まず（　　　）試験を受けなければならない。

 1 面目   2 面会   3 面体   4 面接

17 アルバイト（　　　）の広告を見て電話した。

 1 募集   2 応募   3 保存   4 余分

18 彼は10年間付き合った彼女に（　　　）プロポーズした。

 1 ついに   2 しだいに 3 まだ   4 もう

19 昨日までに家賃を支払わなければならなかったが（　　　）忘れていた。

 1 じっくり 2 うっかり 3 がっかり 4 しっかり

20 100万円もする指輪をあげたのに、次はネックレスも欲しいなんて（　　　）人だ。

 1 まぶしい   2 はなはだしい

 3 ずうずうしい   4 みっともない

21 友達の結婚式で（　　　）を頼まれた。

 1 スピーチ   2 ジャーナリスト

 3 サラリーマン   4 マスク

22 最近は夜遅くまで試験勉強をしているので睡眠（　　　）だ。

 1 不満   2 不足

 3 満足   4 時間

23 以前はスキーが得意でしたが、今は得意ではありません。

1 いつも　　　　2 これから　　　　3 前　　　　4 初め

24 試験の結果はすぐに出ますので少々お待ちください。

1 ただちに　　　2 ゆっくり　　　　3 いつの間にか　　4 ふと

25 パソコンが故障したので修理したい。

1 交換　　　　　2 変更　　　　　　3 修繕　　　　4 回復

26 パソコンに要らないソフトが沢山あったので全て削除した。

1 作成　　　　　2 消去　　　　　　3 削減　　　　4 修正

27 大学はもうとっくに卒業した。

1 適度に　　　　2 ほとんど　　　　3 定期的に　　4 既に

28 怠ける

1 周りの人は一生懸命に仕事しているのに彼は怠けて遊んでいる 。

2 早くご飯を食べて怠けようと思う。

3 料理を作るのに一生懸命怠けた。

4 怠けて友達の彼と遊んだ。

29 どきどき

1 明日の天気は晴れどきどきくもりです。

2 ご飯を食べ過ぎてどきどきしながらテレビをみた。

3 部屋のどきどきした汚れにびっくりした。

4 会社の面接で社長が目の前に座ったのでどきどきでした。

30 思い込む

1 どのケーキを買おうか思い込んで買ったがあまり美味しくなかった。

2 電車の中で昨日の会議を思い込み一人で笑った。

3 彼は気に入った財布を友達に思い込んでプレゼントした。

4 彼はおとなしい性格だと思い込んでいたが実はとても面白い人だった。

31 たまたま

1 彼女の誕生日は毎年たまたま高級なレストランで食事すると決めている 。

2 一生懸命働かないとたまたまお金がなくなるよ。

3 犬の散歩に出かけたらたまたま昔好きだった人に出会った。

4 最近、運動不足なのでたまたま外で運動してみたらどう。

32 諦める

1 車に乗ってドライブしようと諦めた。

2 彼女には立派な彼がいるので諦めるしかない。

3 母は僕に賢いねと諦めた。

4 憧れの女優のサイン会があり、諦めて並んだ。

問題7 次の文の（　　　）に入れるのに最もよいものを、1・2・3・4から
一つ選びなさい。

33 料理人になれるかどうかは彼の腕（　　　）。

1 次第だ　　　　　　　　　　　　　2 だけだ

3 ならない　　　　　　　　　　　　4 に違いない

34 医者から、台風がこない（　　　）、毎日散歩してくださいと言われた。

1 かと思うと　　　　　　　　　　　2 かぎり

3 からには　　　　　　　　　　　　4 ところに

35 弟は会社に勤め（　　　）、日本語学院に通っている。

1 まいか　　　　　　　　　　　　　2 たところで

3 てはじめて　　　　　　　　　　　4 つつ

36 日本に留学した（　　　）、できるだけ日本人の友達を作って一緒に旅行を
したい。

1 ことなく　　　　　　　　　　　　2 だけあって

3 からには　　　　　　　　　　　　4 というと

37 引っ越し（　　　）冷蔵庫の中身を整理した。

1 につけても　　　　　　　　　　　2 に伴い

3 からすると　　　　　　　　　　　4 に反して

38 食事の量を減らした（　　　　）まったく痩せる気配がない。

1 ものの　　　　　　　　　　　　　　2 ものなら

3 とみえて　　　　　　　　　　　　　4 あげく

39 朝ごはんを食べ（　　　　）力がでなくて勉強できない。

1 さえすれば　　　　　　　　　　　　2 かけの

3 つつ　　　　　　　　　　　　　　　4 てからでないと

40 あなたの希望に（　　　　）仕事を紹介します。

1 にしたら　　　　　　　　　　　　　2 際して

3 沿った　　　　　　　　　　　　　　4 反して

41 大好きなカレーを食べたが辛さの（　　　　）涙と汗が止まらなかった。

1 ものなら　　　　　　　　　　　　　2 わけがない

3 上で　　　　　　　　　　　　　　　4 あまり

42 風邪をひいた（　　　　）こじらせてしまい、病院に入院することになった。

1 以上は　　　　　　　　　　　　　　2 かぎりでは

3 ことなく　　　　　　　　　　　　　4 あげく

43 彼は有能な人物（　　　　）早くも部長に就任した。

1　に沿って　　　　　　　　　　2　だけあって

3　というと　　　　　　　　　　4　に限って

44 仕事がとても忙しくて休憩（　　　　）昼食もまだだ。

1　に先立ち　　　　　　　　　　2　といったら

3　どころか　　　　　　　　　　4　かと思ったら

 次の文の ＿★＿ に入る最もよいものを、１・２・３・４から一つ選び
なさい。

（問題例）

あそこで ＿＿＿ ＿＿＿ ＿★＿ ＿＿＿ は山田さんです。

1 テレビ　　　　　2 見ている　　　　3 を　　　　　　4 人

（解答の仕方）

1. 正しい文はこうです。

あそこで ＿＿＿＿＿＿ ＿＿＿＿＿＿ ＿★＿＿＿ ＿＿＿＿＿＿ は山田さんです。

　　　　　1 テレビ　　　3 を　　2 見ている　　4 人

---

2. ＿★＿ に入る番号を解答用紙にマークします。

（解答用紙）　（例）① ● ③ ④

---

45 入社して初めて給料をもらい、嬉しさの ＿＿＿ ★ ＿＿＿ ＿＿＿ ＿＿＿ しまった。

　　1 あまり　　　　　2 使って　　　　　3 全部　　　　　4 給料を

46 冬になると雪で ＿＿＿ ★ ＿＿＿ ＿＿＿ 、今年は雪がまったく降らなかった。

　　1 息子の　　　　　2 遊びたい　　　　3 気持ちに　　　　4 反し

47 半額のアイスを ＿＿＿ ＿＿＿ ★ ＿＿＿ 間に売り切れてしまった。

　　1 行くまいか　　　2 悩んでる　　　　3 買いに　　　　　4 行こうか

48 ＿＿＿ ＿＿＿ ★ ＿＿＿ 今の彼女と出会い結婚した。

　　1 友達を　　　　　2 時の　　　　　　3 通して　　　　　4 大学の

49 弟は喧嘩したことを隠しているが、＿＿＿ ＿＿＿ ★ ＿＿＿ ことだ。

　　1 見れば　　　　　2 親から　　　　　3 分かる　　　　　4 すぐに

 次の文章を読んで、 50 から 54 の中に入る最もよいものを、１・２・
３・４から一つ選びなさい。

　俺(注1) にはやりたいことは無い、今の今まで何かに燃えたためしがない。と
いうことは、この世(注2) にやり残したことが無い 50 ことだろう。じゃあなん
で…。

　あれから１ヶ月は経ったが俺は 51 成仏(注3) することなくこの世に居た。今
は町の片隅(注4) にある廃墟になったビル(注5) に住み付いている。一緒に住ん
でいるのは、彼女に男がいることが分かって、どうにでもなれと酒を飲んで帰り
に川に落ちて死んだ元ロッカーのアキラだ。「キャー」またやってる 52-a
の趣味はこの廃ビルにやってくるカップル達を驚かせて別れさせること、別
の名カップル潰しである。「こんな所で、いちゃついてるのが悪いんだよ、ヘ
ー！！」「お前そんなことばっかりしてるから成仏させて貰えないんじゃねえ
のか？」そう 52-b が言うとアキラは鼻で笑った「はっ成仏だ？ 何の話だ
よ、俺はな成仏なんてする気はねぇ、永遠にここで、 53 来るカップル達を潰
し続けるんだ！ それが俺様の生き甲斐だぁ(注6) ！！」生き甲斐…。死んでもな
お生き甲斐を持てるなんて、羨ましい話だ。そんなことを考えているところに
また潰されるカップルが入ってきた。

　（中略）転んだ彼女に目もくれず、彼氏は一人全速力(注7) で走って逃げて行
った。 54 、一人残された彼女はあまりの恐怖に立ち上がることも出来ない様
子である。

　「ハハハ何だあいつ、根性ねぇ(注8) な」「アキラ、お前なぁ」その時、小さいな
がらも彼女から声が聞こえてきた気がした。「怖かったよね、ごめんな、もう
何にもしないからさ怪我してない？立てる？」僕は彼女に見えるはずのない自
分の手を出した。その瞬間、地を這うような低い声が聞こえた「…ざけんな
よ、」何だ？ アキラか？ いや違う、となると、まさかこの声は…。「ふざける
んじゃねぇ！ 自分で連れて来たんだろうが、か弱い(注9) 女の子一人残して一
人で逃げてるんじゃねぇ！！」彼女は勢い良く立ち上がってそう叫んだ。か弱
い女の子？ 何だかそれは凄く違う気だするが。「それとな」まっまだ何かある
のか。「幽霊(注10) だか何だか知らんがな、人の恋路(注11) を邪魔してんじゃねぇ
ぞ！」何だ？！ 彼女には僕達が見えているのか？！

（「俺は何故死んだ」木下真理子）

（注１）俺：僕と同じ意味
（注２）この世：生活しているこの世界のこと
（注３）成仏：死んだ後にこの世に未練を残さず仏となること
（注４）片隅：中心から離れた目立たないところ
（注５）廃墟：建物や町などが、使われなくなり荒れはてた跡のこと
（注６）生き甲斐：生きていく喜び
（注７）全速力：そのものが持ってる力でだせる最高限度の速さ
（注８）根性：たくましい精神
（注９）か弱い：明らかに弱いようす
（注10）幽霊：死んだ人の魂。実際に存在していないが、いるように見えるもの
（注11）恋路：恋する心を通わすことのたとえ

50

1 だからの　　　　　2 からは　　　　　3 としても　　　　　4 という

51

1 もう　　　　　2 まだ　　　　　3 ほら　　　　　4 から

52

1 a 彼女／b 僕　　　　　2 a アキラ／b 彼女

3 a アキラ／b 僕　　　　　4 a 彼氏／b 彼女

53

1 ここに　　　　　2 あれに　　　　　3 あてに　　　　　4 かたに

54

1 辛そうに　　　　　2 可哀相に　　　　　3 嬉しそうに　　　　　4 無駄そうに

N2
정답

정답

확인문제-1

問題 1
1. 2   2. 4   3. 3   4. 2   5. 2
6. 4   7. 3   8. 1

問題 2
1. 4   2. 1   3. 2   4. 1   5. 3
6. 3   7. 4   8. 4

問題 3
1. 1   2. 3   3. 4   4. 1   5. 2
6. 4   7. 3   8. 4

問題 4
1. 1   2. 2   3. 4   4. 1   5. 3
6. 2   7. 1   8. 3

問題 5
1. 4   2. 2   3. 4   4. 1   5. 3
6. 2   7. 4   8. 1

問題 6
1. 3   2. 4   3. 1

확인문제-2

問題 1
1. 1   2. 4   3. 2   4. 2   5. 3
6. 1   7. 4   8. 4

問題 2
1. 3   2. 2   3. 4   4. 1   5. 4
6. 2   7. 3   8. 3

問題 3
1. 2   2. 1   3. 4   4. 2   5. 3
6. 2   7. 1   8. 2

問題 4
1. 1   2. 2   3. 3   4. 1   5. 3
6. 4   7. 2   8. 1

問題 5
1. 4   2. 1   3. 3   4. 2   5. 3
6. 1   7. 4   8. 2

問題 6
1. 2   2. 1   3. 4

확인문제-3

問題 1
1. 3   2. 4   3. 1   4. 1   5. 1
6. 3   7. 4   8. 2

問題 2
1. 3   2. 4   3. 2   4. 4   5. 1
6. 1   7. 2   8. 4

問題 3
1. 1   2. 2   3. 4   4. 2   5. 4
6. 1   7. 3   8. 2

問題 4
1. 1   2. 2   3. 4   4. 3   5. 1
6. 3   7. 4   8. 2

問題 5
1. 1   2. 2   3. 3   4. 4   5. 2
6. 3   7. 4   8. 4

問題 6
1. 1   2. 3   3. 4

확인문제-4

問題 1
1. 1   2. 3   3. 4   4. 2   5. 1
6. 4   7. 3   8. 1

問題 2
1. 1   2. 4   3. 2   4. 3   5. 2
6. 4   7. 2   8. 3

問題 3
1. 4   2. 4   3. 2   4. 1   5. 3
6. 2   7. 1   8. 3

問題 4

| 1. 2 | 2. 1 | 3. 3 | 4. 1 | 5. 2 |
| 6. 4 | 7. 1 | 8. 4 | | |

問題 5

| 1. 4 | 2. 2 | 3. 3 | 4. 1 | 5. 4 |
| 6. 3 | 7. 2 | 8. 2 | | |

問題 6

| 1. 2 | 2. 1 | 3. 4 |

확인문제-5

問題 1

| 1. 1 | 2. 2 | 3. 4 | 4. 2 | 5. 4 |
| 6. 3 | 7. 2 | 8. 4 | | |

問題 2

| 1. 2 | 2. 3 | 3. 4 | 4. 3 | 5. 1 |
| 6. 3 | 7. 2 | 8. 1 | | |

問題 3

| 1. 1 | 2. 3 | 3. 4 | 4. 3 | 5. 2 |
| 6. 1 | 7. 4 | 8. 1 | | |

問題 4

| 1. 1 | 2. 4 | 3. 2 | 4. 3 | 5. 1 |
| 6. 3 | 7. 1 | 8. 3 | | |

問題 5

| 1. 1 | 2. 3 | 3. 2 | 4. 4 | 5. 1 |
| 6. 4 | 7. 2 | 8. 3 | | |

問題 6

| 1. 2 | 2. 3 | 3. 4 |

확인문제-6

問題 1

| 1. 2 | 2. 3 | 3. 2 | 4. 1 | 5. 4 |
| 6. 3 | 7. 2 | 8. 4 | | |

問題 2

| 1. 3 | 2. 1 | 3. 1 | 4. 4 | 5. 3 |
| 6. 2 | 7. 4 | 8. 2 | | |

問題 3

| 1. 4 | 2. 3 | 3. 4 | 4. 2 | 5. 1 |
| 6. 3 | 7. 2 | 8. 4 | | |

問題 4

| 1. 2 | 2. 2 | 3. 3 | 4. 3 | 5. 4 |
| 6. 2 | 7. 1 | 8. 4 | | |

問題 5

| 1. 3 | 2. 1 | 3. 4 | 4. 2 | 5. 3 |
| 6. 1 | 7. 2 | 8. 4 | | |

問題 6

| 1. 3 | 2. 1 | 3. 1 |

확인문제-7

問題 1

| 1. 3 | 2. 4 | 3. 3 | 4. 4 | 5. 3 |
| 6. 2 | 7. 1 | 8. 4 | | |

問題 2

| 1. 3 | 2. 1 | 3. 2 | 4. 1 | 5. 4 |
| 6. 1 | 7. 3 | 8. 4 | | |

問題 3

| 1. 2 | 2. 1 | 3. 2 | 4. 4 | 5. 3 |
| 6. 3 | 7. 4 | 8. 1 | | |

問題 4

| 1. 3 | 2. 2 | 3. 2 | 4. 1 | 5. 2 |
| 6. 4 | 7. 1 | 8. 2 | | |

問題 5

| 1. 1 | 2. 3 | 3. 1 | 4. 4 | 5. 2 |
| 6. 3 | 7. 1 | 8. 4 | | |

問題 6

| 1. 2 | 2. 2 | 3. 3 |

확인문제-8

問題 1

| 1. 3 | 2. 1 | 3. 2 | 4. 3 | 5. 4 |
| 6. 4 | 7. 2 | 8. 1 | | |

問題 2

1. 2　　2. 2　　3. 4　　4. 3　　5. 1
6. 3　　7. 1　　8. 4

問題 3

1. 4　　2. 2　　3. 1　　4. 2　　5. 4
6. 3　　7. 1　　8. 3

問題 4

1. 2　　2. 1　　3. 3　　4. 4　　5. 2
6. 3　　7. 1　　8. 2

問題 5

1. 1　　2. 4　　3. 3　　4. 2　　5. 3
6. 1　　7. 4　　8. 1

問題 6

1. 1　　2. 1　　3. 1

확인문제-9

問題 1

1. 4　　2. 2　　3. 1　　4. 3　　5. 1
6. 3　　7. 4　　8. 1

問題 2

1. 3　　2. 1　　3. 3　　4. 2　　5. 1
6. 4　　7. 4　　8. 2

問題 3

1. 2　　2. 3　　3. 1　　4. 2　　5. 3
6. 1　　7. 4　　8. 4

問題 4

1. 1　　2. 2　　3. 4　　4. 2　　5. 3
6. 1　　7. 3　　8. 3

問題 5

1. 1　　2. 3　　3. 1　　4. 4　　5. 2
6. 1　　7. 4　　8. 2

問題 6

1. 2　　2. 3　　3. 3

확인문제-10

問題 1

1. 2　　2. 1　　3. 3　　4. 2　　5. 3
6. 4　　7. 1　　8. 2

問題 2

1. 2　　2. 4　　3. 2　　4. 3　　5. 2
6. 3　　7. 2　　8. 2

問題 3

1. 1　　2. 2　　3. 4　　4. 2　　5. 1
6. 3　　7. 2　　8. 1

問題 4

1. 1　　2. 3　　3. 1　　4. 3　　5. 3
6. 2　　7. 2　　8. 3

問題 5

1. 1　　2. 2　　3. 1　　4. 3　　5. 3
6. 4　　7. 3　　8. 1

問題 6

1. 4　　2. 2　　3. 1

확인문제-11

問題 1

1. 3　　2. 2　　3. 1　　4. 4　　5. 4
6. 2　　7. 2　　8. 3

問題 2

1. 4　　2. 1　　3. 3　　4. 2　　5. 2
6. 1　　7. 3　　8. 4

問題 3

1. 3　　2. 1　　3. 1　　4. 4　　5. 2
6. 4　　7. 3　　8. 2

問題 4

1. 4　　2. 3　　3. 1　　4. 2　　5. 1
6. 3　　7. 4　　8. 2

問題 5

1. 4　　2. 4　　3. 2　　4. 1　　5. 2
6. 2　　7. 1　　8. 3

問題 6
1. 3   2. 2   3. 1

い형용사

확인문제-1

問題 1
1. 4   2. 1   3. 4   4. 2   5. 3
6. 4   7. 1   8. 4

問題 2
1. 2   2. 3   3. 1   4. 1   5. 3
6. 2   7. 4   8. 1

問題 3
1. 1   2. 4   3. 2   4. 1   5. 2
6. 4   7. 4   8. 2

問題 4
1. 1   2. 1   3. 4   4. 2   5. 2
6. 1   7. 2   8. 1

問題 5
1. 4   2. 2   3. 2   4. 3   5. 3
6. 4   7. 3   8. 2

問題 6
1. 3   2. 2   3. 1

확인문제-2

問題 1
1. 2   2. 4   3. 1   4. 2   5. 4
6. 4   7. 4   8. 3

問題 2
1. 3   2. 4   3. 1   4. 1   5. 2
6. 4   7. 1   8. 2

問題 3
1. 1   2. 2   3. 4   4. 3   5. 2
6. 3   7. 2   8. 4

問題 4
1. 1   2. 2   3. 3   4. 1   5. 3
6. 4   7. 2   8. 2

問題 5
1. 2   2. 3   3. 1   4. 3   5. 3
6. 3   7. 1   8. 4

問題 6
1. 2   2. 1   3. 1

な형용사

확인문제

問題 1
1. 4   2. 4   3. 3   4. 3   5. 2
6. 4   7. 2   8. 4

問題 2
1. 1   2. 3   3. 2   4. 4   5. 2
6. 1   7. 2   8. 4

問題 3
1. 3   2. 1   3. 2   4. 4   5. 1
6. 3   7. 4   8. 2

問題 4
1. 1   2. 3   3. 2   4. 4   5. 2
6. 3   7. 4   8. 4

問題 5
1. 1   2. 1   3. 3   4. 2   5. 2
6. 4   7. 1   8. 3

問題 6
1. 4   2. 2   3. 4

확인문제-1

問題 1
1. 4 2. 2 3. 1 4. 2 5. 4
6. 4 7. 1 8. 4

問題 2
1. 1 2. 2 3. 4 4. 3 5. 1
6. 2 7. 3 8. 2

問題 3
1. 2 2. 4 3. 2 4. 2 5. 3
6. 2 7. 1 8. 4

問題 4
1. 2 2. 3 3. 4 4. 1 5. 2
6. 3 7. 1 8. 4

問題 5
1. 3 2. 1 3. 4 4. 2 5. 1
6. 2 7. 3 8. 4

問題 6
1. 3 2. 1 3. 4

확인문제-2

問題 1
1. 3 2. 3 3. 1 4. 3 5. 2
6. 1 7. 1 8. 1

問題 2
1. 1 2. 4 3. 4 4. 2 5. 1
6. 3 7. 3 8. 4

問題 3
1. 1 2. 2 3. 3 4. 4 5. 1
6. 2 7. 2 8. 1

問題 4
1. 2 2. 2 3. 4 4. 1 5. 3
6. 2 7. 1 8. 3

問題 5
1. 2 2. 1 3. 4 4. 2 5. 2
6. 2 7. 4 8. 2

問題 6
1. 4 2. 1 3. 2

확인문제-3

問題 1
1. 3 2. 1 3. 4 4. 2 5. 4
6. 3 7. 2 8. 2

問題 2
1. 1 2. 4 3. 3 4. 2 5. 4
6. 3 7. 1 8. 3

問題 3
1. 4 2. 1 3. 3 4. 2 5. 3
6. 1 7. 2 8. 4

問題 4
1. 2 2. 1 3. 4 4. 3 5. 2
6. 3 7. 1 8. 3

問題 5
1. 1 2. 2 3. 2 4. 4 5. 3
6. 1 7. 2 8. 4

問題 6
1. 3 2. 2 3. 2

확인문제-4

問題 1
1. 2 2. 1 3. 3 4. 3 5. 4
6. 2 7. 1 8. 2

問題 2
1. 2 2. 3 3. 4 4. 1 5. 3
6. 1 7. 4 8. 3

問題 3
1. 2 2. 4 3. 3 4. 2 5. 3
6. 2 7. 1 8. 2

問題 4

1. 1	2. 3	3. 3	4. 4	5. 2
6. 1	7. 3	8. 4		

問題 5

1. 1	2. 3	3. 4	4. 3	5. 2
6. 4	7. 2	8. 3		

問題 6

1. 3	2. 2	3. 4

확인문제-5

問題 1

1. 2	2. 1	3. 4	4. 3	5. 2
6. 3	7. 1	8. 3		

問題 2

1. 2	2. 1	3. 4	4. 3	5. 2
6. 2	7. 4	8. 1		

問題 3

1. 1	2. 2	3. 1	4. 1	5. 4
6. 2	7. 3	8. 4		

問題 4

1. 2	2. 4	3. 1	4. 4	5. 1
6. 3	7. 4	8. 1		

問題 5

1. 1	2. 3	3. 2	4. 4	5. 1
6. 3	7. 2	8. 4		

問題 6

1. 2	2. 4	3. 1

확인문제-6

問題 1

1. 3	2. 1	3. 2	4. 4	5. 2
6. 1	7. 2	8. 3		

問題 2

1. 2	2. 1	3. 4	4. 3	5. 1
6. 2	7. 4	8. 2		

問題 3

1. 1	2. 3	3. 4	4. 1	5. 3
6. 2	7. 2	8. 3		

問題 4

1. 3	2. 4	3. 2	4. 3	5. 1
6. 1	7. 3	8. 4		

問題 5

1. 4	2. 3	3. 1	4. 2	5. 1
6. 4	7. 1	8. 3		

問題 6

1. 2	2. 1	3. 4

확인문제-1

問題 1

1. 1	2. 3	3. 1	4. 2	5. 4
6. 3	7. 2	8. 1		

問題 2

1. 4	2. 2	3. 1	4. 4	5. 1
6. 3	7. 4	8. 3		

問題 3

1. 1	2. 4	3. 2	4. 1	5. 4
6. 2	7. 3	8. 1		

問題 4

1. 2	2. 1	3. 4	4. 3	5. 1
6. 4	7. 1	8. 4		

問題 5

1. 3	2. 2	3. 1	4. 4	5. 1
6. 3	7. 2	8. 3		

問題 6

1. 3	2. 2	3. 1

확인문제-2

問題 1

1. 1 2. 4 3. 2 4. 1 5. 1
6. 1 7. 2 8. 4

問題 2

1. 3 2. 1 3. 2 4. 4 5. 1
6. 3 7. 2 8. 4

問題 3

1. 1 2. 2 3. 4 4. 3 5. 4
6. 4 7. 1 8. 2

問題 4

1. 2 2. 4 3. 1 4. 3 5. 1
6. 1 7. 3 8. 4

問題 5

1. 2 2. 4 3. 1 4. 4 5. 2
6. 4 7. 3 8. 1

問題 6

1. 4 2. 2 3. 2

확인문제-3

問題 1

1. 4 2. 1 3. 2 4. 4 5. 1
6. 4 7. 3 8. 4

問題 2

1. 3 2. 1 3. 4 4. 2 5. 3
6. 4 7. 1 8. 4

問題 3

1. 1 2. 3 3. 1 4. 2 5. 1
6. 3 7. 3 8. 1

問題 4

1. 2 2. 3 3. 4 4. 2 5. 3
6. 1 7. 4 8. 2

問題 5

1. 1 2. 3 3. 4 4. 3 5. 2
6. 3 7. 2 8. 4

問題 6

1. 3 2. 2 3. 1

부사

확인문제-1

問題 1

1. 4 2. 1 3. 2 4. 1 5. 3
6. 3 7. 4 8. 3

問題 2

1. 2 2. 3 3. 1 4. 4 5. 2
6. 1 7. 4 8. 2

問題 4

1. 3 2. 1 3. 1 4. 2 5. 3
6. 4 7. 3 8. 1

問題 5

1. 3 2. 2 3. 3 4. 1 5. 1
6. 4 7. 3 8. 3

問題 6

1. 2 2. 4 3. 1

확인문제-2

問題 1

1. 1 2. 2 3. 2 4. 1 5. 1
6. 3 7. 1 8. 4

問題 2

1. 3 2. 4 3. 1 4. 3 5. 2
6. 2 7. 1 8. 4

問題 4

1. 4 2. 1 3. 4 4. 4 5. 2
6. 1 7. 1 8. 3

問題 5

1. 3 2. 4 3. 4 4. 2 5. 1
6. 1 7. 2 8. 4

1. 1   2. 3   3. 4

가타카나

확인문제-1

問題 3
1. 3   2. 1   3. 2   4. 4   5. 1
6. 4   7. 4   8. 2

問題 4
1. 4   2. 4   3. 2   4. 3   5. 1
6. 1   7. 2   8. 3

問題 5
1. 1   2. 4   3. 3   4. 1   5. 3
6. 4   7. 1   8. 2

問題 6
1. 4   2. 1   3. 2

확인문제-2

問題 3
1. 3   2. 1   3. 2   4. 3   5. 4
6. 2   7. 4   8. 2

問題 4
1. 4   2. 3   3. 1   4. 4   5. 2
6. 4   7. 3   8. 2

問題 5
1. 2   2. 1   3. 1   4. 3   5. 4
6. 1   7. 2   8. 2

問題 6
1. 4   2. 2   3. 1

그 외

확인문제-1

問題 1
1. 2   2. 4   3. 3   4. 4   5. 1
6. 2   7. 1   8. 2

問題 2
1. 1   2. 3   3. 2   4. 1   5. 2
6. 4   7. 2   8. 1

問題 3
1. 3   2. 4   3. 2   4. 4   5. 2
6. 3   7. 1   8. 2

問題 4
1. 4   2. 3   3. 2   4. 3   5. 1
6. 3   7. 2   8. 4

問題 5
1. 2   2. 2   3. 1   4. 2   5. 4
6. 3   7. 3   8. 3

問題 6
1. 1   2. 4   3. 2

확인문제-2

問題 1
1. 1   2. 2   3. 4   4. 1   5. 3
6. 2   7. 4   8. 2

問題 2
1. 4   2. 1   3. 3   4. 4   5. 2
6. 1   7. 3   8. 3

問題 3
1. 3   2. 2   3. 1   4. 3   5. 4
6. 2   7. 1   8. 3

問題 4
1. 4   2. 2   3. 2   4. 1   5. 1
6. 4   7. 2   8. 4

問題 5
1. 2　　2. 1　　3. 3　　4. 4　　5. 1
6. 4　　7. 4　　8. 1

問題 6
1. 1　　2. 3　　3. 2

확인문제-3

問題 1
1. 3　　2. 1　　3. 4　　4. 2　　5. 4
6. 2　　7. 3　　8. 4

問題 2
1. 2　　2. 1　　3. 3　　4. 4　　5. 2
6. 1　　7. 4　　8. 3

問題 3
1. 4　　2. 1　　3. 2　　4. 3　　5. 4
6. 2　　7. 1　　8. 1

問題 4
1. 4　　2. 1　　3. 2　　4. 4　　5. 1
6. 3　　7. 2　　8. 1

問題 5
1. 1　　2. 3　　3. 2　　4. 4　　5. 1
6. 4　　7. 3　　8. 1

問題 6
1. 1　　2. 3　　3. 4

확인문제-4

問題 1
1. 1　　2. 2　　3. 3　　4. 2　　5. 1
6. 4　　7. 4　　8. 4

問題 2
1. 2　　2. 4　　3. 1　　4. 2　　5. 4
6. 3　　7. 4　　8. 1

問題 3
1. 1　　2. 4　　3. 2　　4. 3　　5. 3
6. 4　　7. 4　　8. 1

問題 4
1. 2　　2. 1　　3. 4　　4. 4　　5. 1
6. 3　　7. 2　　8. 3

問題 5
1. 2　　2. 1　　3. 4　　4. 1　　5. 3
6. 2　　7. 3　　8. 1

問題 6
1. 2　　2. 4　　3. 2

문장 중간에 오는 기능어

확인문제-1

問題 7
1. 4　　2. 1　　3. 1　　4. 2　　5. 3
6. 4　　7. 1　　8. 1　　9. 2　　10. 1
11. 1　　12. 1　　13. 1　　14. 4　　15. 4
16. 4　　17. 3　　18. 4　　19. 2　　20. 3

問題 8
1. 1　　2. 2　　3. 2　　4. 4　　5. 4
6. 1　　7. 4　　8. 2　　9. 4　　10. 4

問題 9
1. 3　　2. 1　　3. 4　　4. 2　　5. 1
6. 4　　7. 3　　8. 3　　9. 2　　10. 1

확인문제-2

問題 7
1. 3　　2. 2　　3. 4　　4. 1　　5. 1
6. 3　　7. 1　　8. 3　　9. 2　　10. 1
11. 2　　12. 3　　13. 1　　14. 1　　15. 1
16. 4　　17. 2　　18. 1　　19. 3　　20. 3

問題 8
1. 3　　2. 2　　3. 1　　4. 2　　5. 3
6. 2　　7. 3　　8. 2　　9. 3　　10. 1

問題 9
1. 4　　2. 1　　3. 3　　4. 2　　5. 1
6. 1　　7. 3　　8. 3　　9. 2　　10. 4

확인문제-3

問題 7
1. 3　　2. 2　　3. 1　　4. 1　　5. 1
6. 4　　7. 4　　8. 1　　9. 3　　10. 1
11. 2　　12. 3　　13. 3　　14. 4　　15. 1
16. 3　　17. 1　　18. 2　　19. 1　　20. 1

問題 8
1. 4　　2. 3　　3. 2　　4. 2　　5. 1
6. 3　　7. 1　　8. 4　　9. 2　　10. 1

問題 9
1. 1　　2. 3　　3. 3　　4. 2　　5. 4
6. 2　　7. 1　　8. 3　　9. 4　　10. 2

확인문제-4

問題 7
1. 4　　2. 3　　3. 2　　4. 4　　5. 1
6. 1　　7. 4　　8. 3　　9. 1　　10. 2

問題 8
1. 2　　2. 2　　3. 1　　4. 1　　5. 1
6. 2　　7. 3　　8. 3　　9. 3　　10. 1

問題 9
1. 2　　2. 4　　3. 1　　4. 3　　5. 4
6. 1　　7. 2　　8. 3　　9. 4　　10. 1

문장 끝에 오는 기능어

확인문제-1

問題 7
1. 1　　2. 1　　3. 3　　4. 4　　5. 1
6. 1　　7. 2　　8. 1　　9. 4　　10. 4
11. 2　　12. 1　　13. 2　　14. 1　　15. 2
16. 4　　17. 1　　18. 3　　19. 3　　20. 2

問題 8
1. 4　　2. 4　　3. 2　　4. 3　　5. 2
6. 3　　7. 3　　8. 2　　9. 1　　10. 4

問題 9
1. 2　　2. 4　　3. 1　　4. 1　　5. 3
6. 4　　7. 2　　8. 4　　9. 1　　10. 3

확인문제-2

問題 7
1. 1　　2. 2　　3. 1　　4. 2　　5. 1
6. 2　　7. 3　　8. 1　　9. 2　　10. 1
11. 3　　12. 2　　13. 4　　14. 1　　15. 3
16. 3　　17. 1　　18. 4　　19. 2　　20. 4
21. 1　　22. 4　　23. 3

問題 8
1. 1　　2. 3　　3. 3　　4. 3　　5. 1
6. 3　　7. 3　　8. 4　　9. 3　　10. 3
11. 3　　12. 2　　13. 3

問題 9
1. 1　　2. 3　　3. 4　　4. 2　　5. 2
6. 1　　7. 1　　8. 1　　9. 2　　10. 3

問題1
1. 1   2. 2   3. 3   4. 2   5. 3

問題2
6. 2   7. 1   8. 1   9. 1   10. 1

問題3
11. 3   12. 3   13. 1   14. 2   15. 4

問題4
16. 3   17. 4   18. 1   19. 4   20. 1
21. 3   22. 1

問題5
23. 4   24. 3   25. 1   26. 2   27. 2

問題6
28. 3   29. 1   30. 3   31. 4   32. 4

問題7
33. 1   34. 2   35. 4   36. 1   37. 2
38. 3   39. 1   40. 4   41. 2   42. 1
43. 4   44. 1

問題8
45. 4   46. 1   47. 2   48. 2   49. 3

問題9
50. 4   51. 3   52. 1   53. 2   54. 1

問題1
1. 1   2. 4   3. 2   4. 1   5. 3

問題2
6. 4   7. 3   8. 2   9. 1   10. 1

問題3
11. 2   12. 1   13. 1   14. 1   15. 4

問題4
16. 2   17. 3   18. 2   19. 3   20. 4
21. 4   22. 1

問題5
23. 3   24. 4   25. 1   26. 3   27. 2

問題6
28. 1   29. 3   30. 4   31. 2   32. 2

問題7
33. 3   34. 4   35. 2   36. 1   37. 4
38. 1   39. 4   40. 2   41. 3   42. 1
43. 2   44. 2

問題8
45. 3   46. 1   47. 4   48. 4   49. 4

問題9
50. 2   51. 1   52. 4   53. 2   54. 3

問題1
1. 2　　2. 1　　3. 3　　4. 1　　5. 4

問題2
6. 4　　7. 2　　8. 3　　9. 2　　10. 3

問題3
11. 3　　12. 2　　13. 1　　14. 3　　15. 1

問題4
16. 4　　17. 1　　18. 1　　19. 2　　20. 3
21. 1　　22. 2

問題5
23. 3　　24. 1　　25. 3　　26. 2　　27. 4

問題6
28. 1　　29. 4　　30. 4　　31. 3　　32. 2

問題7
33. 1　　34. 2　　35. 4　　36. 3　　37. 2
38. 1　　39. 4　　40. 3　　41. 4　　42. 4
43. 2　　44. 3

問題8
45. 1　　46. 1　　47. 1　　48. 1　　49. 4

問題9
50. 4　　51. 2　　52. 3　　53. 1　　54. 2

해답 용지

1교시
모의고사

N2　言語知識（文字・語彙・文法）・読解　解答用紙

受　験　番　号 Examinee Registration Number		名　前 Name	

< 　ちゅうい　Notes　 >

1. くろいえんぴつ（HB、No.2）で かいてください。
   Use a black medium soft (HB or No.2) pencil.

2. かきなおすときは、けしゴムで きれいにけしてください。
   Erase any unintended marks completely.

3. きたなくしたり、おったりしないで ください。
   Do not soil or bend this sheet.

4. マークれい　Marking examples

よい Correct	わるい Incorrect
●	⊘ ⊖ ◎ ◍ ⊘ ◑ ◯ ◌

問　題　1

1	①	②	③	④
2	①	②	③	④
3	①	②	③	④
4	①	②	③	④
5	①	②	③	④

問　題　2

6	①	②	③	④
7	①	②	③	④
8	①	②	③	④
9	①	②	③	④
10	①	②	③	④

問　題　3

11	①	②	③	④
12	①	②	③	④
13	①	②	③	④
14	①	②	③	④
15	①	②	③	④

問　題　4

16	①	②	③	④
17	①	②	③	④
18	①	②	③	④
19	①	②	③	④
20	①	②	③	④
21	①	②	③	④
22	①	②	③	④

問　題　5

23	①	②	③	④
24	①	②	③	④
25	①	②	③	④
26	①	②	③	④
27	①	②	③	④

問　題　6

28	①	②	③	④
29	①	②	③	④
30	①	②	③	④
31	①	②	③	④
32	①	②	③	④

問　題　7

33	①	②	③	④
34	①	②	③	④
35	①	②	③	④
36	①	②	③	④
37	①	②	③	④
38	①	②	③	④
39	①	②	③	④
40	①	②	③	④
41	①	②	③	④
42	①	②	③	④
43	①	②	③	④
44	①	②	③	④

問　題　8

45	①	②	③	④
46	①	②	③	④
47	①	②	③	④
48	①	②	③	④
49	①	②	③	④

問　題　9

50	①	②	③	④
51	①	②	③	④
52	①	②	③	④
53	①	②	③	④
54	①	②	③	④

問　題　10

55	①	②	③	④
56	①	②	③	④
57	①	②	③	④
58	①	②	③	④
59	①	②	③	④

問　題　11

60	①	②	③	④
61	①	②	③	④
62	①	②	③	④
63	①	②	③	④
64	①	②	③	④
65	①	②	③	④
66	①	②	③	④

N2　言語知識（文字・語彙・文法）・読解　解答用紙

受　験　番　号 Examinee Registration Number	

名　前 Name	

<　ちゅうい　Notes　>

1. くろいえんぴつ（HB、No.2）で　かいてください。
   Use a black medium soft (HB or No.2) pencil.

2. かきなおすときは、けしゴムで　きれいにけしてください。
   Erase any unintended marks completely.

3. きたなくしたり、おったりしないで　ください。
   Do not soil or bend this sheet.

4. マークれい　Marking examples

よい Correct	わるい Incorrect
●	⊘ ◔ ◑ ◎ ⊘ ⊖ ◐ ◍

問　題　1

1	①	②	③	④
2	①	②	③	④
3	①	②	③	④
4	①	②	③	④
5	①	②	③	④

問　題　2

6	①	②	③	④
7	①	②	③	④
8	①	②	③	④
9	①	②	③	④
10	①	②	③	④

問　題　3

11	①	②	③	④
12	①	②	③	④
13	①	②	③	④
14	①	②	③	④
15	①	②	③	④

問　題　4

16	①	②	③	④
17	①	②	③	④
18	①	②	③	④
19	①	②	③	④
20	①	②	③	④
21	①	②	③	④
22	①	②	③	④

問　題　5

23	①	②	③	④
24	①	②	③	④
25	①	②	③	④
26	①	②	③	④
27	①	②	③	④

問　題　6

28	①	②	③	④
29	①	②	③	④
30	①	②	③	④
31	①	②	③	④
32	①	②	③	④

問　題　7

33	①	②	③	④
34	①	②	③	④
35	①	②	③	④
36	①	②	③	④
37	①	②	③	④
38	①	②	③	④
39	①	②	③	④
40	①	②	③	④
41	①	②	③	④
42	①	②	③	④
43	①	②	③	④
44	①	②	③	④

問　題　8

45	①	②	③	④
46	①	②	③	④
47	①	②	③	④
48	①	②	③	④
49	①	②	③	④

問　題　9

50	①	②	③	④
51	①	②	③	④
52	①	②	③	④
53	①	②	③	④
54	①	②	③	④

問　題　10

55	①	②	③	④
56	①	②	③	④
57	①	②	③	④
58	①	②	③	④
59	①	②	③	④

問　題　11

60	①	②	③	④
61	①	②	③	④
62	①	②	③	④
63	①	②	③	④
64	①	②	③	④
65	①	②	③	④
66	①	②	③	④

⋮

N2　言語知識（文字・語彙・文法）・読解　解答用紙

受　験　番　号
Examinee Registration Number

名　前
Name

<　ちゅうい　Notes　>

1. くろいえんぴつ（HB、No.2）で
かいてください。
Use a black medium soft
(HB or No.2) pencil.

2. かきなおすときは、けしゴムで
きれいにけしてください。
Erase any unintended marks
completely.

3. きたなくしたり、おったりしないで
ください。
Do not soil or bend this sheet.

4. マークれい　Marking examples

よい Correct	わるい Incorrect
●	⊘ ◐ ◎ ◑ ⊘ ◑ ◯ ◉

問　題　1

1	①	②	③	④
2	①	②	③	④
3	①	②	③	④
4	①	②	③	④
5	①	②	③	④

問　題　2

6	①	②	③	④
7	①	②	③	④
8	①	②	③	④
9	①	②	③	④
10	①	②	③	④

問　題　3

11	①	②	③	④
12	①	②	③	④
13	①	②	③	④
14	①	②	③	④
15	①	②	③	④

問　題　4

16	①	②	③	④
17	①	②	③	④
18	①	②	③	④
19	①	②	③	④
20	①	②	③	④
21	①	②	③	④
22	①	②	③	④

問　題　5

23	①	②	③	④
24	①	②	③	④
25	①	②	③	④
26	①	②	③	④
27	①	②	③	④

問　題　6

28	①	②	③	④
29	①	②	③	④
30	①	②	③	④
31	①	②	③	④
32	①	②	③	④

問　題　7

33	①	②	③	④
34	①	②	③	④
35	①	②	③	④
36	①	②	③	④
37	①	②	③	④
38	①	②	③	④
39	①	②	③	④
40	①	②	③	④
41	①	②	③	④
42	①	②	③	④
43	①	②	③	④
44	①	②	③	④

問　題　8

45	①	②	③	④
46	①	②	③	④
47	①	②	③	④
48	①	②	③	④
49	①	②	③	④

問　題　9

50	①	②	③	④
51	①	②	③	④
52	①	②	③	④
53	①	②	③	④
54	①	②	③	④

問　題　10

55	①	②	③	④
56	①	②	③	④
57	①	②	③	④
58	①	②	③	④
59	①	②	③	④

問　題　11

60	①	②	③	④
61	①	②	③	④
62	①	②	③	④
63	①	②	③	④
64	①	②	③	④
65	①	②	③	④
66	①	②	③	④

⋮

저자 약력

▶ 이종권

현) 이종권일본어학원 원장

일본문부성 국비장학생
1991년 이후 일본어 교육에 종사
국내 최초 일본유학시험(EJU)반 개설 운영 중
현재 NEW(신)일본어능력시험반과 일본유학시험반 강의 중

전) 시사일본어학원 교수부장 및 본부장
현) 이종권 일본어학원 원장 겸 시험대비 강사

▶ 저서

일본어능력시험 혼자서도 자신 있게 1급 한번에 합격하기
일본어능력시험 혼자서도 자신 있게 2급 한번에 합격하기
일본어능력시험 혼자서도 자신 있게 3급 한번에 합격하기
그 외 다수

▶ 연구원

上阪桃子 / 木下真理子 / 右田明子 / 三宅信子 / 안혜원

저자 이종권
초판 1쇄 발행 2010년 6월 14일
초판 2쇄 발행 2010년 9월 27일

발행인 박효상
편집책임 임수진
편집 김진아
디자인책임 손정수
마케팅책임 이종선
마케팅 이태호, 이전희

발행처 사람in
출판등록 제 10-1835호
주소 121-839 서울 마포구 서교동 378-16 4F
전화 02.338.3555 팩스 02.338.3545
e-mail saramin@netsgo.com homepage www.saramin.com

만든사람들
책임편집 김진아
본문 표지 디자인 홍수미

※책값은 뒤표지에 있습니다. ※파본은 구입하신 곳에서 바꾸어 드립니다.

978-89-6049-160-1   13730